超短线炒股进阶

T+0

高抛低吸

滚动交易技术

桂 阳◎编著

中国铁道出版社有限公司
CHINA RAILWAY PUBLISHING HOUSE CO., LTD.

图书在版编目（CIP）数据

超短线炒股进阶：T+0高抛低吸滚动交易技术/桂阳编著.—北京：中国铁道出版社有限公司，2023.5

ISBN 978-7-113-29820-3

Ⅰ.①超… Ⅱ.①桂… Ⅲ.①股票投资-基本知识 Ⅳ.①F830.91

中国版本图书馆CIP数据核字（2022）第212143号

书　名	超短线炒股进阶——T+0 高抛低吸滚动交易技术 CHAODUANXIAN CHAOGU JINJIE：T+0 GAOPAO DIXI GUNDONG JIAOYI JISHU
作　者	桂　阳
责任编辑	张亚慧　张　明　编辑部电话：(010) 51873035　电子邮箱：lampard@vip.163.com
封面设计	宿　萌
责任校对	苗　丹
责任印制	赵星辰
出版发行	中国铁道出版社有限公司（100054，北京市西城区右安门西街 8 号）
印　刷	三河市国英印务有限公司
版　次	2023 年 5 月第 1 版　2023 年 5 月第 1 次印刷
开　本	710 mm×1 000 mm 1/16　印张：13.75　字数：191 千
书　号	ISBN 978-7-113-29820-3
定　价	69.00 元

版权所有　侵权必究

凡购买铁道版图书，如有印制质量问题，请与本社读者服务部联系调换。电话：(010) 51873174
打击盗版举报电话：(010) 63549461

前 言

在投身于股票市场的千千万万投资者中，存在着各种各样不同类型的人，每一类投资者都有适用于自己的操作策略和投资周期。如长线投资者钟爱的价值投资，中线投资者喜好的趋势投资，短线投资者偏向的分段投资等。

其中，超短线投资者属于短线投资者中的特殊人群。他们对资金的流动性有非常高的要求，不希望资金在同一只股票中滞留太久，快速地买进卖出成为其标志。

而 T+0 交易，就是适用于超短线投资者的一种合法合规、从股市 T+1 交易制度衍生而来的操盘手法。只要投资者手中握有底仓，那么借助一定的 T+0 操盘技巧，就能够实现快速买卖。

T+0 交易因其具有当日买卖的特性，资金在场内滞留时间极短，不仅能够帮助投资者在短时间内赚取不错的收益，还能够规避部分行情下跌的风险。同时，在高位被套的投资者还可以通过逆向 T+0 交易降低持股成本，以达到解套的目的。

但 T+0 交易并不是没有风险，为了帮助投资者充分了解 T+0 交易的操作原理，避免进入误区导致投资亏损，笔者编写了本书。书中从超短线交易的角度出发，以 T+0 交易为重点研究对象，编写出适合大部分超短线投资者的技术分析方法与操盘策略。

全书共七章，可分为四部分：

- ◆ 第一部分为第 1 至 2 章，主要对 T+0 交易存在的优势及投资者在操作时需要注意的原则进行详细讲解，以帮助投资者打好基础。
- ◆ 第二部分为第 3 至 4 章，主要介绍 T+0 交易的几种操作方法，以及在操作过程中仓位的控制技巧，以帮助投资者在扩大收益的同时，也能降低一定的投资风险。
- ◆ 第三部分为第 5 至 6 章，主要针对 K 线走势及分时走势中产生的各种特殊形态进行讲解，在 K 线或分时走势传递出买卖信号后再操作 T+0，成功率会提高。
- ◆ 第四部分为第 7 章，主要分析了两种常见的技术指标，即 MACD 指标和布林线指标，投资者凭借技术指标的辅助，能够快速定位可靠的 T+0 买卖点。

该书的优势在于案例众多、图文并茂、标注详细，即使是初入股市的投资者也能轻松理解。同样，其中的进阶内容也能够为经验丰富的投资者带来参考价值。

由于编者经验有限，加之时间仓促，书中难免会有疏漏和不足之处，恳请专家和读者不吝赐教。

最后，祝愿各位超短线投资者在学习了 T+0 交易的操作手法后，早日通过股市获取理想的收益。但是仍然要提醒大家：任何投资都存在风险，入市一定要谨慎。

编　者
2023 年 2 月

目录

第1章 T+0交易能够带来的优势

在股市中，各种各样的操盘手法层出不穷，有的适用于短线，有的适用于中长线。T+0操作是一种合法合规的、从股市T+1规则衍生而来的超短线操作方法。因操作简单，资金流动性极高，T+0交易已经成为短线投资者必须掌握的技能之一。

1.1 在波动中也能盈利 2
1.1.1 价格上涨可及时止盈 2
实例分析 山河药辅（300452）价格回落止盈 3
1.1.2 价格回落可适当加仓 4
实例分析 汇纳科技（300609）股价回落利用T+0适当加仓 5
1.1.3 震荡行情仍然大有可为 7
实例分析 盐湖股份（000792）震荡行情中做T 8

1.2 仓位成本下压 10
1.2.1 高抛低吸可降低成本 10
实例分析 北清环能（000803）高抛低吸可降低成本 12
1.2.2 T+0可以有效防止踏空 13
实例分析 禾望电气（603063）T+0可以有效防止踏空 15

1.3 操盘风险降低 18
1.3.1 轻仓持股能相应降低风险 18
实例分析 金钼股份（601958）轻仓持股能相应降低风险 19

1.3.2 避免盲目追涨杀跌 21
  实例分析 海南矿业（601969）避免盲目追涨杀跌 23

第 2 章　操作 T+0 需遵循一定的原则

  尽管 T+0 交易具有摊低成本、降低风险等多个优势，但投资者在使用时依旧需要遵循一定的原则，否则很有可能盈利不成反亏损。T+0 操作遵循的原则包括介入时机的选择、执行计划的创建、及时止盈和止损等，本章将详细介绍。

2.1　选股和介入时机要谨慎 26
2.1.1 在稳定的牛市中操作更稳妥 26
  实例分析 金健米业（600127）选择牛市初期建仓 27
2.1.2 选择周 K 线图中开始上涨的股票 30
  实例分析 林海股份（600099）在周 K 线底部刚启动的位置建仓 32

2.2　有波动才能盈利 34
2.2.1 横盘走势使得 T+0 失去意义 34
  实例分析 包钢股份（600010）接近无波动的走势 35
2.2.2 波动幅度超过 5% 更适合做 T 37
  实例分析 保利发展（600048）连续大幅波动的操作机会 38

2.3　事先计划再执行 40
2.3.1 多次轻仓买卖降低风险 40
  实例分析 中远海能（600026）多次轻仓买卖降低风险 41
2.3.2 通过设置价格来保证盈利 42
  实例分析 鼎胜新材（603876）通过设置价格来保证盈利 43
2.3.3 不要让前期操作影响后期交易 46
  实例分析 电魂网络（603258）建立新仓后忘记前期的操作 47

2.4　止盈止损很重要 49

目 录

2.4.1 完美的低买高卖是不现实的 50
实例分析 鼎龙股份（300054）利用 1 分钟 K 线图寻找买卖时机 50
2.4.2 及时止盈非常重要 52
实例分析 九鼎投资（600053）在 3% 的止盈位卖出 53

第 3 章 如何操作 T+0 是关键一步

了解了 T+0 的交易原则及其重要性后，投资者就要进一步学习 T+0 交易的具体操作步骤。那么，T+0 操作到底是先卖后买还是先买后卖呢？什么情况下使用什么样的策略呢？股价走势产生不同的变化时应当如何应对呢？这些疑问投资者都能在本章找到答案。

3.1 先买后卖的顺向做 T 操作 56
3.1.1 开盘低开后回升的操作手法 56
实例分析 测绘股份（300826）开盘低开后回升的操作手法 57
3.1.2 开盘低开低走后反弹的操作手法 58
实例分析 优德精密（300549）低开杀跌后的强势反弹 60
3.1.3 平开低走后尾盘拉升的操作手法 61
实例分析 四环生物（000518）平开低走后尾盘拉升 62
3.1.4 买入后二次杀跌如何避免 63
实例分析 中国电影（600977）买入后二次杀跌如何避免 65

3.2 先卖后买的逆向做 T 操作 66
3.2.1 高开低走，成交量缩量 66
实例分析 中国海诚（002116）高开低走成交量缩量的操作机会 68
3.2.2 盘中冲高回落走势 69
实例分析 泉阳泉（600189）盘中冲高后波动回落 70
3.2.3 开盘冲高回落走势 71
实例分析 洪都航空（600316）开盘冲高回落的操作 73

III.

3.2.4 涨停后开板回落走势 74
  实例分析 复星药业（600196）涨停后开板回落的操作 75

3.3 轻仓做 T 如何操盘 **76**
 3.3.1 在一天内买卖相等数量的筹码 77
  实例分析 金种子酒（600199）轻仓 T+0 的操作 78
 3.3.2 轻仓做 T 也要控制仓位 79
  实例分析 西王食品（000639）T+0 操作在上涨初期中的仓位控制 81

3.4 全仓做 T 如何操盘 **85**
 3.4.1 全仓做 T 之前需要先有持仓 85
  实例分析 智度股份（000676）全仓 T+0 的操作 86
 3.4.2 在尾盘买入更可靠 91
  实例分析 片仔癀（600436）下午或尾盘的安全建仓 92
 3.4.3 分批卖出可有效扩大获利空间 94
  实例分析 国机通用（600444）分批卖出以保障利益 95

第 4 章 控制好 T+0 仓位的技巧

  在前面的内容中已经提到过轻仓和全仓做 T 的方式，但 T+0 交易的仓位控制显然并不是这么简单。在买进时该如何建仓？加仓和卖出时又该如何控制？这些都是有一定技巧的。学会这些技巧，投资者就有机会进一步实现收益扩大化。

4.1 吸筹建仓的技巧 **98**
 4.1.1 金字塔建仓法 98
  实例分析 春兴精工（002547）金字塔式建仓 99
 4.1.2 均分建仓法 100
  实例分析 凯美特气（002549）均分资金建仓 101
 4.1.3 等比倍增建仓法 102
  实例分析 派斯林（600215）等比倍增法建仓 104

4.2 加仓跟进的技巧 105
4.2.1 不同的股价走势加仓数量不同 105
实例分析 江苏吴中（600200）牛市初期的大力补仓 106
4.2.2 通过加仓实现成本的降低 109
实例分析 百合花（603823）股价下跌末期的补仓 110

4.3 抛盘减仓的技巧 113
4.3.1 止损该如何减仓 113
实例分析 西藏药业（600211）熊市行情中的止损减仓 115
4.3.2 止盈该如何减仓 116
实例分析 江泉实业（600212）牛市末期的减仓操作 117

第 5 章 根据 K 线形态做 T+0

投资者在做 T+0 操作时，对 K 线走势的观察是必不可少的，无论是 K 线的历史走势还是其中的技术指标，都能够对投资者的判断和决策形成指导作用。在有些时候，K 线还会形成一些特殊的形态，这些形态出现在特定的位置时将对后市产生一定的预示意义，投资者需要重点掌握。

5.1 单根 K 线如何做 T 120
5.1.1 低位十字星看多 120
实例分析 派生科技（300176）低位十字星买入机会 121
5.1.2 向上跳空十字星的不同含义 125
实例分析 珠海中富（000659）下跌初期出现向上跳空十字星 126
5.1.3 长上影线的妙用 129
实例分析 建设机械（600984）股价高位的长上影线操作机会 131
5.1.4 长下影线 K 线形态如何操盘 134
实例分析 深科技（000021）股价大幅下跌底部的长下影线机会 136

5.2 K 线组合如何做 T 139

5.2.1 红三兵形态看多 139
实例分析 创维数字（000810）下跌行情底部红三兵买入机会分析 142
5.2.2 希望之星形态买进 145
实例分析 华域汽车（600741）阶段底部希望之星买入机会分析 148

5.3 K 线与均线结合如何做 T 151
5.3.1 K 线与移动平均线的位置 151
实例分析 领益智造（002600）K 线在 5 日均线上方的短期买点分析 154
5.3.2 多头排列中要多持有 158
实例分析 吉翔股份（603399）多头排列中要多持有 160

第 6 章 分时图中 T+0 的买卖信号

分时图属于看盘窗口的一种，也是超短线投资者最常接触的走势图之一。其中包含的股价线形态、均价线的压制与支撑作用、股价线与均价线之间的位置关系等，都能作为投资者的研判依据。

6.1 单独股价线的买入信号 164
6.1.1 囤积式上涨适宜买入 164
实例分析 藏格矿业（000408）囤积式上涨的买入机会 165
6.1.2 云山漫步形态积极建仓 167
实例分析 索通发展（603612）云山漫步形态积极建仓 168
6.1.3 虎踞龙盘形态快速买进 169
实例分析 返利科技（600228）虎踞龙盘形态快速买进 170

6.2 股价线与均价线的买入信号 172
6.2.1 股价线在均价线上受到支撑的形态 172
实例分析 仁智股份（002629）股价线受均价线支撑买入分析 173
6.2.2 价格上涨突破均价线 175
实例分析 贝肯能源（002828）股价突破均价线买入 176

6.3 股价线与成交量的买入信号 177

目　录

　　6.3.1　成交量放量拉升股价买进 177
　　　　实例分析　京泉华（002885）低位放量拉升的买入机会 178
　　6.3.2　成交量配合股价缩放 180
　　　　实例分析　隆华科技（300263）缩量下跌后放量上涨的买入机会 181

6.4　股价线与均价线的卖出信号 183
　　6.4.1　股价线受均价线压制 183
　　　　实例分析　赛意信息（300687）受均价线压制的卖出时机 184
　　6.4.2　股价线跌破均价线 185
　　　　实例分析　中环环保（300692）放量跌破均价线的卖出信号 186
　　6.4.3　股价线在靠近均价线的下方运行 187
　　　　实例分析　鑫湖股份（300694）均价线下方震荡的卖出机会 188

第7章　借助技术指标定位短线买卖点

　　在使用T+0操作时，投资者首先需要做的就是判断当前行情或位置适不适合做T，适合做顺向T+0还是逆向T+0。借助技术指标传递的信号，投资者就能够比较轻松地在大行情中寻找可靠的位置买卖。

7.1　结合MACD指标的T+0操作 190
　　7.1.1　MACD指标出现金叉时买入 190
　　　　实例分析　电工合金（300697）金叉的买入信号 192
　　7.1.2　MACD指标出现死叉时卖出 193
　　　　实例分析　光威复材（300699）死叉的卖出信号 194
　　7.1.3　MACD指标的底背离买入 196
　　　　实例分析　岱勒新材（300700）MACD指标的底背离买入 197
　　7.1.4　MACD指标的顶背离卖出 198
　　　　实例分析　亚康股份（301085）MACD指标的顶背离卖出 199
　　7.1.5　MACD柱线变化判断买卖 200
　　　　实例分析　九号公司-WD（689009）MACD柱线变化判断买卖时机 ... 201

7.2 结合布林线的 T+0 操作 202

7.2.1 布林中轨线对股价线起支撑作用 203
实例分析 黑猫股份（002068）股价靠近布林中轨线的买入时机..........204

7.2.2 股价下跌受到布林下轨线支撑 205
实例分析 明星电力（600101）股价受到下轨线支撑的买入时机..........206

7.2.3 股价受到布林上轨线压制 207
实例分析 湖南天雁（600698）股价受到上轨线压制的卖出时机..........208

第1章

T+0交易能够带来的优势

在股市中，各种各样的操盘手法层出不穷，有的适用于短线，有的适用于中长线。T+0操作是一种合法合规的、从股市T+1规则衍生而来的超短线操作方法。因操作简单，资金流动性极高，T+0交易已经成为短线投资者必须掌握的技能之一。

1.1 在波动中也能盈利

随着越来越多的资金流入股票市场，股价的震荡和波动也变得越发难以捉摸，导致部分投资者盈利不成反亏损。但T+0不同，作为当日买卖的超短线操盘手法，趋势的波动对T+0交易的影响较小，这也给了短线投资者在波动中盈利的机会。

1.1.1 价格上涨可及时止盈

股价如果在运行中向上波动，投资者无法把握股价向上的空间，在持仓中已经出现盈利的情况下，不知道怎么办，此时可以借助T+0交易模式，完成止盈的操作，锁定大部分利润，如图1-1所示。

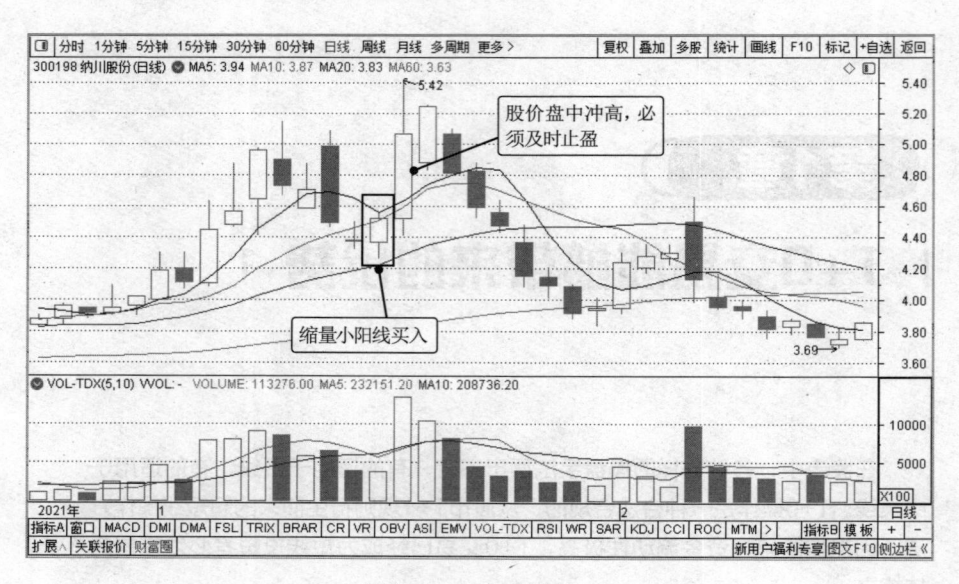

图1-1 T+0上涨止盈

止盈是指设立具体的盈利目标价位，一旦到达盈利目标位时，要坚决止盈，这是克服贪心的重要手段。许多投资者总是担心，如果卖出后可能会失去后市行情中更高的卖出价格。这种情况是客观存在的，在实际操作中很多时候会出现卖出后还有更高卖出价的情况。但是，投资者如果贪心地试图赚取每一分利润，这是不切实际的，而且风险也很大。

止盈分为静态止盈和动态止盈，上面说到的设立具体的盈利目标价位，就是静态止盈。而动态止盈又分为价格回落止盈、均线破位止盈和技术形态止盈。

- **价格回落止盈**：股价与最高价相比，减少5%～10%时止盈卖出。这只是一种参考数据，如果投资者发现股价确已见顶，即使没有跌到5%的标准，也要坚决卖出。
- **均线破位止盈**：在上升行情中，均线是跟随股价上升的，一旦股价掉头击穿均线，将意味着趋势转弱，投资者要立即止盈，保住胜利果实。
- **技术形态止盈**：当股价上升到一定阶段，出现滞涨，并且构筑各种头部形态时，要坚决止盈。

实例分析

山河药辅（300452）价格回落止盈

图1-2为山河药辅2021年11月至2022年2月的K线图。

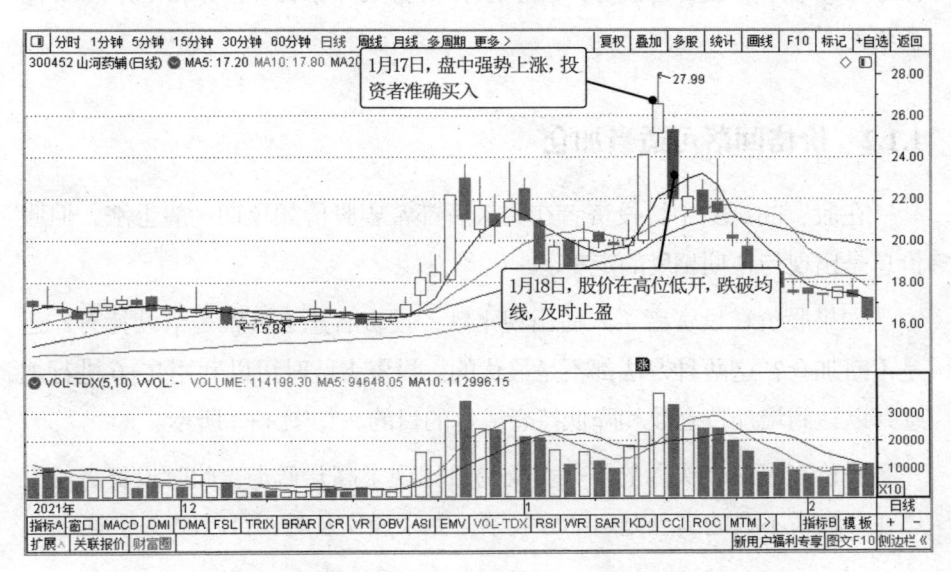

图1-2　山河药辅2021年11月至2022年2月的K线图

从K线图中可以看出，山河药辅在2021年11月至12月中旬期间，股价还在横盘整理。在经历近一个月的整理后，12月中下旬，股价再次开始上涨，但很快便在24.00元价位线下方受阻，随后股价回落，在回调一段时间后，又一次开启了上攻走势。

山河药辅在2022年1月17日是以高价开盘，当天盘中非常强势，在开盘后接连上冲，最高涨幅达到了15.98%。投资者只要积极参与做T，低买高卖，就可以在收盘前稳妥收获大幅上涨。

1月18日，股价低开，随后持续下滑，当日收出一根大阴线。投资者可以在盘中位置较高时卖出部分，随后在盘中低点再次买进，完成T+0的止盈。

在接下来的交易日里，股价一路下跌。由于在1月17日做过一次T+0操作，所以投资者的成本有所降低，在1月18日止盈时，亏损也不会太大，可以完成出局。

如果投资者在1月17日没有进行T+0的操作，那么在1月18日进行止盈时，不仅不会收获太多的利润，甚至在低点止盈时还会将亏损扩大不少。经过T+0操作，投资者就可以在1月17日落袋部分收益，并在1月18日降低损失。

1.1.2 价格回落可适当加仓

在股票的买卖中，投资者在买入后都希望股价如预期一般上涨，但股价总是出现与预期相反的走势。

如果股价在投资者买入后出现下跌，投资者怎么办？是继续持有？还是不断加仓？这两种方法都不是最优的。投资者此时可以利用T+0进行加仓，以达到增加持仓数和降低持仓成本的目的，如图1-3所示。

股价在投资者买入的下一个交易日出现了高开低走，此时投资者就应该在开盘后不久的高点抛出部分股票。如果操作及时，可以减少亏损。

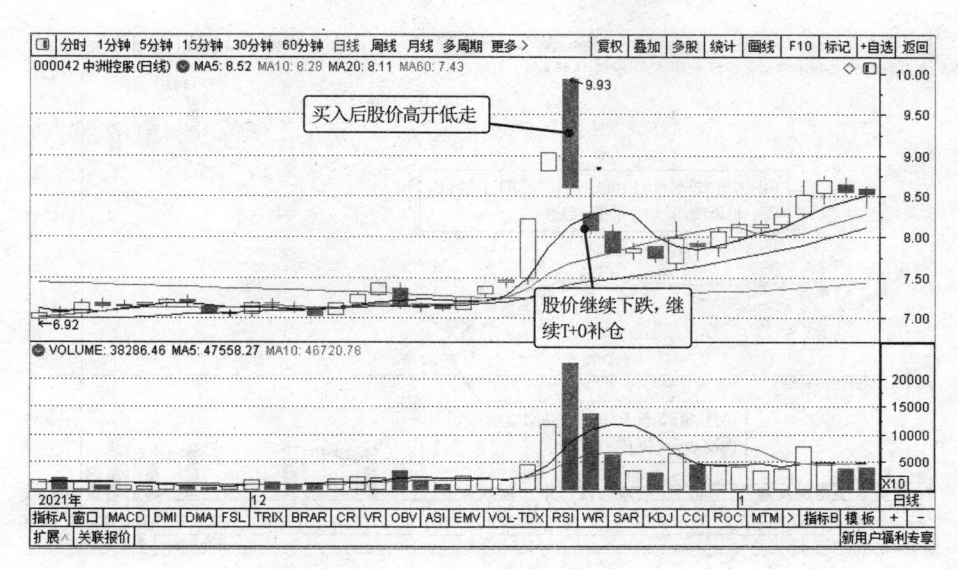

图 1-3 价格下跌继续补仓

在卖出部分股票后,投资者就可以耐心观望,等待收盘前的低点,抓住时机买入比早盘卖出数量更多的股票,成功降低持仓成本并增加了持仓数量。

如果下一个交易日,股价继续下跌,投资者继续进行 T+0 加仓的操作即可。由于股价不可能一直下跌,总会迎来反弹,持续这样的操作,可以让投资者的持仓成本变得更低。

由此可以看出,T+0 加仓的操作,比投资者被动持有和不断加仓的操作更好。

实例分析
汇纳科技(300609)股价回落利用 T+0 适当加仓

图 1-4 为汇纳科技 2021 年 9 月至 11 月的 K 线图。

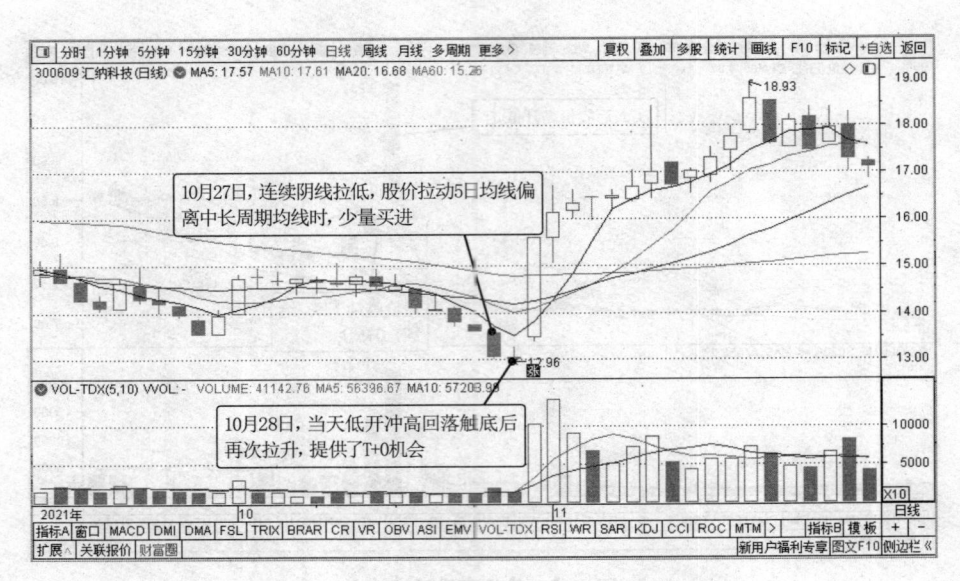

图1-4　汇纳科技2021年9月至11月的K线图

从图1-4中可以看出，经过连续的大幅下跌后，汇纳科技的股价在2021年10月下旬跌破14.00元后继续下跌。

在连续出现的阴线拉低股价并触及13.00元左右时，股价带动5日均线偏离了其他三条均线，出现了买入机会。投资者在10月27日收盘前，可在13.00元附近进行少量的买入。

10月28日，股价并未迎来持续的强势反弹，而是在开盘后迅速走高，但是在数分钟后上涨到13.30元下方时快速拐头向下急速下跌。

此时投资者可以在下跌过程中出掉大部分持仓，虽然会出现一定的亏损，但操作一定要果断，否则会错失机会。

在出掉大部分持仓后，股价继续探底，最低到了12.96元，随后小幅回升。投资者要在触底拉起的时间点上果断加仓。由于加仓的成本比早盘卖出的价格要低得多，因此同样可以降低持股成本。

如果股价在10月28日探底回升后，在下一个交易日继续下跌，该怎么办？答案是继续T+0加仓的操作。因为最开始在下跌低价位区买入时，一定是轻仓的，有资金就有操作空间。

1.1.3 震荡行情仍然大有可为

许多投资者认为最难赚钱的行情就是震荡行情，在震荡行情中，股价没有趋势可言。没有明显的趋势，投资者就会手足无措，盲目地追涨杀跌往往会做出相反的操作，造成大多数投资者在震荡行情中一无所获。

在 2021 年 12 月至 2022 年 3 月这段时间内，渝开发（000514）的股价走势没有明显的涨跌趋势，在这种走势中投资者很容易出现如图 1-5 中所示的错误。

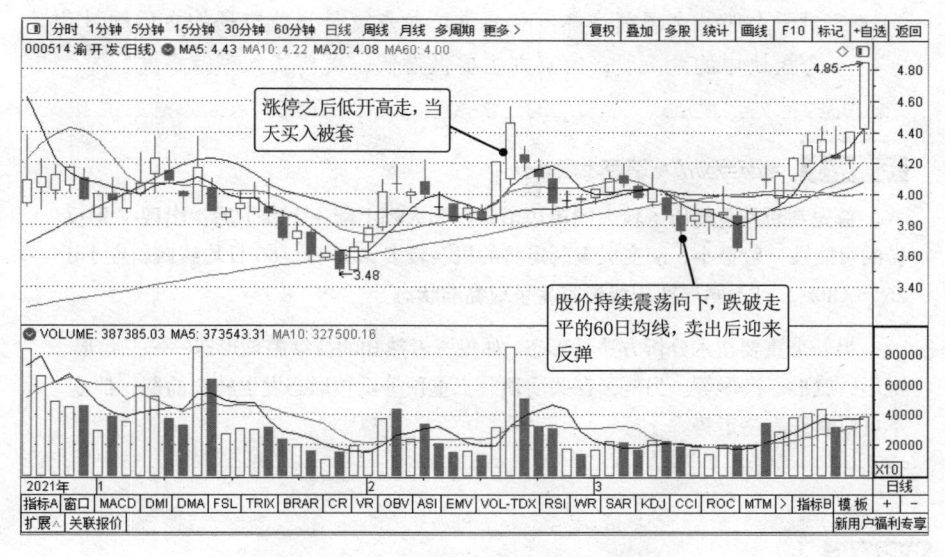

图 1-5 震荡市中容易出现的错误操作

震荡市的形成，在市场情绪上来看表现为多空双方均有向自己有利的方向拓展交易空间的想法，但是对于后市又没有特别大的把握，不敢贸然拉升或者压低，抱着逢低吸纳和逢高抛售的想法建立较为有利的持仓成本，等待机会酝酿突破。

此时，市场上一般表现为基本面消息匮乏，多发生在一段单边市走完以后，基本面（包括宏观经济、政策层面）在上涨或下跌中已经改变，没有新的利好或利空继续支持价格突破或延续趋势。

在震荡市场中，该如何利用T+0交易方式去赚钱呢？主要有以下三点。

- 坚决执行高抛低吸的策略，大涨时减仓，大跌时加仓，但是在跌停家数超过10家时不低吸，跌停超过30家时坚决清仓观望，跌停数量视大盘情况而定。
- 做好风险控制，主要通过仓位控制来实现，在震荡行情中，仓位的安排上要更谨慎，表现为初次建仓的仓位更低，获利后减仓的仓位更重。
- 对于个股，主要关注热点和盲点。热点就是当前市场的热门题材和概念板块中的龙头股；盲点则主要做潜伏，提前买入等待爆发。

拓展贴士 判断当前市场是否为震荡市

首先判断是否经历了较大的单边市，因为大幅上涨（下跌）后，出现V形反转的可能性一般极小，演变成震荡走势的机会较多，30日、60日均线倾斜度小于25°～30°，且不同周期均线极容易呈现黏滞状态。

另一个重要技术分析方法是形态，如投资者熟知的持续整理形态——三角形、矩形、旗形、楔形等。另外，在头肩顶、三重顶等反转形态发生转变前期，都基本可以看作震荡走势。

实例分析
盐湖股份（000792）震荡行情中做T

图1-6为盐湖股份2021年10月至2022年1月的K线图。

从图中盐湖股份的股价走势来看，在进入2021年10月之后，股价没有明显的涨跌趋势，不同周期的均线交错，证明此时已经进入了震荡市。在震荡市中，但凡出现大幅下跌，就是不错的买入机会。

11月上旬，股价在28.00元价位线附近暂时横盘数日后，连续收出数根阴线拉低股价。

对于这类在震荡市中突然下跌的个股，大幅下跌就是买入机会，买入后很容易收获短期反弹。投资者此时应紧密关注其走势。如果在某一日的分时图中，该股股价出现强势反弹，就应该抓住反弹中的回调积极买入做 T。

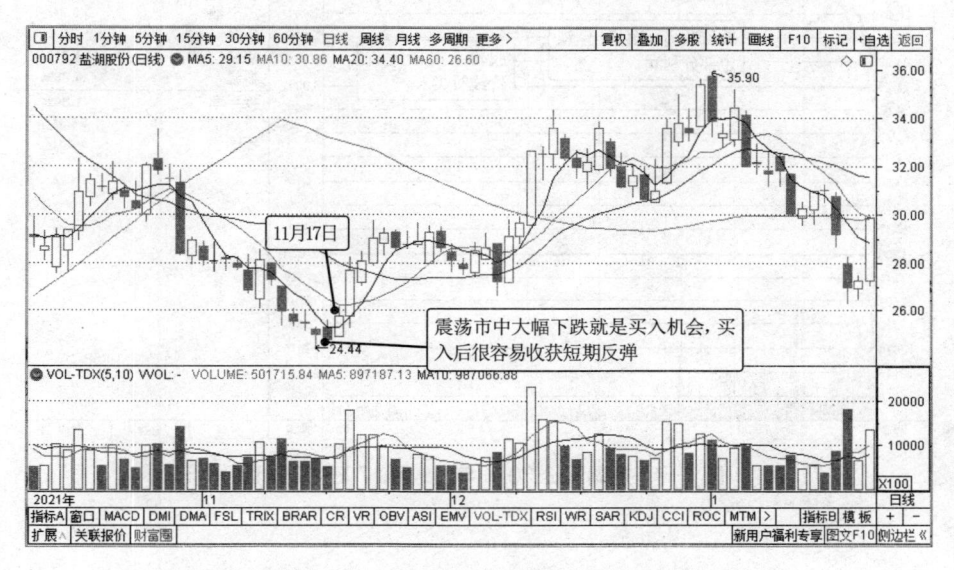

图 1-6　盐湖股份 2021 年 10 月至 2022 年 1 月的 K 线图

图 1-7 为盐湖股份 2021 年 11 月 17 日的分时图。

从图 1-7 中可以看到，股价在开盘后一路冲高，随即在 26.13 元价位线下方受阻回落。此时投资者可以卖出一部分持股，锁定利润。随后该股回落至均价线附近受到支撑，再次回升。

在 13:28 左右，股价再次上冲到 26.13 元价位线附近后下滑，又形成了一个卖点，前期未能卖出的投资者要在此时果断出局。

在进入尾盘后，股价已经跌至均价线上方，并越发靠近。在临近收盘时股价并未表现出再次的上涨或下跌，那么此时的投资者就可以买进了，保证 T+0 操作的完整性。

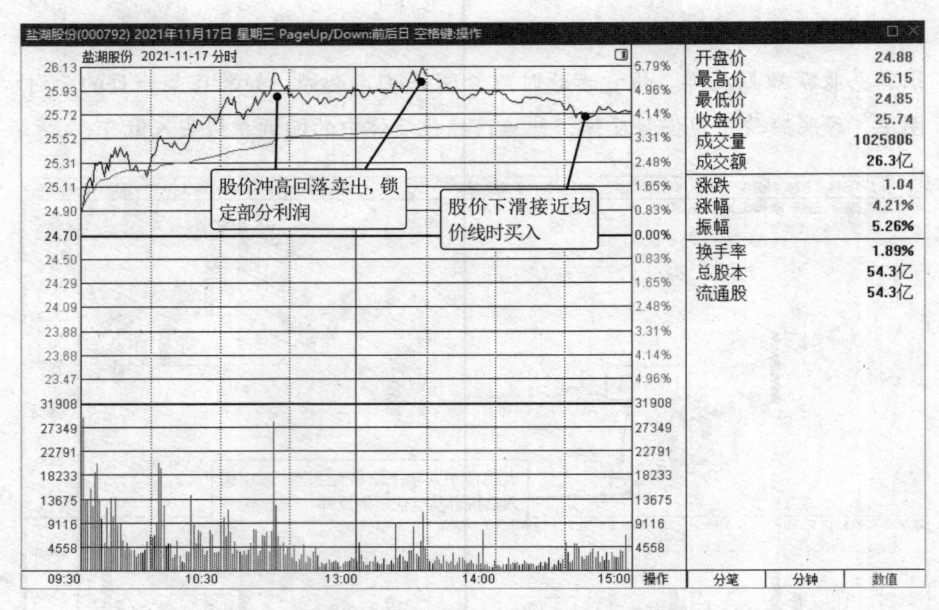

图1-7 盐湖股份2021年11月17日的分时图

1.2 仓位成本下压

T+0的操作方式不仅高效迅速，其对降低持仓成本也有很好的作用。无论是先卖后买，还是先买后卖的操作方式，交易的位置始终会偏向于卖点高、买点低，多次反复，就能够成功降低仓内筹码的成本，进而达到扩大收益的目的。

1.2.1 高抛低吸可降低成本

T+0交易模式给投资者带来最直观的感受就是，随着交易的进行，通过在每个交易日内的高抛低吸，投资者的持仓成本会越来越低。

简单的高抛低吸如图1-8所示。从分时图中可以看到，股价在开盘后就出现了锯齿状的上涨，在短时间内上冲到高位后开始回落，这个高点就是一个绝佳的高抛点。在后续的交易时间内，股价一路下滑，在下午时段开盘后加速下跌，在 8.21 元附近触底回升，这个低点也可以作为一个较好的低吸点。

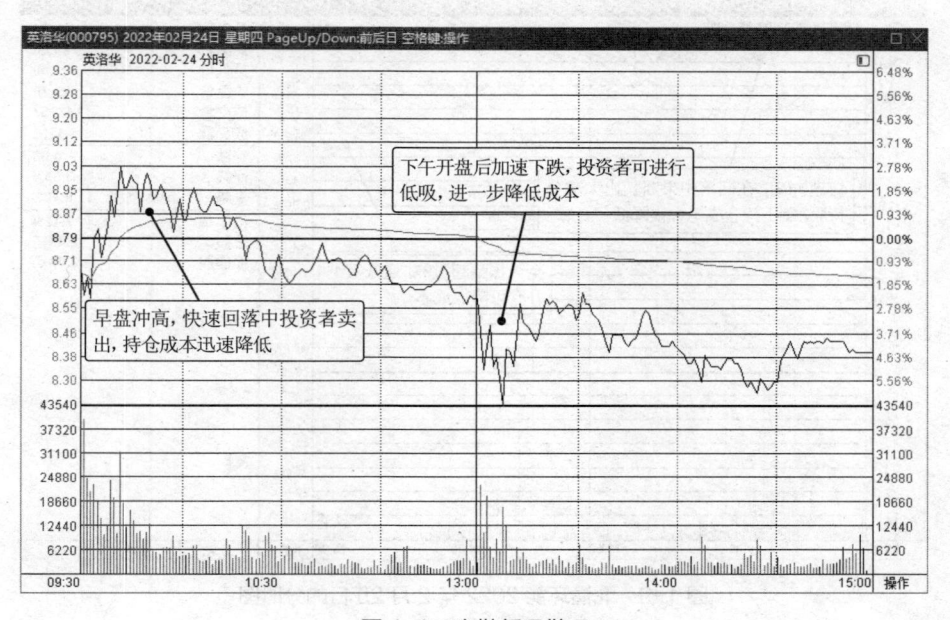

图 1-8 高抛低吸做 T

在高抛低吸的过程中，也会有成功率的问题存在。即使是 T+0 高手投资者，也无法保证自己每笔交易都卖在最高点，买在最低点。投资者只需要与自己的预期收益相比，达到预期收益目标即可。

T+0 降低成本有三种较为突出的模式，具体如下：

- 一是短线日内交易的高抛低吸，如图 1-8 所示，这样可以最大限度地获取短线收益。
- 二是中线满仓 T+0，每天抓住盘中的波动做 T+0 的思路，投资者有时间盯盘就做 T+0，没时间就满仓持有不动。
- 三是被套的情况下，原有股票是套牢的，可以通过 T+0 操作，获取到盘中的差价，逐渐降低成本并早日解套，甚至反败为胜。

实例分析

北清环能（000803）高抛低吸可降低成本

图1-9为北清环能2022年2月25日的分时图。

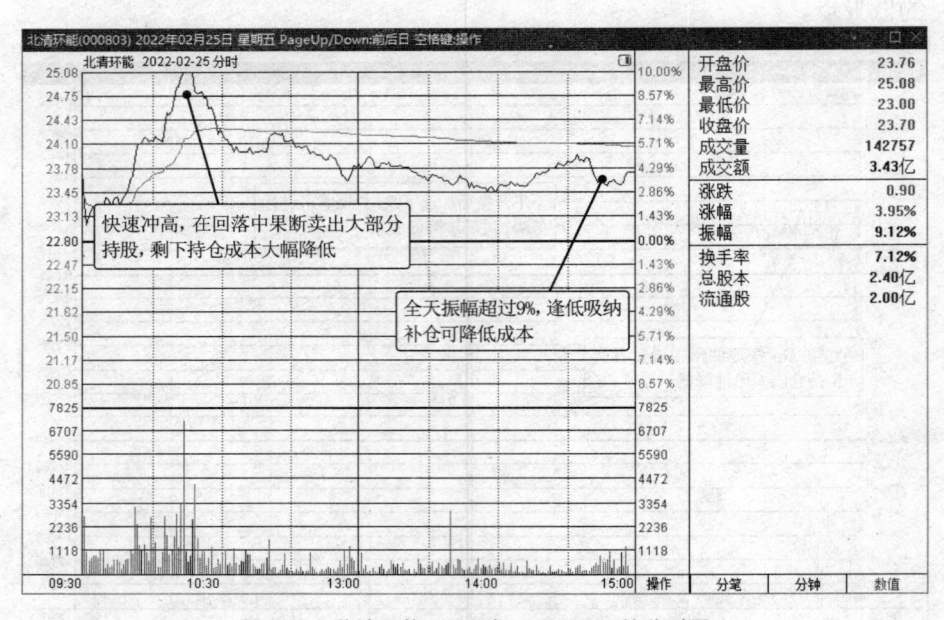

图1-9 北清环能2022年2月25日的分时图

熟练使用T+0的投资者A，在2月24日时以23.00元的价格买入1 000股北清环能，2月25日，北清环能高开高走，且在早盘时间内最高达到涨停，即25.08元。

但北清环能在随后的交易时间内未能维持封板，几分钟后股价开始快速回落。投资者A在24.75元挂单卖出800股，了结获利1 400.00元，余下的200股的持仓成本价变为16.00元。相关计算如下：

（24.75×800+23.00×200）-23.00×1 000=1 400.00（元）

（23.00×1 000-24.75×800）÷200=16.00元/股

在投资者A减仓后，北清环能继续回落，全天大部分时间保持持续下滑，期间最低滑落到23.45元后有过一小波回升，但是最终在均价线下方受阻继续回落。

在收盘前投资者 A 挂单 23.50 元，再次买入 800 股，此时的成本价变为 22.00 元，通过当天的高抛低吸，在持仓 1 000 股不变的情况下，成功将成本价降低了 1.00 元（23.00-22.00），相关计算如下：

（16.00×200+23.50×800）÷1 000=22.00（元）

23.00-22.00=1.00（元）

多数股票在一个交易日内都会出现不同振幅的波动，投资者只要抓住这些波动，做到相对高点抛出，相对低点买回，就能不断将持仓成本摊低，将最终的收益最大化。

拓展贴士 *如何把握高抛低吸*

在股票投资中有一些不为大众知晓的"定律"，在 T+0 的高抛低吸操作中就有一句话非常实用，叫作"不在开盘前半小时买入股票，不在收盘前半小时卖出股票"，这句话是什么意思呢？

股票在开盘后出现冲高的概率较高，适合高抛；而股市中有"神奇两点半"的说法，很多股票在 14:30 时往往会给投资者一些惊喜，因此不适合卖出股票。反而在收盘前，大局已定的情况下，适合买入股票。

1.2.2　T+0 可以有效防止踏空

通过上面的学习，投资者知道了 T+0 交易模式可以让持仓成本更低，在高抛低吸的过程中，投资者可以理解高抛是为了锁定利润，那么为什么还要在收盘前低吸回来呢？

这就是为了避免踏空，虽然股票在当天有明显的回调，给投资者低吸机会，但投资者认为当天的震荡是主力刻意为之，下一个交易日仍可能继续上涨。为了避免踏空下一个交易日的上涨，所以需要在当天伺机低吸，如图 1-10 所示。

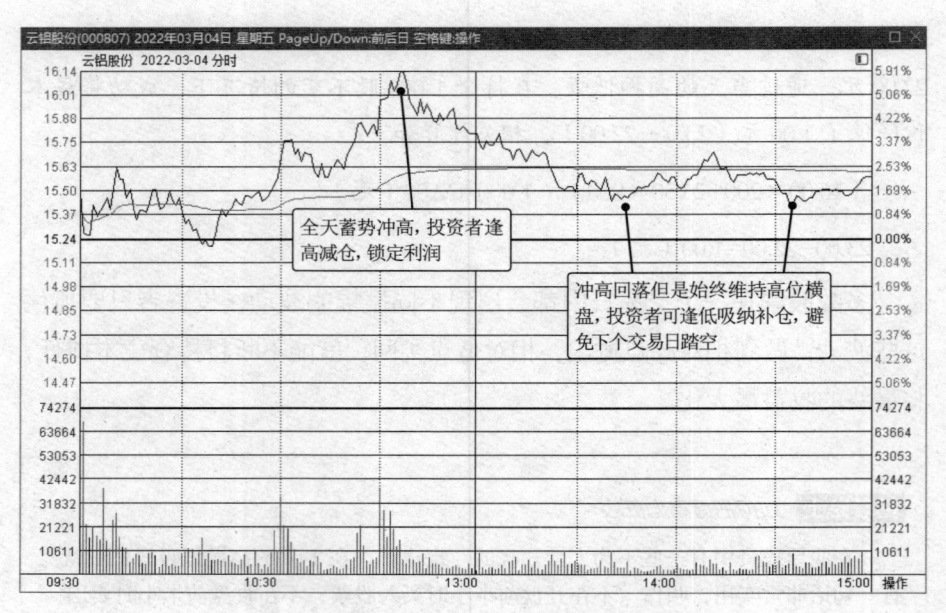

图1-10 高抛锁定利润，低吸补仓避免次日踏空

T+0操作必须克服心理障碍，像2015年6月至7月的大跌，有的投资者在早上时还在观望，到了中午还抱有侥幸，到了14:30开始恐慌，最后不计成本在跌停板上挂单，这就是心理障碍。

当下一个交易日出现超跌反弹，又有多少人开始追高。若在那时投资者能保持心态稳定，稳稳抓住手中筹码，就不会有那种杀跌买高的憾事。

做T+0操作，投资者要做到心里大致有数，在股价跌到一定价位时敢于买入，不怕被套；在个股涨到一定高位时同样要敢于卖出，不怕踏空。因为即使是经验丰富的T+0投资者，也会出现高抛之后，股价再创新高，变相踏空的情况。

其实，投资者只需要给自己设立一个心理预期收益，当股价达到预期价位时就卖出，落袋为安。即使股价在后市继续上涨，也可以得到一定的收益，不能算作踏空。

拓展贴士 *T+0 操作的时间*

做 T+0 操作在一天的 4 小时之内一般只适宜做一次，在单边市中最好不做。在单边上扬市中一旦做 T+0 操作会有踏空的可能，在单边下跌市中做 T+0 操作会有被套后再被套的危险，并且资金一旦被全数套牢，后期将会失去主动权。当然，对于操作能力更强的投资者在单边市中利用分时走势做 T+0 那就另当别论。

实例分析
禾望电气（603063）T+0 可以有效防止踏空

图 1-11 为禾望电气 2021 年 11 月 11 日的分时图。

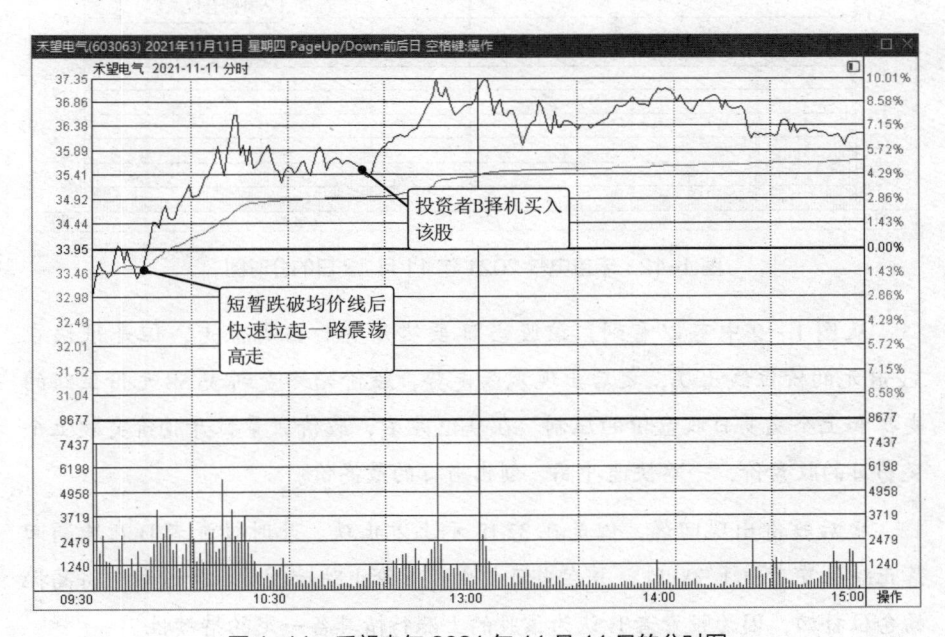

图 1-11　禾望电气 2021 年 11 月 11 日的分时图

从图 1-11 中可以看到，该股当日低开，股价在 33.46 元至 33.95 元的价格区间窄幅波动，大部分时间都在均价线上方运行。在 9:42 左右，股价出现明显的跌破均价线的走势，但是股价很快被放量拉起突破均价线，之后股价一路震荡上行，并且始终远离均价线，当日以 6.69% 的涨幅收出大阳线，投资者 B 看好该股，也在当日股价拉升过程中以 35.60 元的价格买入 2 000 股。

图 1-12 为禾望电气 2021 年 11 月 12 日的分时图。

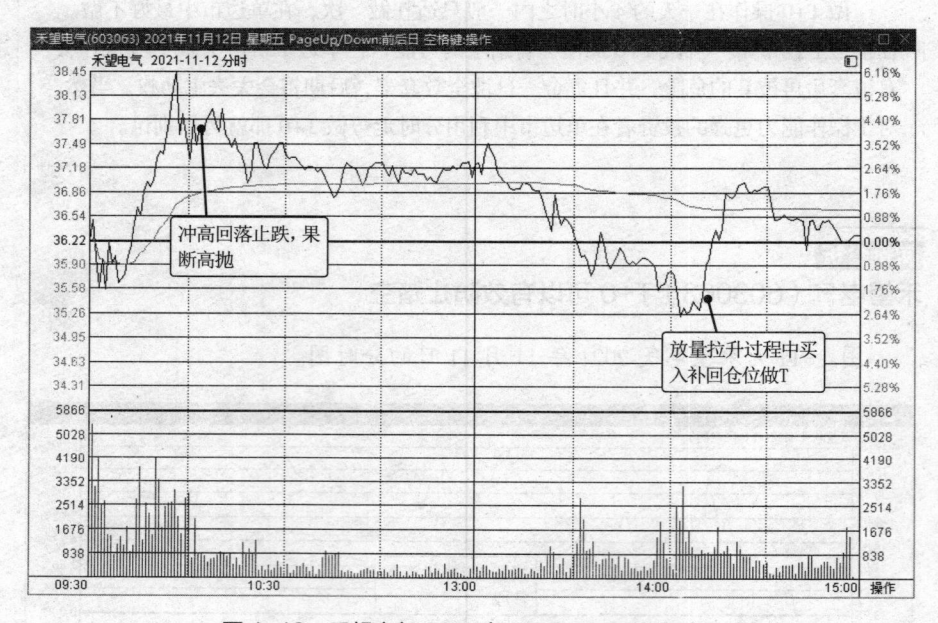

图 1-12 禾望电气 2021 年 11 月 12 日的分时图

从图 1-12 中可以看到，该股当日虽然开盘后出现低走，但是很快在 35.58 元的价位线止跌，之后出现震荡走势，股价始终受到 35.58 元价位线的支撑和上个交易日收盘价的压制。在 9:42 左右，股价放量拉升股价突破上个交易日的收盘价，一路快速冲高，创出当日的最高价。

之后股价出现回落，但是在 37.18 元上方止跌。此时投资者 B 在冲高回落止跌位置卖出 1 500 股，并在当日创出最低价止跌后放量拉升过程中将高抛的仓位补回，因为投资者 B 认为该股的上涨行情具备一定的持续性。

下面继续来看后市的走势。

图 1-13 为禾望电气 2021 年 11 月 15 日的分时图。

从图 1-13 中可以看到，11 月 15 日，禾望电气在早上一开盘便放量打压，之后快速冲高，但是随着冲高的进行，成交量出现急速缩量。这种走势一般来说都不是好事。从当天的分时图中也可以看出，在早上冲高后，禾望电气的股价快速滑落，幸好对于T+0投资者而言，早盘冲高是不错的高抛机会。

在股价的快速滑落过程中，K线状态得到了5日均线的支撑，此时是补回早上高抛仓位的机会。

通过每个交易日内高抛低吸的T+0操作，投资者的仓位可以一直保持比较稳定的状态，这样能够很好地避免股票突然停牌或因其他事项造成的踏空。

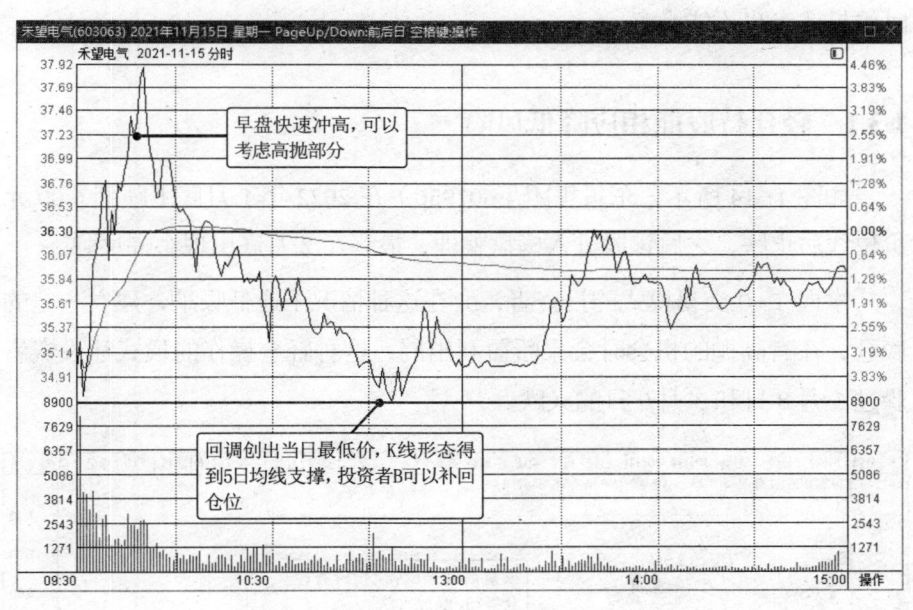

图1-13 禾望电气2021年11月15日的分时图

拓展贴士 *T+0的注意事项*

T+0操作的个股必须是投资者熟悉的个股，要能看出或分析出股票近期的走势，是盘整期还是单边市，只有盘整期才比较适用T+0。

同时，T+0操作的个股要和大盘结合起来，在趋势上要相对吻合，同热点相吻合。当然最主要的是对个股的短期走势要有研究，把握住股价走势的节奏。

1.3 操盘风险降低

由于 T+0 操作的持股时间较短，投资者停留在场内的时间也被大大缩减，因此不必长时间受股价大幅波动的影响。相较于中长线投资者来说，这样确实降低了不少风险。

但持股时间越短并不意味着风险越小，有时候股价在一个交易日内跌停为投资者带来的损失，甚至会超过一些中长线投资者。因此，在做 T 的时候投资者也不能大意。

1.3.1 轻仓持股能相应降低风险

如图 1-14 所示，东贝集团（601956）在 2022 年 1 月底下跌到 6.00 元价位线后止跌，之后该股进入横盘整理，最终在 2 月底出现小幅反弹。

掌握 T+0 交易模式的投资者，会在这种情况下逢低吸纳，建立一定的底仓，在有高抛的机会时会果断盈利出局，这种轻仓操作的模式让投资者躲过 3 月 8 日和 3 月 9 日的大跌。

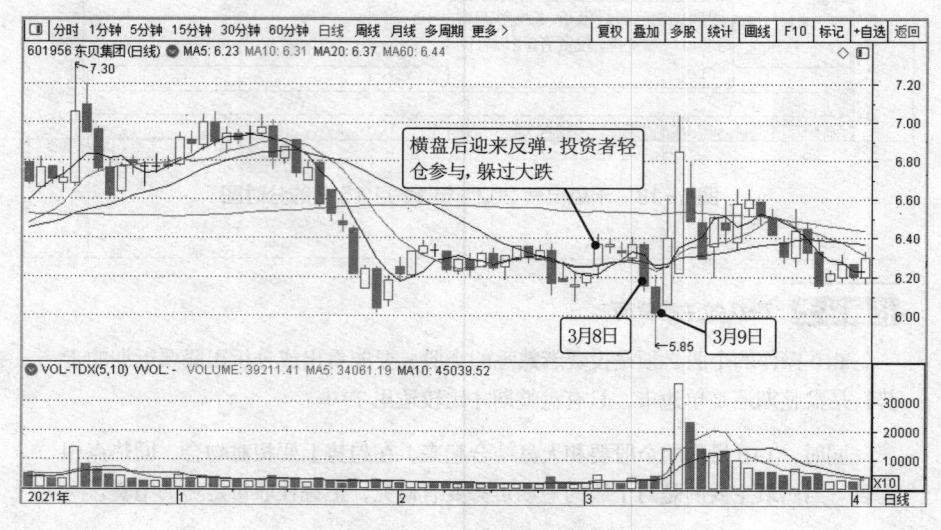

图 1-14 轻仓持股风险小

在T+0的交易模式中,第一次建仓的仓位通常都很低,甚至在之后多次加仓后,仓位通常也在八成仓以下。因为T+0需要投资者手里永远保持一定的现金流,以应付随时可能出现的风险。

投资者既然无法通过改变持股时间的长短来规避持股风险,那么就只能通过持股数量来控制。因此,在初期买入时,最好保持轻仓,才能最大限度地降低风险。

实例分析
金钼股份(601958)轻仓持股能相应降低风险

图1-15为金钼股份2021年11月至2022年1月的K线图。

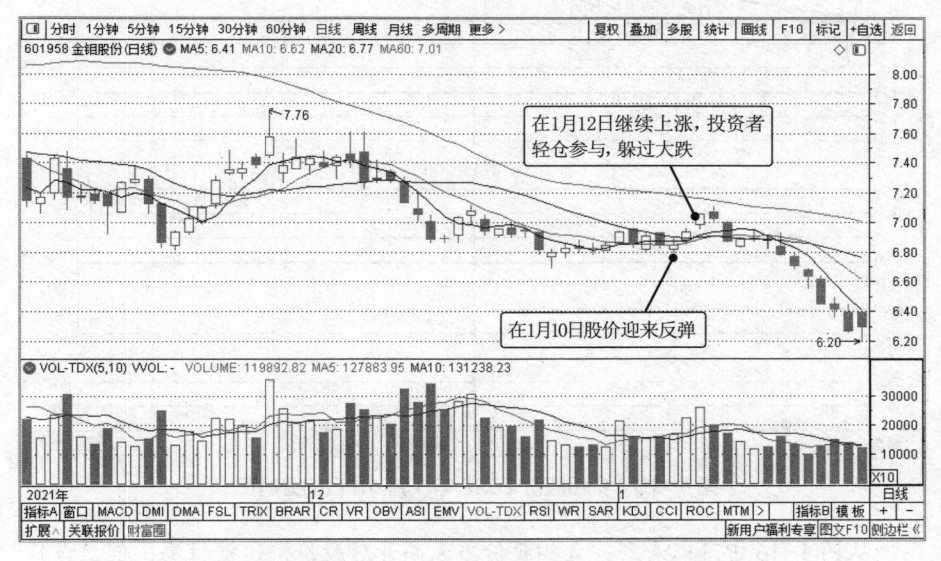

图1-15 金钼股份2021年11月至2022年1月的K线图

从图1-15中可以看到,金钼股份在2021年12月中上旬再次下跌后,处于一个相对低位的横盘状态中。对于这类相对低位缩量横盘的走势,其后市主要有两种判断,一种是一直放量突破向上,另一种是破位下跌。

1月10日当天,金钼股份小幅放量收涨0.15%,似乎有酝酿向上突破的趋势，尤其在后续数个交易日继续拉高股价，行情更有向上变化的趋势。对于T+0的投资者而言，在大势已定的情况下，往往会考虑轻仓参与进去，看好股价继续向上突破上涨。

但由于成交量放量幅度并不大，意味着市场向上攻的意愿并不是那么强烈，因此只适合两至三成的轻仓参与。

下面具体来看上涨到后期一个交易日的分时走势图。

图1-16为金钼股份2022年1月13日的分时图。

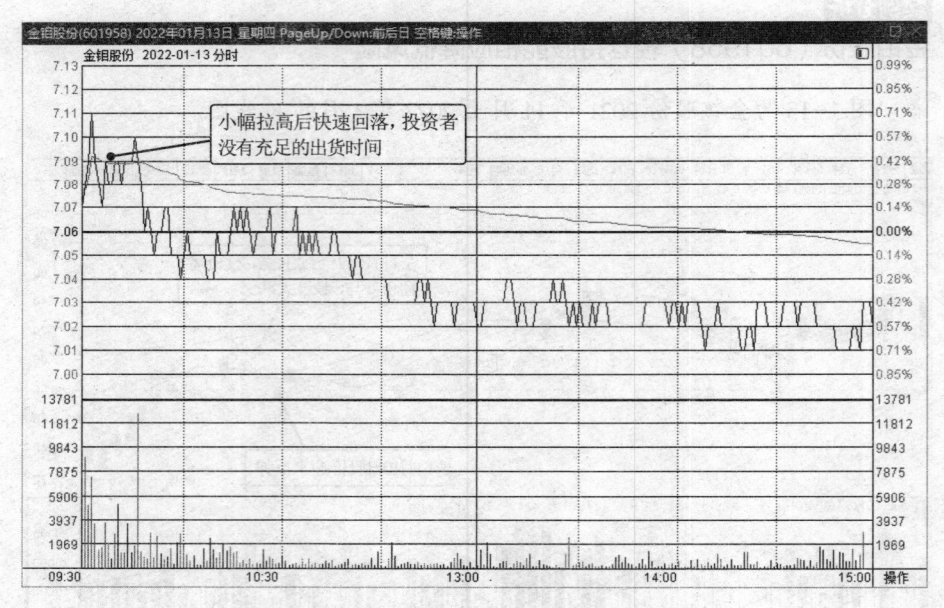

图1-16　金钼股份2022年1月13日的分时图

从图1-16中可以看到，金钼股份当天高开后股价快速被拉高，创出当日最高价后便快速回落，但盘中并没有给前面几个交易日买入的投资者太多获利出局的机会。此时，高抛不够果断的投资者，将错失一部分收益。

从后市的K线走势来看，只有果断高抛的T+0投资者能勉强盈利出局；高抛不够果断的T+0投资者会轻仓长期被套；而一开始就重仓买入，也不懂高抛的投资者，将会重仓长期被套。

在实战中，很多投资者在进行股票投资的操作时，往往都是第一次购买就有五成仓及以上，甚至是全仓买进。一旦股票走势不好，投资者就会陷入被动之中，没有给自己留下丝毫的操作余地，而 T+0 交易模式可以很好地解决这个问题。

在 T+0 的交易模式中，投资者第一次轻仓买入，在后期走势不如预期的情况下，可以选择止损出局，也可以选择逢低加仓；如果走势与预期相符，则可以安全地获利了结，使自己立于不败之地。

拓展贴士　*保留一定现金的重要性*

巴菲特曾表示，现金是氧气，99% 的时间你不会注意到它，一旦没有它后果会很严重。因此，伯克希尔公司将永远保留手头 200 亿美元现金的流动性，从不指望银行或其他任何人。

偌大的公司如此，每一个资金有限的投资者更要如此。因此，从不建议投资者满仓操作，永远给自己留一至二成的资金，用于应对随时可能遇到的风险。

1.3.2　避免盲目追涨杀跌

从最广义的角度来看，股票交易的实质就是追涨杀跌，但是与多数投资者正在进行的追涨杀跌不同。

股市好的时候，大家愿意投钱到股市里，这就是追涨；股市不好的时候，大家把钱退出来，这就是杀跌。

普通投资者的追涨杀跌，是在大盘涨了很多以后继续盲目乐观，是在热点非常疯狂的时候继续一味看好；是在股价加速上升的时候为了赚得明天的"一截上影线"而奋力买进。

跌的时候也是这样，大盘跌很多了，股价已经惨不忍睹了，为了当晚睡个安稳觉，不计成果，逃了再说，如图 1-17 所示。

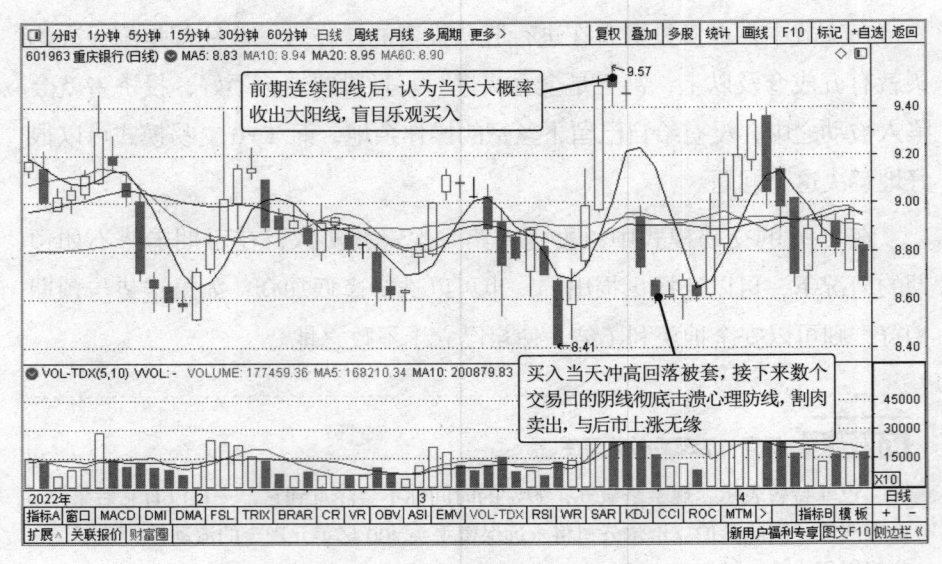

图1-17 盲目追涨杀跌

一年有250个左右的交易日,但真正持续暴涨、暴跌的交易日其实屈指可数。从概率上讲,适合追涨杀跌操作的交易日不会超过十分之一,因此不能作为主流的操作策略,这也是市场中有90%以上的投资者都在亏损的原因。

那么,投资者在股市中应该如何避免追涨杀跌呢？除了学会掌握T+0的交易模式外,还需要记住以下几句话。

- **股市之险,险在涨幅已大**：对于涨幅很大的股票,继续追上去做短线,无异于刀口舔血。

- **股市之痛,莫过于抛在地板价上**：抛掉股票后,股价不跌了,甚至大涨,这是任何人都难以承受的痛苦。

- **凡事都要讲究分寸**：上涨或者下跌斜率对股价有强大的控制力,过分偏离正常的斜率,一定会得到校正。

- **市场有效突破的概率只有50%**：向上突破就买进,或者向下突破就卖出,胜算不超过50%。

> **实例分析**
> ## 海南矿业（601969）避免盲目追涨杀跌

图1-18为海南矿业2021年6月至8月的K线图。

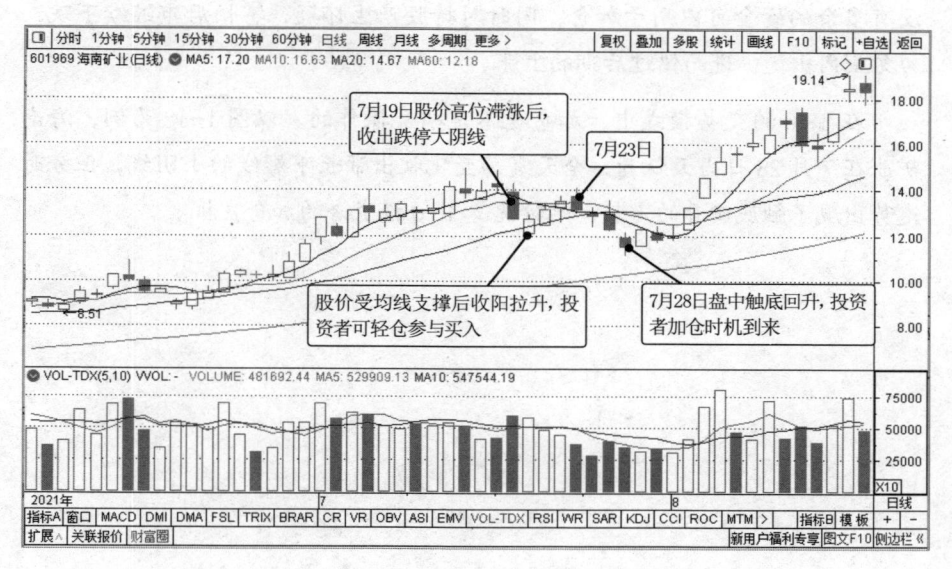

图1-18 海南矿业2021年6月至8月的K线图

从图1-18中可以看到，在6月至7月上旬期间，海南矿业都在上涨，但在小幅越过14.00元价位线后受阻，开始了高位的横盘滞涨。

7月19日，股价突然收出跌停大阴线，并在20日均线附近受到支撑。次日，该股又迎来上攻的中阳线，沿着20日均线运行方向上涨。这对于T+0投资者而言，也是不错的机会，因为这类连续上涨的走势，通常而言下一个交易日都会惯性上冲，方便高抛低吸。

然而，在两个交易日后，股价连续上涨势头停滞，并在7月23日出现了冲高回落，投资者对当天的预期收益就要看低一些。

从当天的分时走势来看，当天在早盘股价上冲到最高的14.09元后，就开始了持续的回落，当天做T的收益相较于前几日要小很多。

但是，对于轻仓参与的T+0投资者而言，当短期收益不满意，又对该股后市的发展充满信心时，就会选择继续持有。

在T+0投资者继续持有的过程中，股价出现了连续的收阴下跌，但此时投资者的仓位较轻，手里还有大量的现金，可以用于加仓。而其他的投资者，没有多余的资金可以用于加仓，同时对持股产生怀疑，害怕后市继续下跌，匆匆割肉出逃，进而错过后期的上涨。

在T+0的交易模式中，加仓也不是胡乱操作的。以图1-18为例，海南矿业在7月28日当天低开，全天震荡变化收出带长下影线的小阴线，但分时走势出现了触底回升的走势，此时就是T+0投资者的加仓良机。

第2章

操作T+0需遵循一定的原则

尽管T+0交易具有摊低成本、降低风险等多个优势，但投资者在使用时依旧需要遵循一定的原则，否则很有可能盈利不成反亏损。T+0操作遵循的原则包括介入时机的选择、执行计划的创建、及时止盈和止损等，本章将详细介绍。

2.1　选股和介入时机要谨慎

一般来说，T+0 交易受股价趋势的影响较小，但这并不意味着没有影响。在下跌行情和上涨行情中，T+0 交易的操作是完全不一样的，无论是承受的风险还是操作的难度都会有所变化。因此，选择一个好的介入时机，就能降低风险，相应扩大收益。

2.1.1　在稳定的牛市中操作更稳妥

熊市是任何投资者都不愿意见到的，虽然利用 T+0 交易在熊市中也有获利的可能，但操作起来风险很大，如图 2-1 所示。

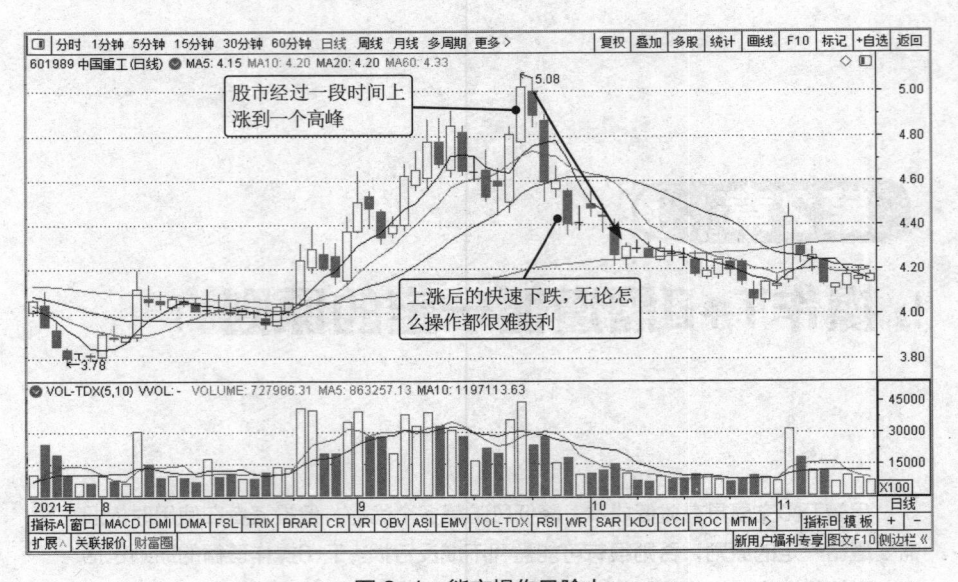

图 2-1　熊市操作风险大

炒股的人最头疼的就是大熊市行情，在这种行情下，股价一天比一天低，不忍心割肉止损的投资者只能眼巴巴看着自己被套，T+0 技巧应用得再好，也很难从大熊市中获利。因此，投资者想要进行 T+0 操作，底仓建立的时机应该尽量避开熊市，在牛市初期建仓比较合适。

那么，要如何判断是否是牛市初期呢？这个问题就仁者见仁，智者见智了。在一般的炒股软件中也提供了很多指标，这里简单介绍其中最常用的几种。

- **移动平均线（MA）**：移动平均线指标是技术分析中常用的一种主图技术指标。当不同周期的移动平均线指标按周期从长到短进行从上到下排列时，移动平均线呈空头排列，这是市场极度虚弱的表现，也是熊市的最大特征。当短期移动平均线开始向上突破中长期移动平均线时，就是熊市结束，牛市即将来临的信号，也是选择建立底仓的时机。

- **相对强弱指标（RSI）**：RSI通过比较一段时间内的平均收盘价涨数和跌数来分析市场买卖盘的意向和实力，进而推测未来股价的走势。RSI指标判断牛市到来的方法有4种：①RSI6的值小于20；②RSI6在低位向上穿过RSI12形成金叉；③当RSI曲线在低位（50以下）形成V底、W底、三重底或头肩底等低位反转形态时；④RSI指标与股价形成顶背离行情。以上4种情况中的任意一种都可视为买入信号，如果多种信号同时出现，则买入信号更加准确。

- **平滑异同移动平均线（MACD）**：MACD指标由两条曲线、0轴和MACD柱线构成，通过收盘价的快变及慢变的移动平均值计算而来。当MACD柱线位于0轴下方时，股价处于熊市行情中；当MACD柱线位于0轴上方时，股价处于牛市行情中。柱线在从0轴下方转到上方，就是熊市转向了牛市，这个转向过程中就是建立底仓的时机。

实例分析

金健米业（600127）选择牛市初期建仓

图2-2为金健米业2018年9月至2019年3月的K线图。

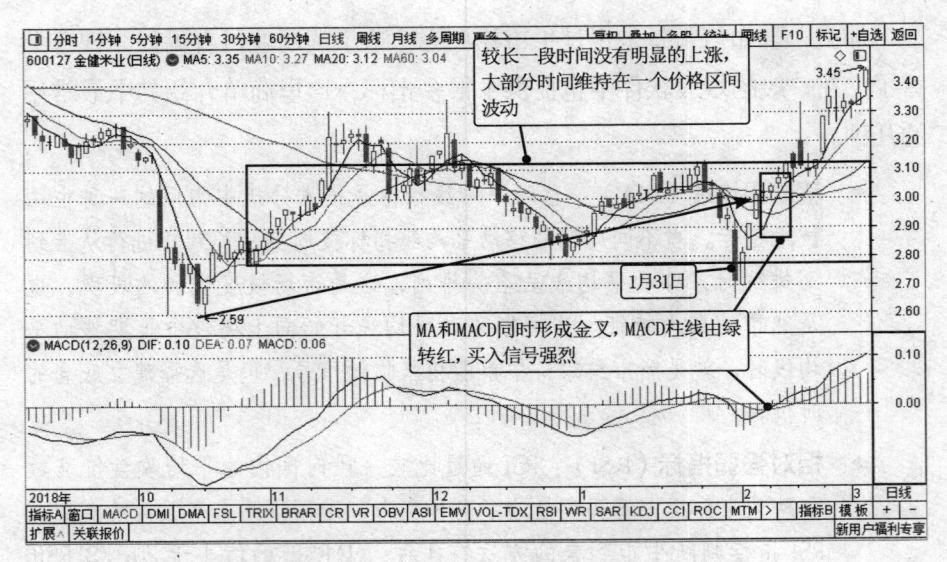

图 2-2　金健米业 2018 年 9 月至 2019 年 3 月的 K 线图（副图为 MACD 指标）

从图 2-2 中可以看出，股价在经历了 2018 年 9 月底至 10 月上旬的一波快速下跌后创出 2.59 元的最低价，之后股价止跌企稳，有反弹上涨的趋势，但经历 3 个多月时间，反弹效果都不明显，股价大部分时间在 2.80 元至 3.10 元震荡。

2019 年 1 月 31 日，该股以 7.82% 的跌幅收出大阴线后连续多次出现阳线拉高股价上冲 3.10 元的压力位。从均线系统来看，此时，5 日均线已经明显上穿 10 日均线、20 日均线和 60 日均线形成金叉，10 日均线也已经拐头向上，20 日均线和 60 日均线已经明显止跌走平，说明上涨行情即将来临。

而从 MACD 指标来看，随着 2019 年 1 月 31 日之后的阳线拉升，MACD 柱状线就开始在 0 轴下方收缩，股价有止跌回暖迹象，随后在短短三四个交易日，MACD 柱状线就快速翻转到 0 轴上方变为红色，且 DIF 线快速上穿 DEA 线形成金叉，发出买入信号。

这时通过两大常用技术指标确定了股价熊市已经结束，牛市即将来临，底仓建立的时机已经到来。

对于谨慎型的投资者来说，可能还需要进一步确认。下面再来看同一时

第 2 章　操作 T+0 需遵循一定的原则

间的 RSI 指标。

图 2-3 为金健米业 2018 年 9 月至 2019 年 3 月的 K 线图对应的 RSI 指标效果图。

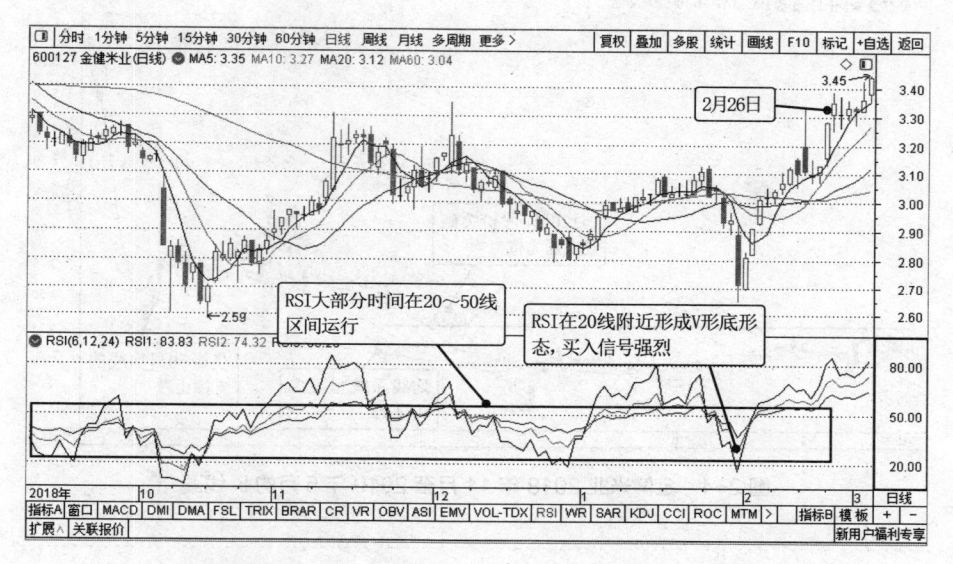

图 2-3　金健米业 2018 年 9 月至 2019 年 3 月的 K 线图（副图为 RSI 指标）

从图 2-3 中可以看出，从 2018 年 9 月开始，RSI 指标大部分时间都在 20～50 这个低位区间运行。在 2019 年 1 月底，RSI 快速向下跌破 20 线，随后立即反弹形成 V 形底，先于均线系统和 MACD 指标而发出买入信号。

经过这三方的确认，投资者有理由相信，即使在 2 月 26 日阳线突破前期历史高点时买入建仓，后市也会有很多获利机会，这是前轮熊市的尾声，后一轮的牛市行情即将开始。

图 2-4 为金健米业 2018 年 11 月至 2019 年 5 月的 K 线图。

从图 2-4 中可以看出，该股在 2 月 26 日突破历史高点后，均线系统呈现多头排列的走势。

随后，股价呈明显的上涨趋势，虽然期间有过一波回落调整，但是仅仅回落四五个交易日后便在向上的 60 日均线位置获得支撑，之后便进入快速拉升行情，短短两个月左右的时间，股价从 3.30 元附近快速上涨到 5.61 元，短期上涨幅度达到70%。后续股价整体保持向上运行,即使出现较大的回落,但是也不改上升趋势,此轮上涨行情一直延续到2020年8月中旬才结束。

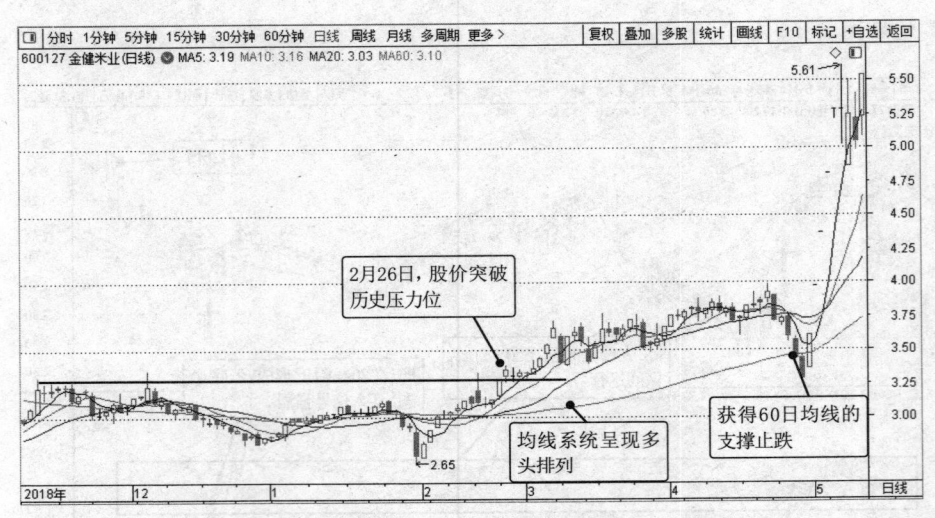

图2-4 金健米业2018年11月至2019年5月的K线图

拓展贴士 *均线的金叉与死叉*

在本例中多次提到移动平均线的金叉,那么到底什么是金叉呢?

在指标系统中,很多指标是由多条曲线构成的,短期均线从下向上穿过长期均线形成的交叉点,就称为黄金交叉(简称"金叉"),而长期均线从上向下穿过短期均线形成的交叉,就称为死亡交叉(简称"死叉")。

大多数指标系统中,黄金交叉都是看涨买入信号,而死亡交叉都是看跌做空信号。例如,5日均线向上穿过10日均线形成的金叉,是短线看涨买入信号;MACD指标中的DIF线向下穿过DEA线形成的死叉,是短线看跌卖出信号。

2.1.2 选择周K线图中开始上涨的股票

K线图也是有周期的,一般情况下,投资者分析K线图的周期都是日,这也是炒股软件默认的K线图周期。如果要进行中长线投资,或者想要操作风险更小，那么选择周 K 线刚从底部启动时的个股并成功介入是最好的，如图 2-5 所示。

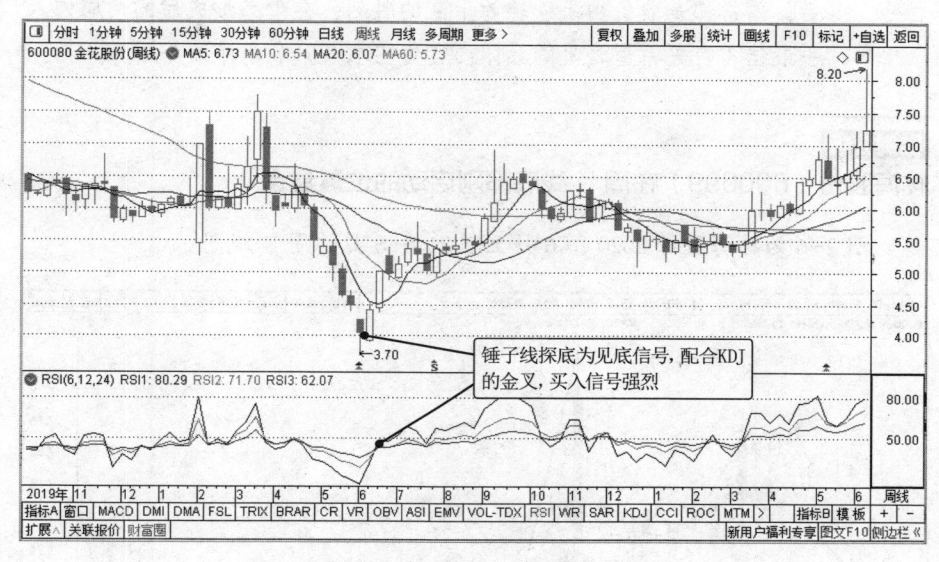

图 2-5　根据 K 线形态和 KDJ 指标判断周线底部

单纯的日 K 线分析有一定的局限性，为了让分析更加准确，投资者可以从不同周期的 K 线走势来验证判断，从而决定是否需要买入，而周 K 线从底部启动的时候，就是一个中线建仓机会。

周 K 线从底部启动的时机，同样可以借助判断牛市来临的指标来进行。除此之外，投资者还可以通过一些技术图形来判断。

- **金针探底**：股价在经过一段时间的下跌后，某周收出一根带长下影线的 K 线，下影线长度要求等于或长于实体部分，并且越长越好，这往往是主力吸筹的表现，也是建仓买入的好时机。
- **V 形底**：V 形底在前面的章节中也多次出现，相信投资者对其有了一定了解。它是判断股价见底回升中的一个重要图形，V 形底形成时股价下落越快，回升得也就越快。
- **希望之星**：希望之星是经典的股价见底形态之一，它由至少 3 根 K 线组成，先是一根大阴线下跌，随后向下跳空出现一根十字星，第三日出现一根大阳线，将前两日的下跌趋势完全弥补。当这种形态形成以后，通常都是股价由下跌转为上涨的时刻，在形态形成后的两周内入手最佳（有关希望之星的具体内容将在本书第5章详细介绍）。

实例分析
林海股份（600099）在周K线底部刚启动的位置建仓

图2-6为林海股份2020年6月至2021年8月的周K线图。

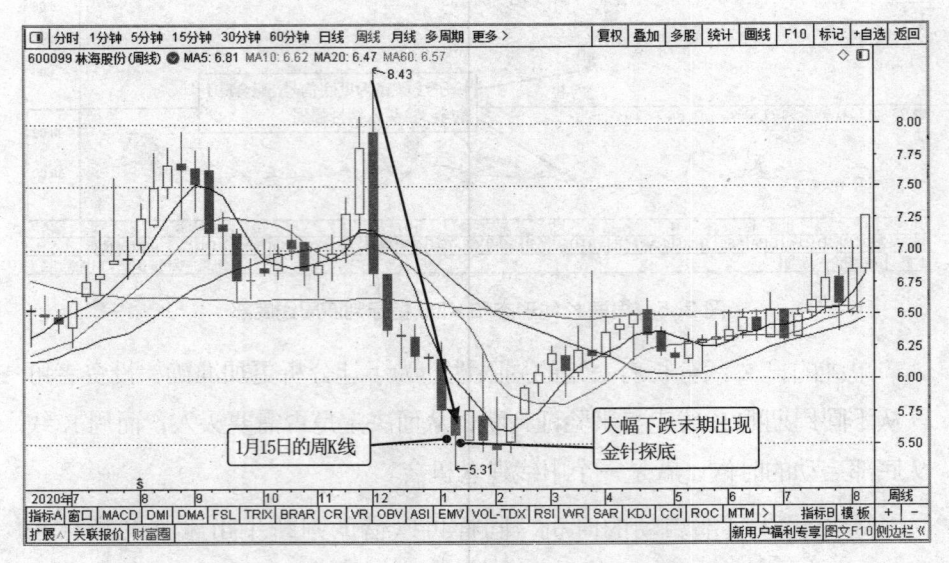

图2-6 林海股份2020年6月至2021年8月的周K线图

从图2-6中可以看出，股价在2020年12月运行到阶段性的顶部后创出8.43元的高价，随后该股出现了快速下跌的走势，整个下跌行情持续了一个半月左右。

在2021年1月15日，该股的周K线收出了一根带长下影线的中阴线，创出5.31元的新低，周K线形成金针探底形态，预示着股价可能已经见底，有反弹上涨的趋势。此时，投资者就应该密切关注该股。

为了最大限度保证投资者操作的准确性,在得到一个买入信号时,如果还下不了决心,那么可以通过其他一些分析方法或技术指标来进行确认。例如,在周K线图出现金针探底信号时,在日K线图中结合KDJ指标来确定买入信号。

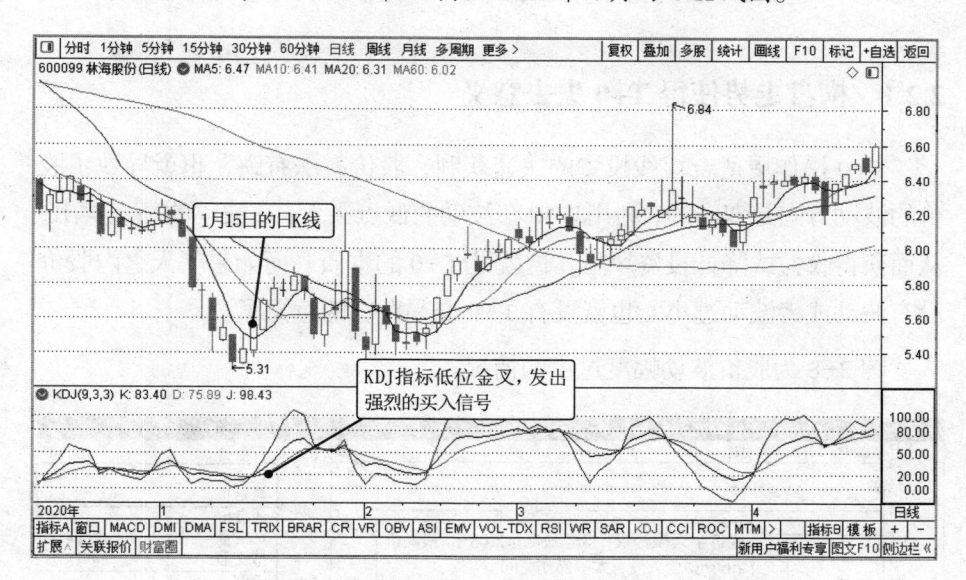

图2-7为林海股份2020年12月至2021年4月的日K线图。

图2-7 林海股份2020年12月至2021年4月的日K线图

从图2-7中可以看出,股价在2021年1月15日当天低开高走收出大阳线。此时,KDJ指标的J线从20线位置的下方上穿,并且在20线附近上穿K线和D线形成金叉,发出强烈的买入信号,形成了绝佳的买入时机。

如果投资者在此时建仓,股价可以控制在5.60元左右,从该股后市的走势来看,股价一路震荡上扬,最高上涨到6.84元。

此时,即使投资者不采取任何操作手法,耐心等待也会获得一定的盈利。如果在良好的上升通道中适当地利用T+0手法进行操作,获得的利益也会增大很多。

2.2 有波动才能盈利

经过前面内容的学习，投资者应该知道，T+0 交易是通过单个交易日内的低买高卖来实现的，这就要求股价在当日必须存在一定幅度的波动，否则 T+0 交易将无法实现有效盈利。

2.2.1 横盘走势使得 T+0 失去意义

T+0 操作更适合短线投资的快速获利，股价有涨有跌，也就导致了股价的波动方向是双向的，利用 T+0 在波动的低点买入，在波动的高点卖出，从而获得收益或降低投资风险，这就是 T+0 的本质。而如果一天之内股价没有波动或者波动过小，也就没有 T+0 交易存在的意义了。

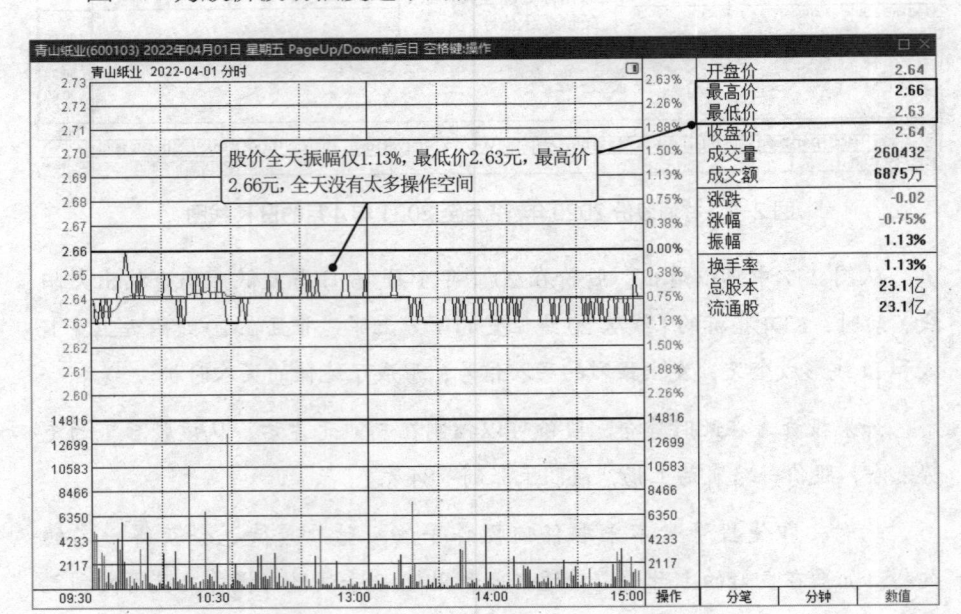

图 2-8 为股价波动幅度过小的情况。

图 2-8 单日波动幅度过小，不能进行做 T 操作

从前面所讲过的 T+0 的实现方式及操作手法可以知道，T+0 交易的关

键在于把握股价一个交易日内的波动,在同一天内完成高抛低吸操作,进而降低持股成本。

那么,股价在一个交易日内的波动是操作成功的关键,如果一天内没有波动,如当天收出一字线,即开盘价=收盘价=最高价=最低价,那么在这种情况下,无论在哪个时候买入或卖出,都将亏损一部分手续费,持股成本只会增加而不会降低。

除一字线外,没有影线的小阴线、小阳线或影线很短的小阴星和小阳星,由于全天波动幅度不是很大,也没有太多的操作空间。如果不是买在最低点,卖在最高点,也很容易出现亏损,这种情况下最好不交易。

实例分析
包钢股份(600010)接近无波动的走势

图2-9为包钢股份2020年11月至2021年2月的K线图。

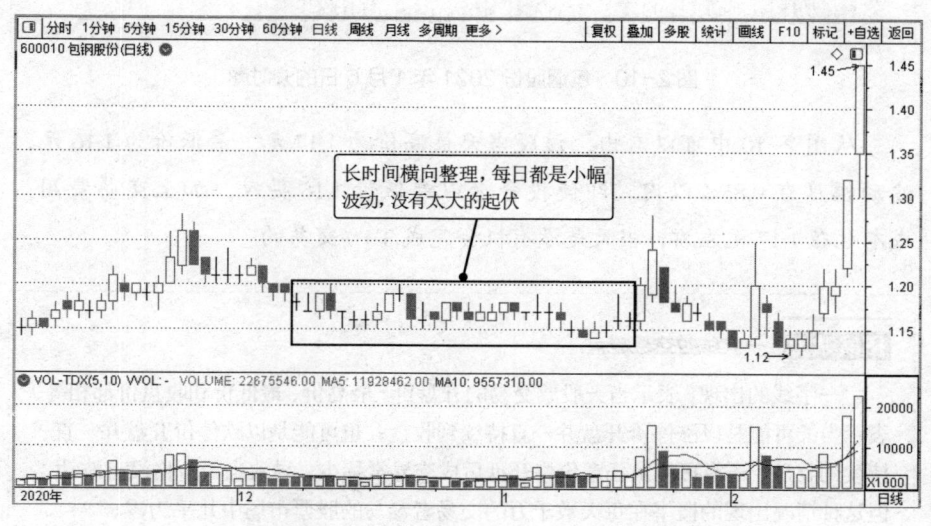

图2-9 包钢股份2020年11月至2021年2月的K线图

从图2-9中可以看出,该股在2020年12月上旬至2021年1月中旬这一个多月的时间内,股价都处在一个非常小的平台内横向整理,每日收出的都是一些小阳线、小阴线或者十字线，几乎没有大的波动幅度。

图 2-10 为包钢股份 2021 年 1 月 6 日的分时图。

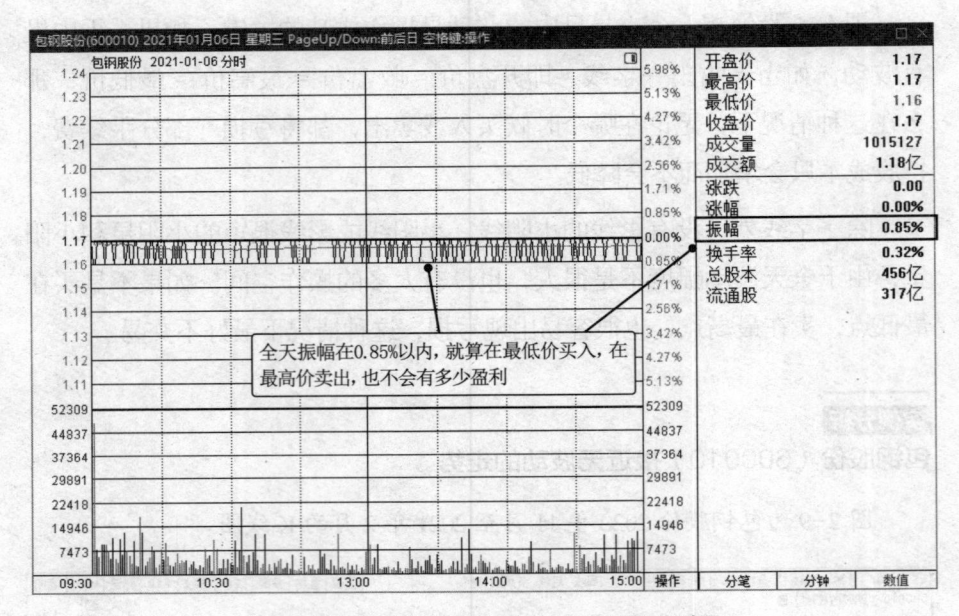

图 2-10　包钢股份 2021 年 1 月 6 日的分时图

从图 2-10 中可以看出，该股当天最高价为 1.17 元，最低价为 1.16 元，波动幅度在 0.85% 以内。即使投资者以最低价 1.16 买入，加上交易费用，成本也在 1.17 元左右，当天是没有机会完成 T+0 交易的。

拓展贴士　*一字线的交易难点*

一字线的出现，表示当天股票交易的开盘价、最高价、最低价和收盘价都相等，表示当天可能是以涨停价开盘并一直持续到收盘；也可能是以跌停价开盘并一直持续到收盘；还有可能由任意价格开盘后成交异常稀少，导致当天价格没有波动，但这种情况出现的概率在每天数千万的交易者参与的股票市场中几乎为零。

如果是涨停的一字线，场内只能进行卖出操作，这个时候买入股票几乎不可能；相反，如果是跌停的一字线，场内则只能进行买入操作，这个时候卖出股票也非常困难。

2.2.2 波动幅度超过 5% 更适合做 T

既然 T+0 的实现必须要有股价波动的支持，那么到底波动幅度达到多少操作起来才更好呢？根据大多数投资者多年操作的经验总结，单日波动幅度在 5% 以上是比较理想的 T+0 操作时机，如图 2-11 所示。

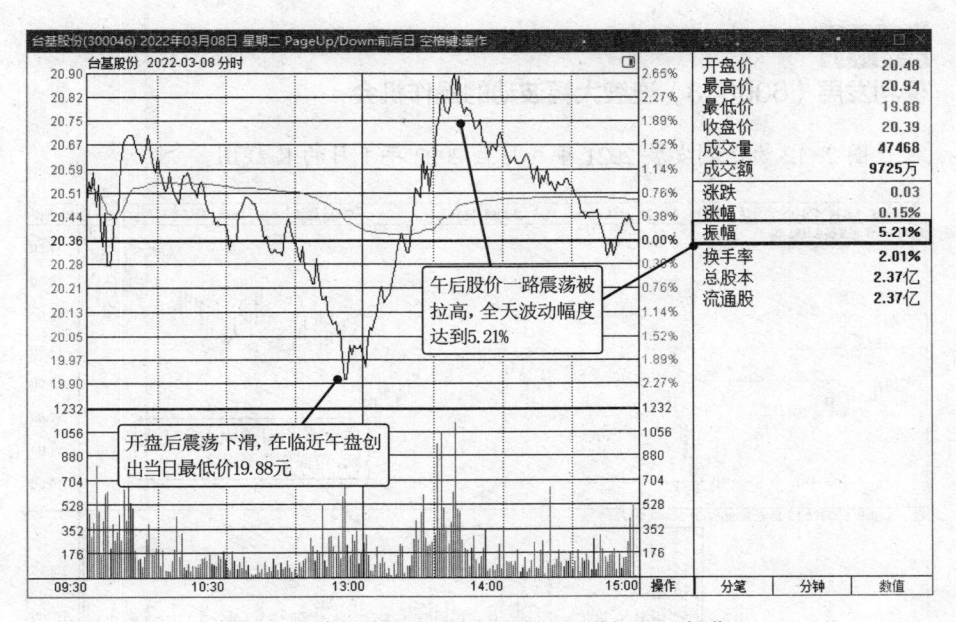

图 2-11 单日波动幅度较大，可以进行 T+0 操作

对于想要进行 T+0 操作的投资者而言，股价单日波动幅度越大，可操作的空间就越大，无论股价是上涨还是下跌，都有操作机会。

根据之前的讲解，股票在买卖过程中需要支付各种费用，由于不同券商的收费标准不同，我们难以给出精确的数据。本书采用单边交易约 0.5% 的费率进行计算。

那么，买入的时候支付 0.5% 的费用，卖出的时候再支付 0.5% 的费用，这样单费用就有 1%，因此股价的单日波动至少要在 1% 才不会亏本，而且这是最理想的状态，即买在最低点，卖在最高点。

但通常情况下，最低点的买入机会和最高点的卖出机会都是转瞬即逝的，一般很不容易把握，即使测算出了下一秒就是最佳的买卖时机，而同一时间股市中有成千上万人在交易，投资者也不能100%保证能交易成功。

因此，投资者需要给自己留有余地，T+0操作尽量选择日振幅在5%以上的股票。

实例分析
保利发展（600048）连续大幅波动的操作机会

图2-12为保利发展2021年6月至2022年1月的K线图。

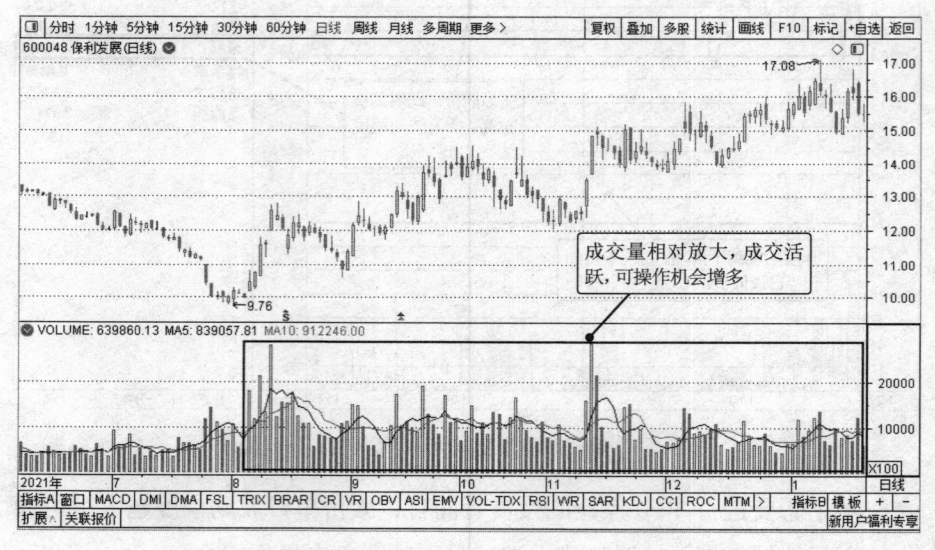

图2-12 保利发展2021年6月至2022年1月的K线图

从图2-12中可以看出，该股从2021年8月初开始进入了一波上涨行情中，在拉升初期，成交量迅速放大。虽然在随后的震荡拉升过程中，成交量出现了相对的缩小，但是整个缩量的成交量大小相比于8月之前的量能来说，还是比较大的，说明市场中成交开始变得活跃。通常情况下，成交活跃的个股，会大概率出现单日振幅较大的走势，就有T+0操作的机会。

图2-13为保利发展2021年9月22日的分时图。

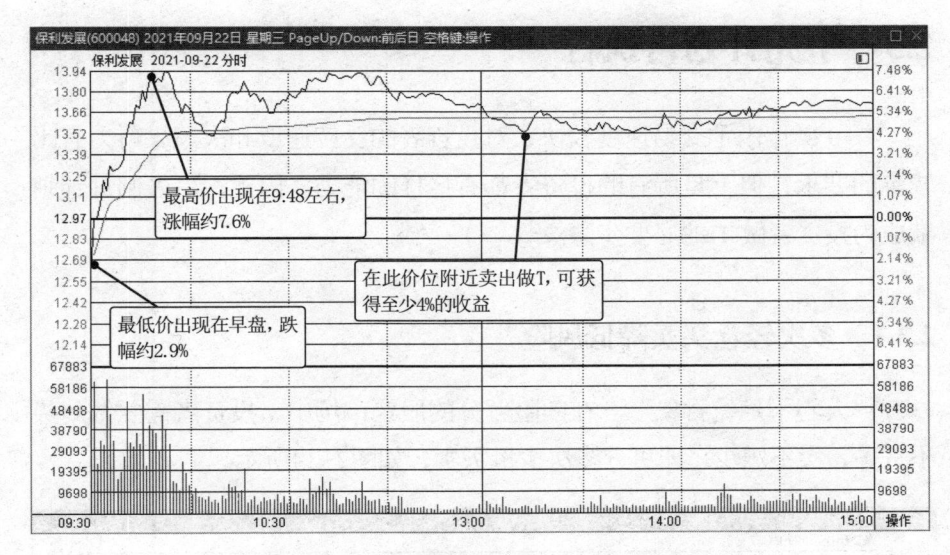

图 2-13　保利发展 2021 年 9 月 22 日的分时图

从图 2-13 中可以看出，该股当日最低价出现在开盘，达到 12.60 元，跌幅约 2.9%，最高价出现在 9:48 左右，达到 13.96 元，涨幅约 7.6%，全天振幅超过 10%。如果投资者能在早盘以上个交易日的收盘价买入，即使没有在最高价卖出，而是在之后股价冲高回落的 4.27% 的涨幅价位线上方卖出，也可以至少获利 4% 以上。

拓展贴士　*波动不能太频繁*

较大幅度的波动是 T+0 操作成功的关键，但太频繁的波动又会给 T+0 带来很多不必要的麻烦。很多个股在整体行情不是很清楚的情况下，如果成交异常活跃，多空双方矛盾重重，就可能出现单日股价波动异常频繁的走势。在这种走势下，想做 T+0 操作是很难把握操作时机的。

股价高点或低点的出现，往往只在一瞬间，下一秒又会快速拉低或抬高，而这样的高点或低点在一天之内多次地出现，总让人摸不清股价发展的方向。

本来在分时图中可以用来预测股价走势的指标就不多，再加上不断变化的高低点，更让投资者没有操作的把握。对于这样的走势，投资者如果没有足够的经验，还是尽量避开为好。

2.3　事先计划再执行

T+0操作由于交易速度较快，对投资者的反应速度和决策果断力有比较高的要求，但不是所有的投资者都有这样的能力。因此，事先制订计划就成为投资者做T的必要步骤。

2.3.1　多次轻仓买卖降低风险

"人心不足蛇吞象"。在凶险万分的股票市场中，投资者需要做到买不贪多，卖不嫌少，即可分多次少量买卖，如图2-14所示。

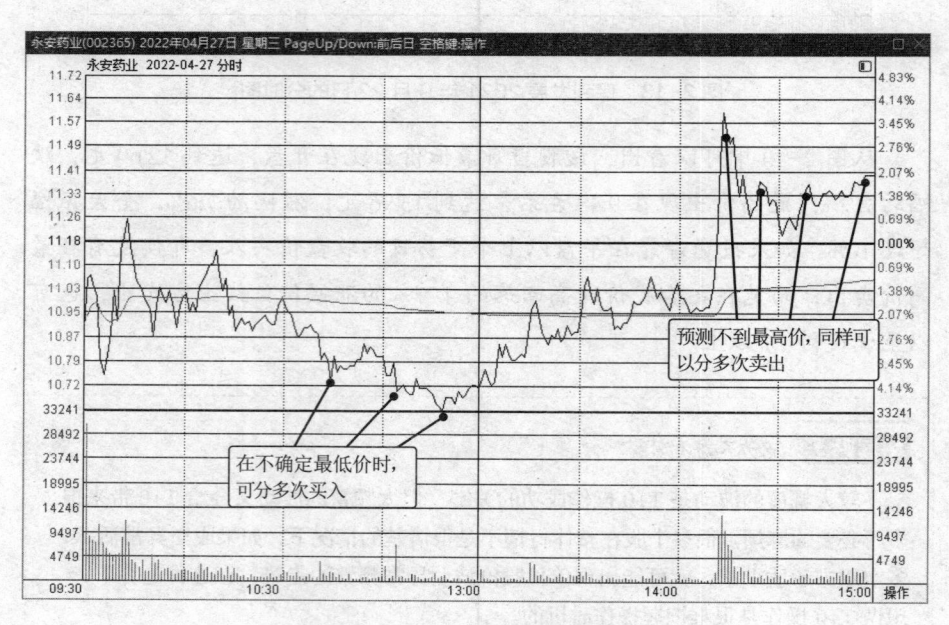

图2-14　分多次少量买卖的操作

在T+0交易模式中，有半仓T+0的操作手法（有关内容将在第3章介绍），它可以更加灵活地利用资金和筹码。同样，投资者也可以利用这一理念，将仓位更加细分下去，实现资金更灵活的运用。

在瞬息万变的股票市场中，谁也不能说知道下一刻股价的变化，或者说能准确知道今天股价最高会达到多少,最低会降到多少,这时候可以利用分批买卖的方法来获取最大收益。

将资金分为多个部分,当图形上自己认为的理想买入点出现后,动用一部分资金买入,当出现更低点的买入信号后再次买入,以此循环可以不断降低之前的持股成本。不要贪多买入,一次花费了所有资金,而在股价下跌到更低位时失去操作的机会。

同理,将筹码也分为多个部分,当图形上自己认为的理想卖出点出现后,抛出一部分筹码,当出现更高点的卖出信号时再次卖出,以此循环可以不断增加筹码的收益。

实例分析

中远海能(600026)多次轻仓买卖降低风险

图 2-15 为中远海能 2022 年 4 月 14 日的分时图。

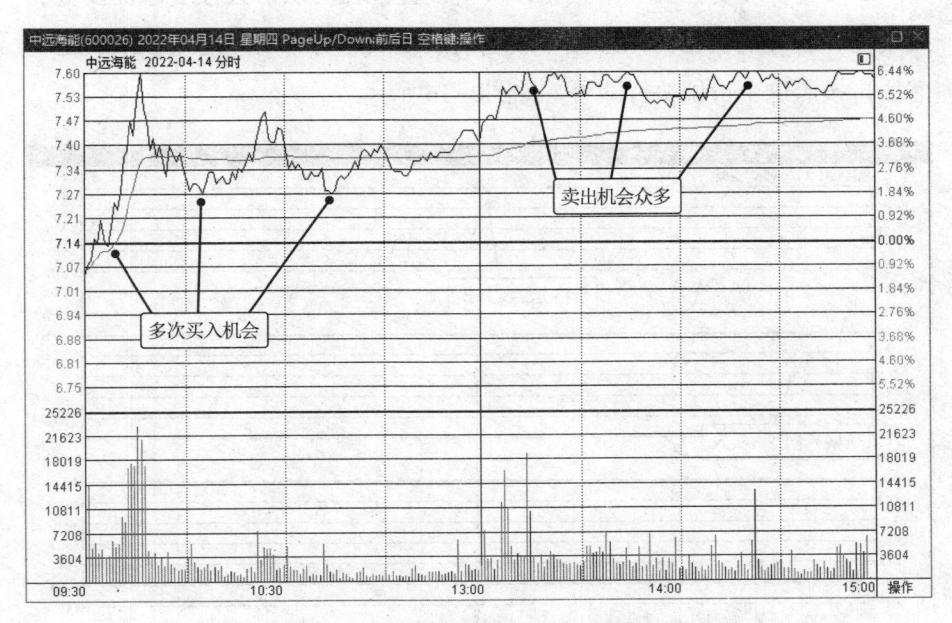

图 2-15　中远海能 2022 年 4 月 14 日的分时图

从分时走势可以看到，中远海能在 4 月 14 日这一天是以低价开盘的，但开盘后股价就开始了积极的上涨，数分钟后小幅回落，在前日收盘价附近受到了支撑。此时位置较低，投资者可以买入一部分。

随后，股价再次回到上涨轨道，在 9:46 左右上冲至 7.60 元价位线附近，随后冲高回落，在 7.27 元附近再次受到支撑止跌，随后进入了震荡走势。在此阶段，股价反复下探，投资者可以逢低再次买进一部分。

待到下午时段开盘后，股价一路上扬，在接近 7.60 元价位线附近后不再上涨，而是在高位反复震荡。此时股价位置已经较高，投资者可以在震荡过程中逢高卖出。这样分批次的卖出和买入，可以将持有筹码的收益最大化，也可以将新入筹码的成本大大降低。

2.3.2　通过设置价格来保证盈利

T+0交易需要在波动中获利，价格设置合理可以很大程度保证投资的成功性，合理的价格可以根据个股当前的发展趋势和所处的价位来制定，然后再按照这个价位执行即可，如图2-16所示。

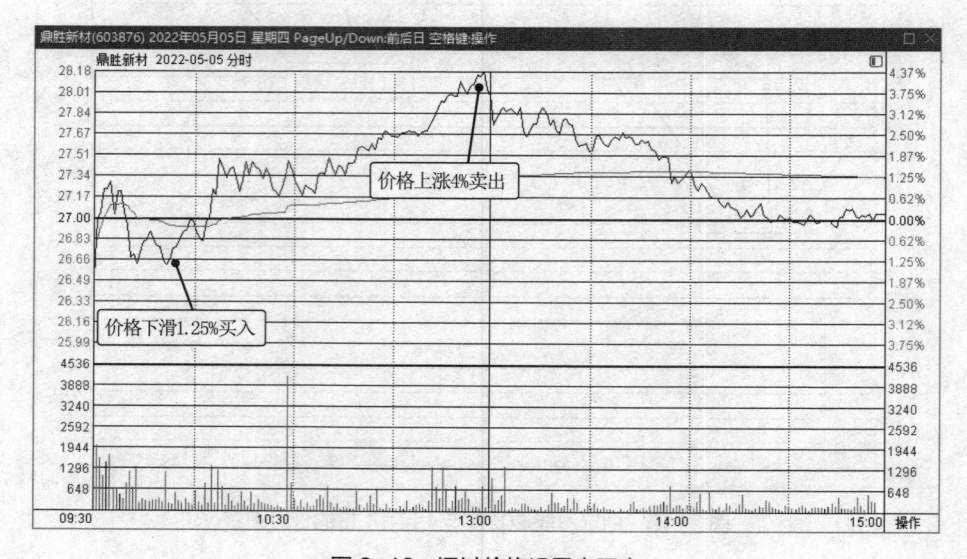

图 2-16　通过价格设置来买卖

股价存在价差，而股票的投资主要是靠价差来盈利，T+0交易由于操作速度很快，周期很短，对价差更是敏感。在开始操作之前，一定要先研究好个股，制定好一个合理的价格，那么操作就已经成功了一大半。

- 对于单价较高，流通盘很大的个股，可以预定3%的价差为买卖点，如低于成本3%再次买入，高于成本3%即刻卖出。

- 对于单价不高，流通盘较小，但近期成交非常活跃的个股，可以预定5%的价差为买卖点，当股价低于成本5%时再次买入，当股价高于成本5%时即刻卖出。

- 对于强势上涨中的个股，可设定价格高于成本5%卖出，不高于成本1%可继续买入。

- 对于下跌中的个股，可设定价格高于成本3%时止盈，价格低于成本5%以上时再次买入。

实例分析
鼎胜新材（603876）通过设置价格来保证盈利

图2-17为鼎胜新材2021年4月至7月的K线图。

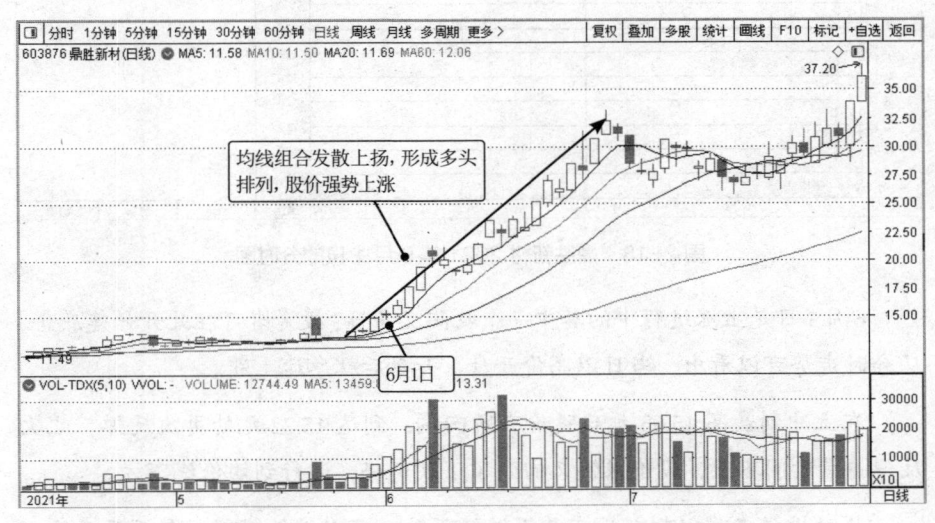

图2-17　鼎胜新材2021年4月至7月的K线图

从图 2-17 中可以看出，鼎胜新材从 5 月底开始进入了一轮快速的上涨走势中。均线组合受股价带动纷纷拐头向上并发散开来，形成多头排列，说明该股处于强势上涨的行情中。

在这种行情下，投资者要进行 T+0 操作，可分析其整体走势。在股价上涨过程中，中阳线与大阳线频繁出现，还出现了间断性的涨停，说明该股非常活跃。因此，投资者可将在成本价的基础上上涨 5% 的位置作为止盈点，小于等于 1% 的位置则作为补仓点。

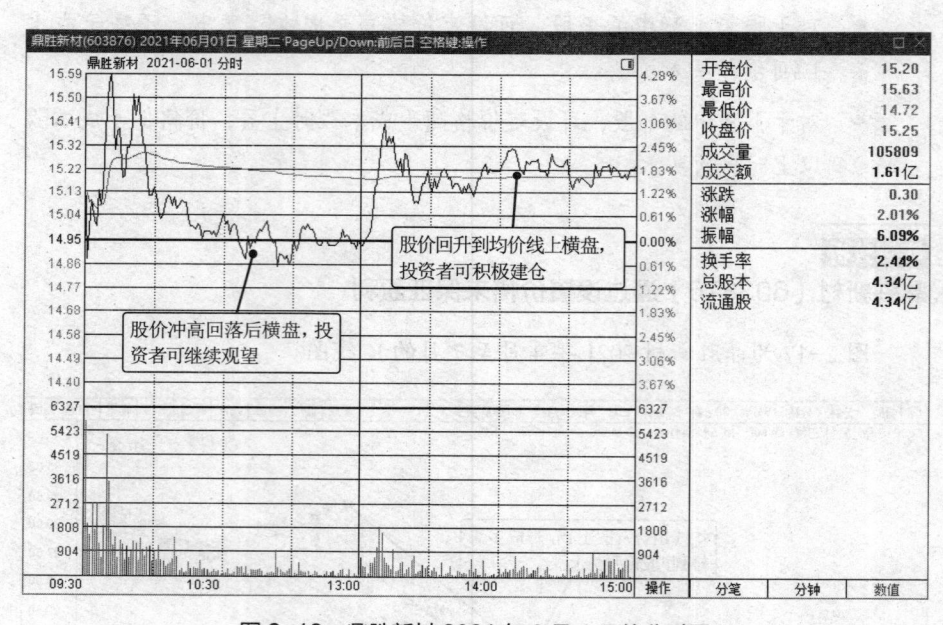

图 2-18 为鼎胜新材 2021 年 6 月 1 日的分时图。

图 2-18　鼎胜新材 2021 年 6 月 1 日的分时图

6 月 1 日是上涨过程中的其中一个收阳交易日，投资者可在此开始建底仓。从分时走势可以看出，当日以高价开盘，开盘后就急速上涨。

在上冲到最高 15.63 元后股价有所回调，到达 15.22 元处再次反弹。此次反弹持续时间不长，股价很快又回到了下跌走势，运行到均价线下方。

此时投资者难以判断后市是否继续下跌，可以继续观望。午后开盘后，股价快速上涨至均价线上方，最后回到其附近，受其支撑开始横盘，此处就可以作为比较理想的建仓点。

如果投资者以 15.22 元的价格建立底仓，那么根据计算，不高于 15.37 元（15.22×101%）的价格可以作为补仓点，价格达到 15.98 元（15.22×105%）即可卖出。下面来看其后一个交易日的分时图。

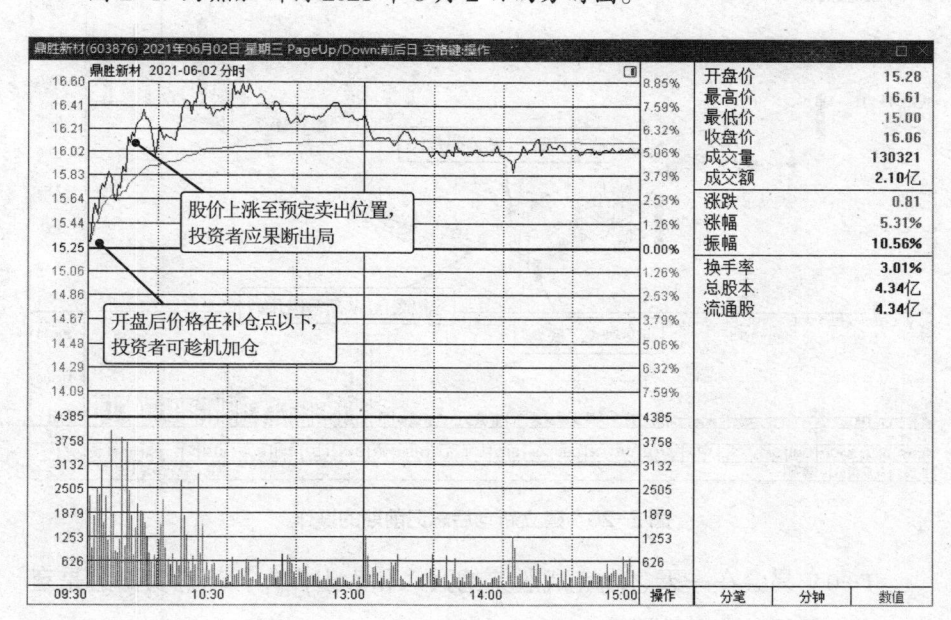

图 2-19 为鼎胜新材 2021 年 6 月 2 日的分时图。

图 2-19　鼎胜新材 2021 年 6 月 2 日的分时图

6月2日，股价以高价开盘，当日的开盘价为 15.28 元，符合前面计算的补仓价格要求，因此投资者可在开盘后迅速在开盘价与理论补仓价之间挂单买进一部分。

随后股价开始快速上涨，到 9:46 左右，股价上涨至 16.15 元，已经高于预定卖出价位 15.98 元，此时投资者应该坚决按照计划卖出。

从后续的走势可以看出，就算投资者因此错失了一小段涨幅，但相对于已经获得的收益来说根本不值一提，及时卖出还能够避开后续的下跌。

2.3.3　不要让前期操作影响后期交易

T+0 可以不断动态地改变投资者的持股成本，当完成一次 T+0 操作以后，之前的成本就已经被新成本所替代。为了不影响后面的操作，投资者应该忘记已完成的操作，如图 2-20 所示。

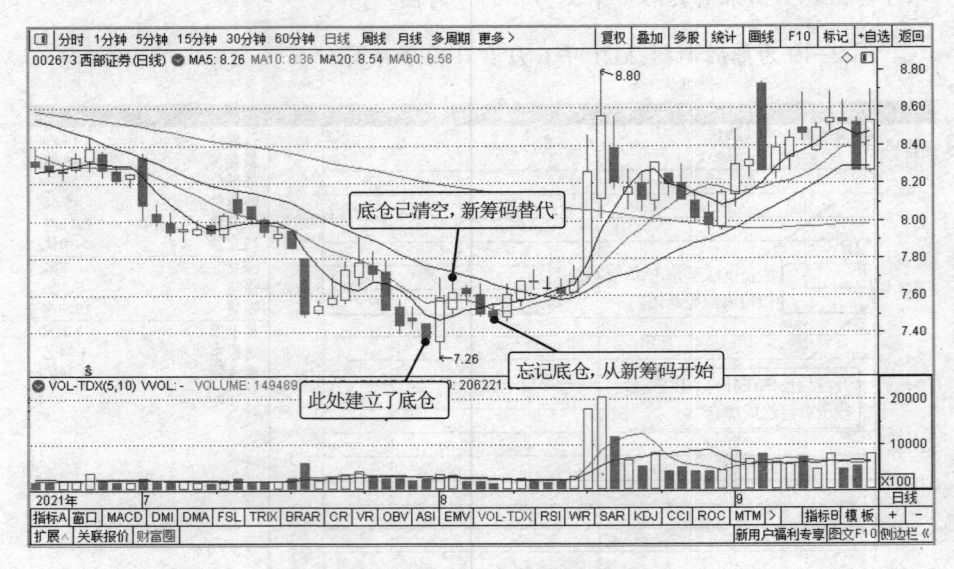

图 2-20　建立新仓后忘记前期的操作

T+0交易会在一天之内完成股票的买入和卖出操作，当然卖出的是至少一个交易日前购入的股票。

如果每天卖出都把之前的所有筹码清空，那么投资者就完全可以忘记之前的操作，每天新入手的筹码，都可以视为下一个交易日的底仓筹码，进而开始新一轮交易。

之所以要学会忘记之前的操作，是因为T+0的交易手法每天都在更新手中的筹码，筹码的成本始终都在变化。而T+0交易所采取的交易时机，也与之前的走势没有太大的关系，只需要看当天的波动情况即可。因此，忘记之前的操作，能让投资者更好地投入当前的交易中。

下面来看一个具体的案例。

实例分析

电魂网络（603258）建立新仓后忘记前期的操作

图2-21为电魂网络2022年4月28日的分时图。

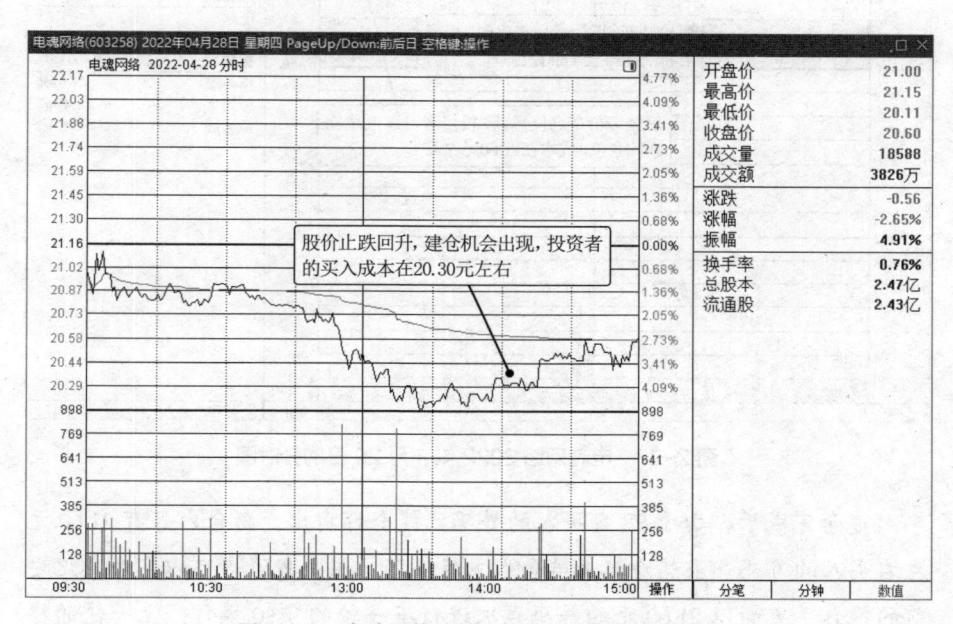

图2-21 电魂网络2022年4月28日的分时图

从图2-21中可以看出，电魂网络在4月28日这一天是以低价开盘的，在开盘后股价震荡下跌，大部分时间都处于均价线下方。直到下午时段开盘后半个小时，股价创出20.11元的最低价后横盘一段时间，随即开始回升，建仓机会出现，投资者此时买进的成本价在20.30元左右。

图2-22为电魂网络2022年4月29日的分时图。

从次日的分时走势可以看到，股价开盘价即为最低价，并且在开盘后就形成了积极的上涨。下午时段开盘后，股价加快上涨速度，一举上冲至接近21.85元的位置，随后回落，投资者此时可逢高卖出。

再看后续的走势，股价在高位震荡不停，期间有多次回落。投资者就可以趁机逢低吸纳，建立新的仓位。

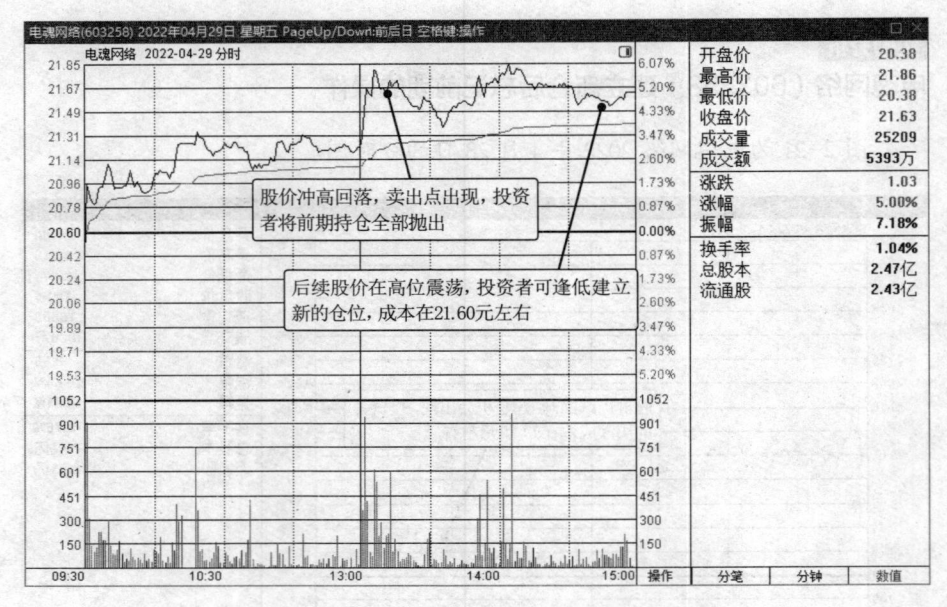

图 2-22　电魂网络 2022 年 4 月 29 日的分时图

建仓完成后，由于 28 日买入的筹码已经全部卖出，新仓内只有 21.60 元左右买入的筹码。虽然看起来持仓成本拉高了，但是投资者可以完全忘记之前的操作，重新以 21.60 元的筹码再次进行下一轮的 T+0 操作，上一轮的操作给投资者留下的仅仅只有到手的收益。

图 2-23 为电魂网络 2022 年 5 月 5 日的分时图。

从图 2-23 中可以看到，该股当日以 21.50 元的价格开盘后快速被拉高，最高达到了 22.16 元，如果投资者反应迅速，在拉升的阶段卖出，如 22.00 元，那么每股也可以赚取 0.40 元的收益。

观察当日的走势，股价在冲高后出现了反复震荡的走势，在接近尾盘时跌穿了均价线，随后很快回升进入尾盘后达到了 21.90 元附近。

如果投资者操作得好，可以在当日的最低价 21.30 元附近买入，此时新的持仓成本价就在 21.30 元左右。前期未能卖出的投资者如果能够在尾盘回升时及时卖出，即 21.90 元附近，相对于 4 月 29 日的 21.60 元的买入价，每股收益也能达到 0.30 元。

由此看来，投资者不用纠结于是否持仓成本相对于第一次买入的持仓成本高了，只要操作得好，忘记前面的操作，只注重分析当天的走势，逢低买入，逢高卖出，每天都有收益。

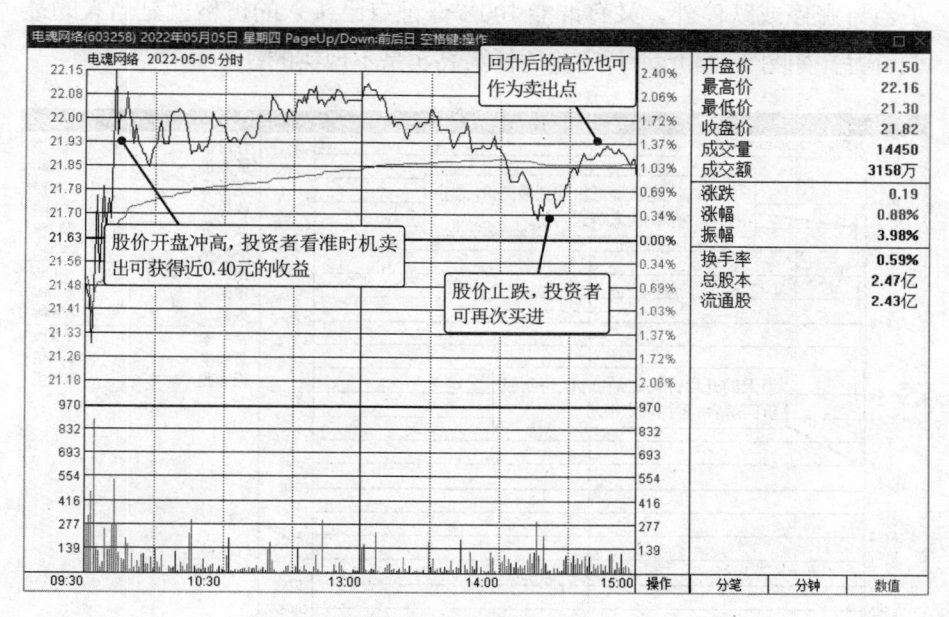

图 2-23 电魂网络 2022 年 5 月 5 日的分时图

2.4 止盈止损很重要

许多投资者在炒股时，总是会忽略止盈与止损的原则和重要性。当股价上涨时，惜售不肯抛出，待到反转下跌才追悔莫及。而当股价已经开始下跌时，又抱有侥幸心理不肯"割肉"，导致筹码越套越深，最后不得不以更大的损失收场。

为避免这样的情况出现，投资者需要为自己设置合理的止盈点和止损点，保住已有收益的同时，尽量降低被套风险。

2.4.1 完美的低买高卖是不现实的

任何人在股市中的操作都希望自己能买在最低点，卖在最高点，但除了当日涨停或跌停外，又有谁能 100% 保证自己买入的价格就是当天的最低价呢？如图 2-24 所示，完美的低买高卖是不现实的。

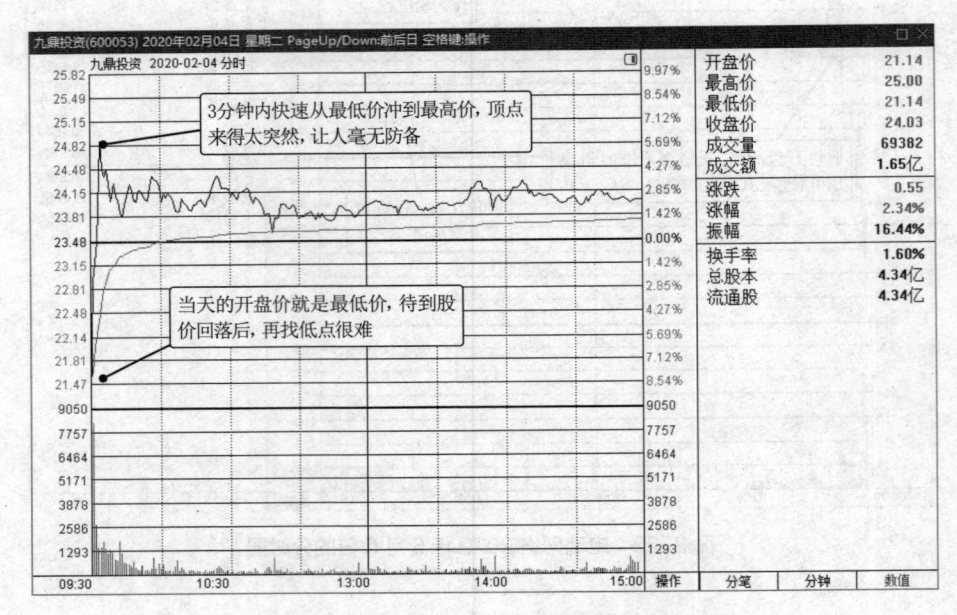

图 2-24 宁波股份 2020 年 5 月 14 日的分时图

在股市操作中，凡事都不能追求绝对完美，即使在短短一个交易日内想要实现 T+0 交易，也不能尽求买得最低，卖得最高，只要尽量选到靠近最高点和最低点的卖点和买点就是成功的。

分时图中很难进行技术分析，但投资者可以通过 K 线图来进行。很多行情软件提供了最短一分钟的分析周期，通过最小周期将分时图数据转换到 K 线图中，就会有很多技术指标可用，也可以更好地选择买卖点。

实例分析
鼎龙股份（300054）利用 1 分钟 K 线图寻找买卖时机

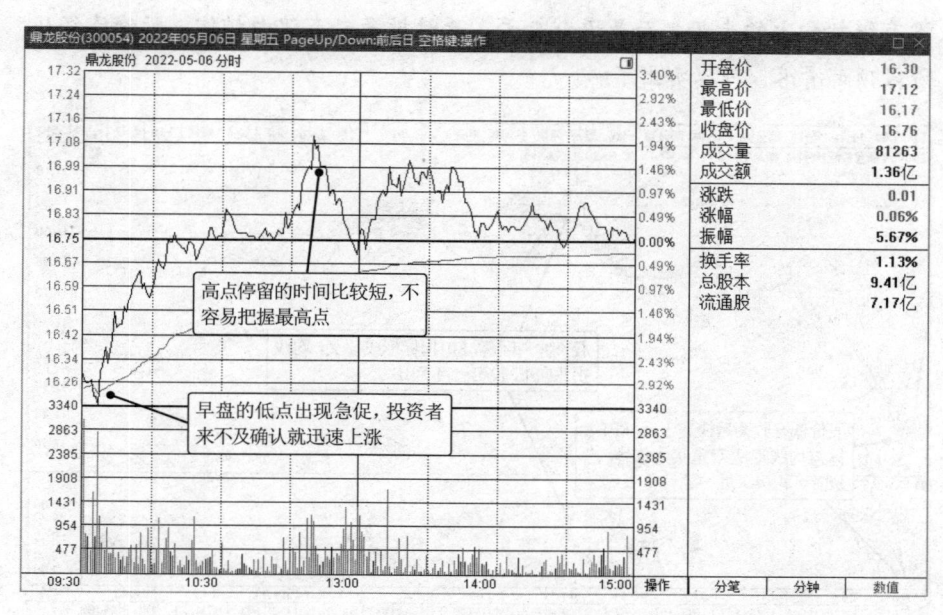

图 2-25 为鼎龙股份 2022 年 5 月 6 日的分时图。

图中标注：
- 高点停留的时间比较短，不容易把握最高点
- 早盘的低点出现急促，投资者来不及确认就迅速上涨

图 2-25　鼎龙股份 2022 年 5 月 6 日的分时图

从图 2-25 中可以看出，该股当日低开后迅速回落，筑底回升后上冲顶部，再次快速下跌。单从分时走势来看，投资者很难判断股价的低点高点出现的时机，那么可以通过最短周期的 1 分钟 K 线图来进行分析。

图 2-26 为鼎龙股份 2022 年 5 月 6 日的 1 分钟 K 线图。

从图 2-26 中可以看出，股价在低开后出现了再次回落的走势，但数分钟后，KDJ 指标在 20 线下方位置形成金叉，发出买入信号。

同时，5 分钟均线上穿 10 分钟均线成功，形成低位金叉，5 分钟均线、10 分钟均线和 20 分钟均线向上转向，买入信号确认，投资者可把握机会在 16.20 元附近买入。

随后该股一路震荡向上，运行到 17.10 元的价位线附近时出现回落。此时，KDJ 指标已经上冲到 80 线上方，并且拐头向下，在超买区形成了一个死叉，发出卖出信号。

随后数分钟内，5分钟均线和10分钟均线迅速拐头向下，20分钟均线也没有继续向上的走势，而是逐渐走平。此时投资者有理由相信，股价已经从阶段顶部滑落，可以卖出了。

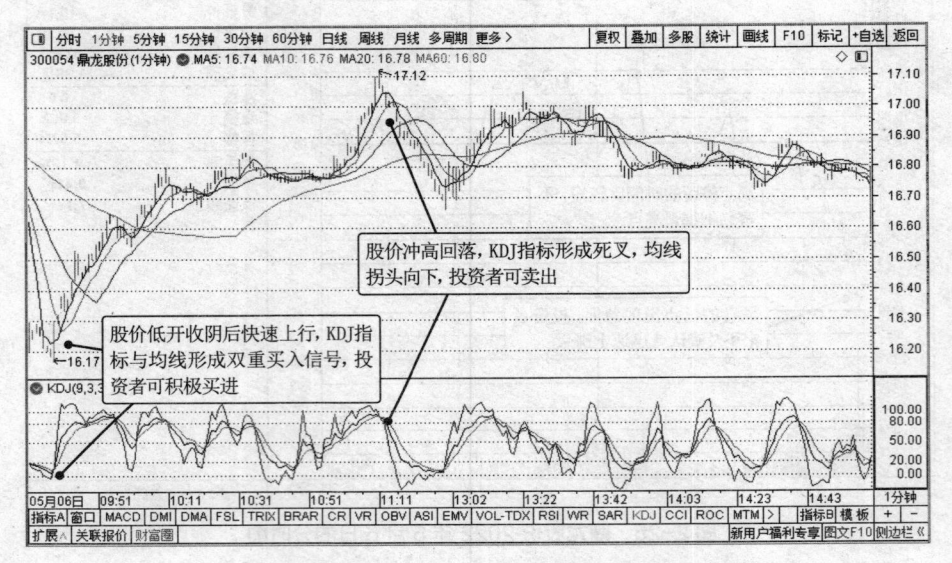

图 2-26　鼎龙股份 2022 年 5 月 6 日的 1 分钟 K 线图

2.4.2　及时止盈非常重要

在股市中操作时，惜售不肯出货是非常危险的想法，特别是在 T+0 交易中，一旦贪多，很容易错过最佳买卖时机。因此，投资者一定要设置一个止盈点，一旦达成目标就坚决执行操作。

图 2-27 为万邦达（300055）2022 年 4 月 27 日的分时图，投资者设置 3% 的止盈点，及时出局的正确做法。

从分时走势可以看到，股价在开盘后不断震荡，期间还跌破了均价线，那么均价线以下的相对低点可以作为建仓点。在后续的交易时间内，股价快速上涨，涨势非常稳定，涨幅很快达到了 3%。尽管此时股价还有继续上涨的趋势，但投资者也要坚决执行止盈原则，立刻卖出。

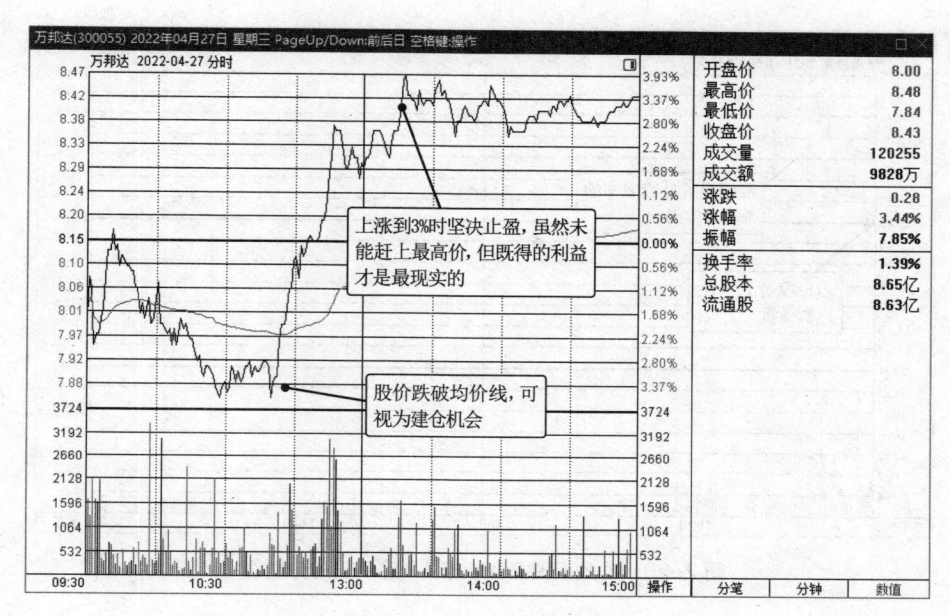

图 2-27 及时止盈的正确做法

在主板市场中，个股单日的波动幅度是有一定限制的，即使当天同时出现了涨停价和跌停价，股价的最高振幅也只能达到20%，而能达到10%的振幅已经算是波动非常强烈了（在科创板和创业板上市的股票最高振幅可达40%）。

一般来说，振幅在1%时，投资者只能保本，但无操作空间；振幅在2%时有操作空间，但盈利可以忽略。如果振幅在4%以上，那么投资者设置一个在成本价基础上上涨3%的止盈点，是比较合适的。

在3%的涨幅下，投资者可以有一定的收益。而且，许多股票在单个交易日内的振幅基本都能达到4%及以上，投资者可操作的选择会大很多。

实例分析

九鼎投资（600053）在3%的止盈位卖出

图2-28为九鼎投资2021年11月9日的分时图。

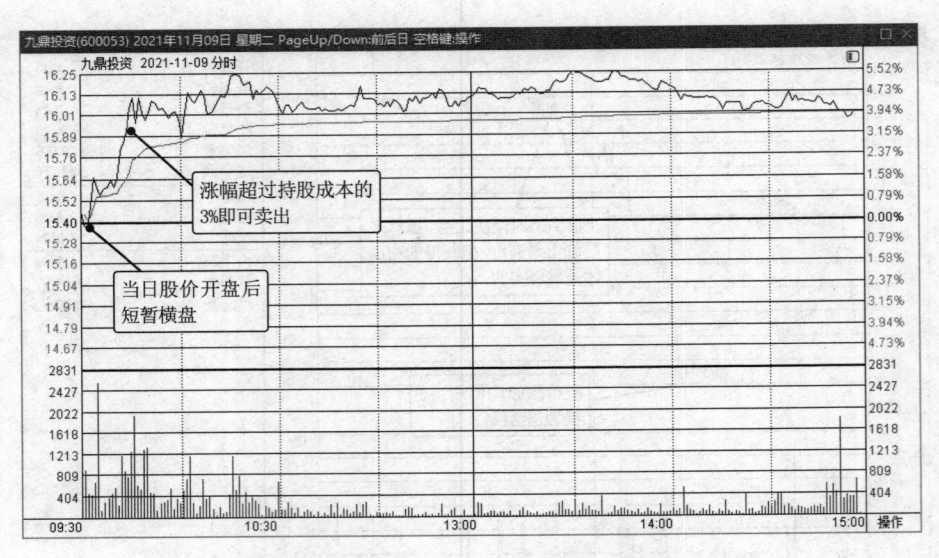

图2-28 九鼎投资2021年11月9日的分时图

从图2-28中可以看出，该股当日开盘后短暂横盘后股价放量冲高，在10:17运行到当日最高价后震荡回落，最终在16.01元的价位线获得支撑，之后该股进入了横盘整理阶段，直到收盘。

假设投资者在前一交易日以15.35元的价格买入了该股票，那么持股成本约为15.43元。

投资者可以根据持股成本计算出最佳止盈位，大概是15.89元，但通常在整数价位的成交要相对活跃一些。根据该股近期走势，可稍微提高止盈位，改为15.90元最为合适。

从图2-28可以看出，在9:43左右，股价达到了15.91元，此时投资者就可以卖出止盈，不要过多地贪图后面的小幅上涨。

第3章

如何操作T+0是关键一步

　　了解了T+0的交易原则及其重要性后，投资者就要进一步学习T+0交易的具体操作步骤。那么，T+0操作到底是先卖后买还是先买后卖呢？什么情况下使用什么样的策略呢？股价走势产生不同的变化时应当如何应对呢？这些疑问投资者都能在本章找到答案。

3.1 先买后卖的顺向做 T 操作

先买后卖的手法也称顺向 T+0，一般用于上升行情。在股价维持稳定上涨状态时使用顺向 T+0，操作简便的同时，还有机会带来更大的收益。

3.1.1 开盘低开后回升的操作手法

股价低开的情况是很常见的，在整体行情不是很差的情况下，低开后通常都会有一定的回升。如果短期行情波动不大，低开就是一个很好的买入时机，当价格回升到一定高度时，再卖出之前的股票，实现一个 T+0 的小幅获利过程，如图 3-1 所示。

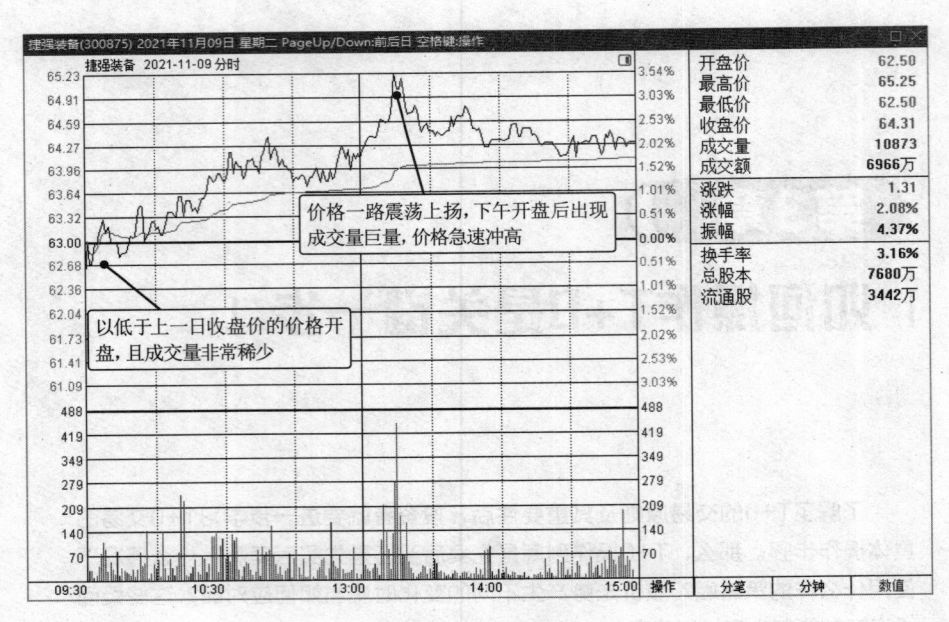

图 3-1 低开后回升

低开后的回升在分时图中是经常见到的，大多数时候，开盘的价格都会是当日的最低价，或者在最低价位的附近，开盘成交量通常不会太大。开盘下跌的幅度也不能太大，如果以跌停或接近跌停开盘，那么该股当日基本没有可操作空间。

大多数时候，低开在开盘后不久就会出现回升趋势，投资者可通过观察量能的变化来决定是否买入。一般情况下，如果成交量和价格能成正比地向上攀升，就会出现最佳的买入机会。

对于当日的卖出时机，投资者也要很好地把握才能将利益最大化，通常回升到高点的时候，都会伴随着量能的突然放大。如果在上涨到一定高度后突然出现成交量的放大，投资者就可以及时卖出以锁定已有利益。

实例分析
测绘股份（300826）开盘低开后回升的操作手法

图 3-2 为测绘股份 2022 年 5 月 10 日的分时图。

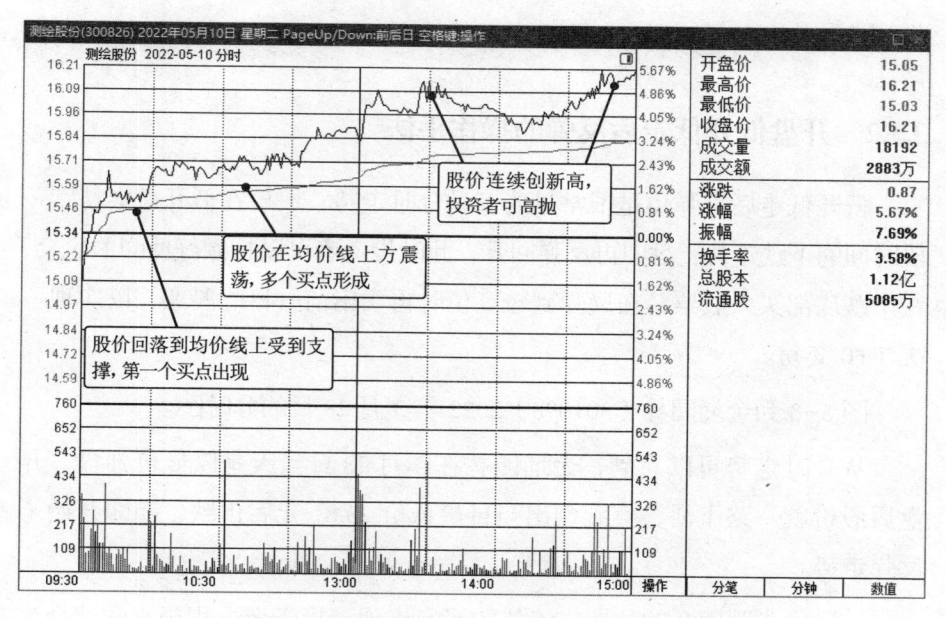

图 3-2　测绘股份 2022 年 5 月 10 日的分时图

从图 3-2 中可以看出，测绘股份在开盘时成交量放出大量，对应的股价为低开，且该价格是当日的最低价。随后该股震荡拉升，在越过 15.59 元时冲高回落，随后受到均价线支撑，此时出现第一个买点。

随后股价继续震荡上扬，期间不断下探均价线，此时多个短线买入机会形成。之后伴随成交量的阶段性活跃，该股一路拉升出现强势上涨，并达到 16.09 元价位线附近后出现滞涨，一个卖点出现。

后续股价出现了回落，但是整体价格维持在均价线上方。在接近尾盘时再次拉升上扬，进入尾盘后一路上涨，最终以最高价 16.21 元收盘，尾盘中的卖点也不少。

从图 3-2 中可以看出，当天股价突破上个交易日的收盘价后，股价就一直处于上升阶段，且价格始终都是高于上个交易日的收盘价。

如果投资者能够把握低位的买入机会果断入手，即使没买到最低位，也不求卖到最高价，只要在 16.09 元价格后的任何阶段卖出，都可以获得不错的收益。

3.1.2　开盘低开低走后反弹的操作手法

低开低走后反弹也是很常见的一种分时走势，股价在低开后会持续一段时间的下跌走势，盘中再反弹回升。此时投资者可以把握好反弹的机会，在下跌底部买入股票，在反弹到较高位时再卖出前一日的股票，以实现一次 T+0 交易。

图 3-3 为金埔园林（301098）2022 年 3 月 28 日的分时图。

从分时走势可以看到，金埔园林在 3 月 28 日当天是以低价开盘，开盘后股价就一路下滑，直到创出当日最低价 23.81 元后止跌，随即开始了反弹走势。

在股价止跌回升的位置，绝佳的买点出现，投资者可积极在此建仓。而当股价回升到一定位置后开始下跌，此时投资者就可以顺势卖出，完成 T+0 操作，赚取收益。

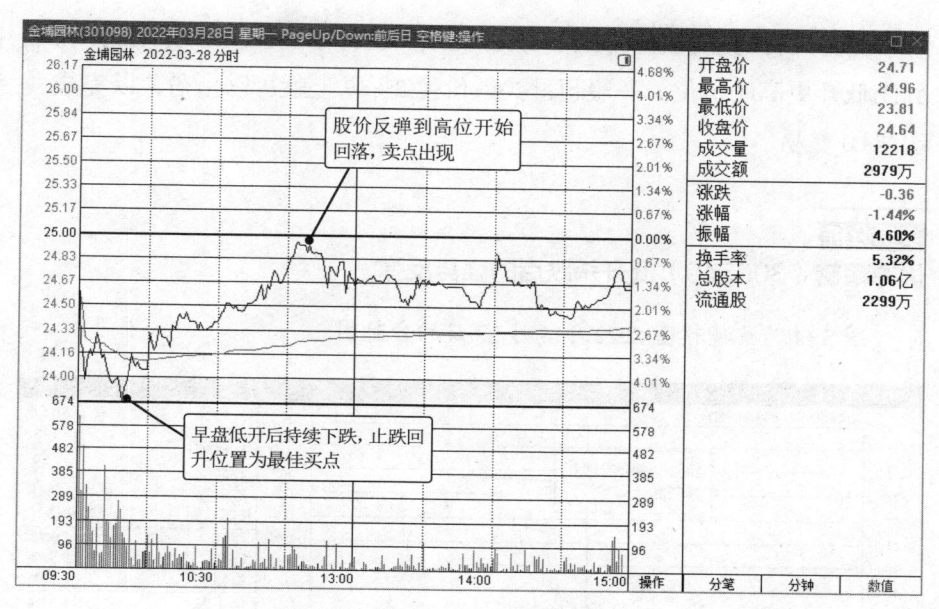

图 3-3 低开低走后反弹的操作顺序

低开杀跌在很多人眼中都是一种股价弱势的表现，但有杀跌就一定有反弹，只要投资者把握得好，也可以通过先买后卖的方式，变相通过 T+0 交易来获取短线的一些收益。

低开杀跌后的反弹需要关注以下两个方面，以免盲目进入而导致套牢或者把握不住杀跌的低点。

◆ **低开的幅度**：一般情况下，低开的幅度不应该大于上一交易日收盘价的 5%，过大的低开幅度，可能导致恐慌性抛盘，让杀跌一发不可收拾，过早地进入可能导致短期套牢。

◆ **杀跌的量能**：低开后的杀跌一开始通常都伴随有较大的成交量，但成交量应该随着股价的下跌而越来越小。如果成交量一直居高不下，杀跌过程可能就会持续。

当股价杀跌后，保持在一个相对稳定的价位稳量运行，就意味着杀跌过程可能结束，投资者就可以适当买入股票。

杀跌后的反弹高位受整个市场行情和当前股票的各种因素影响，不是很容易判断。

在整体行情不弱的情况下，反弹的区间通常都能补回杀跌的区间，达到比低开更高的价位。一般超过买入价位 2% 以上就可以止盈，以完成一次 T+0 交易。

实例分析
优德精密（300549）低开杀跌后的强势反弹

图 3-4 为优德精密 2022 年 4 月 27 日的分时图。

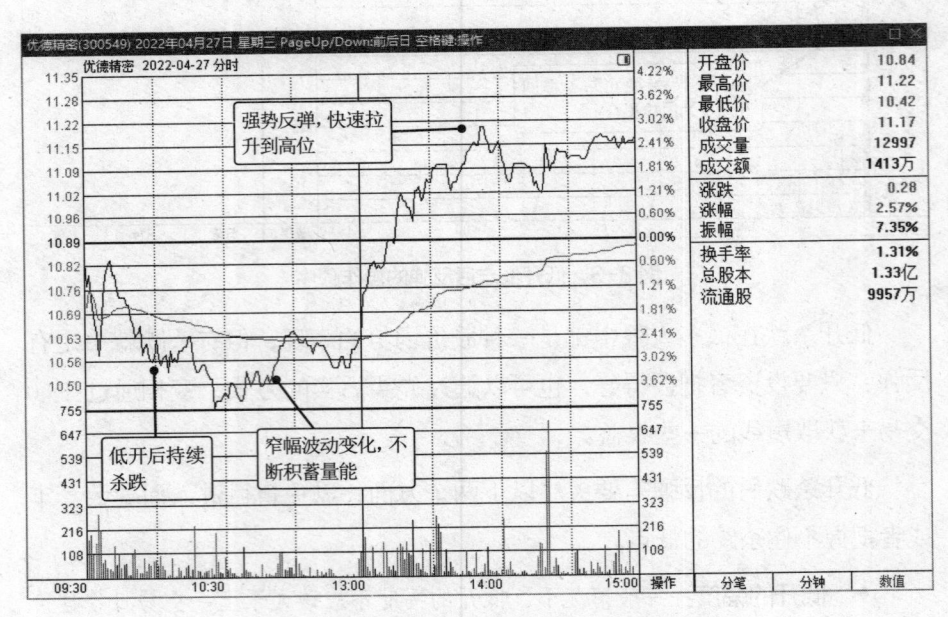

图 3-4　优德精密 2022 年 4 月 27 日的分时图

从图 3-4 中可以看出，优德精密在以低价开盘后就出现快速杀跌的走势，虽然在 9:35 左右止跌后出现一轮小幅反弹，但股价在触及 10.82 元后继续回到下跌走势。

接近 10:30 时，股价最低达到 10.42 元，随后股价开始在震荡中缓慢上行，而这一期间成交量始终没有大的变化。由此可知，投资者可以认为股价在一个低位区间不断积蓄量能，为后市的突破打下坚实的基础。

第 3 章　如何操作 T+0 是关键一步

午后开盘，成交量出现放量快速拉升股价，并成功突破均价线运行到上方，随后股价继续快速上涨，成交量逐步放大。在 13:30 后，成交量缩减，股价涨势减缓，直到接近 11.22 元价位线后小幅回落，随后始终保持在高位运行，直到收盘。

如果投资者能把握好这一机会，在股价杀跌后的 10.42 元至 10.56 元区间内买入，并在冲高后的 11.09 元以上的空间卖出之前的持股，那么就可以利用变相的 T+0 交易方式，获取 5% 以上的收益。

3.1.3　平开低走后尾盘拉升的操作手法

当日股价在上一交易日附近开盘，大部分时间缓慢下挫且没有突变的成交量，接近尾盘时突然拉升。如果投资者能在股价下挫到相对低点时买入股票，在拉升到较高位置时卖出之前的股票。也可以实现一次 T+0 的获利，如图 3-5 所示。

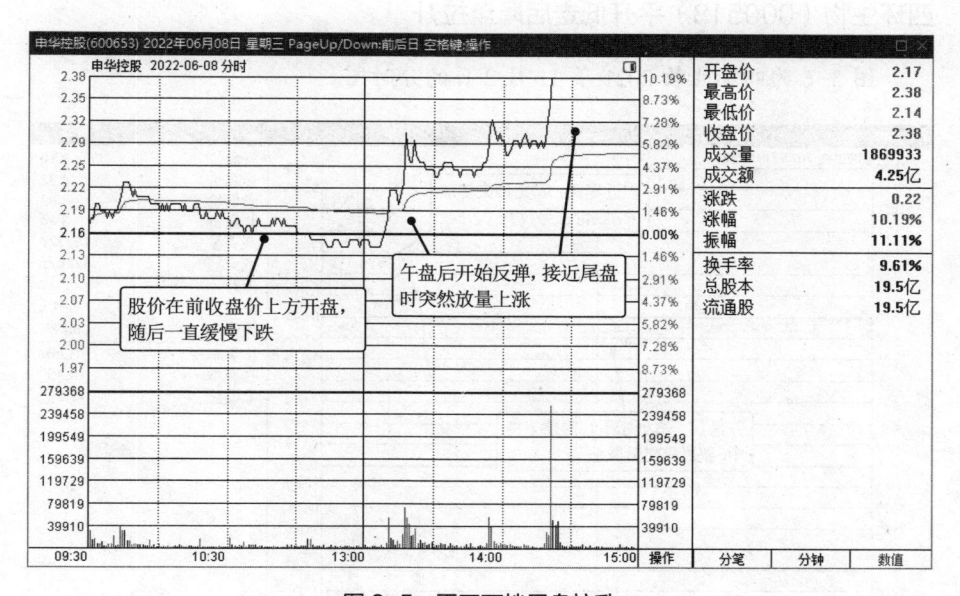

图 3-5　平开下挫尾盘拉升

平开低走尾盘拉升的形态并不算很多，但在某些操作性很强的个股中还是会经常出现，这种情况的出现通常预示着后市行情可能反转。但如果把握得好，也可以通过 T+0 交易来获利。

这种行情下，开盘的成交量不会很大，而在整个下跌过程中成交量也不会有太明显的变化，看起来全天都是不温不火的样子。但到了尾盘，大多数人认为已经没有操作空间时，会突然出现放量拉升。

投资者需要随时关注成交量的突变情况，当成交量突然放大，且与股价呈现出背离形态时，说明下跌即将完成，可以在此时买入股票。

临近尾盘时要快速拉升，必然也会伴随着成交量的显著放大，只要投资者能把握好拉升后的空间，在量能跟不上股价上涨节奏时果断卖出之前持有的股票，实现 T+0 交易，也是可以快速获利的。

实例分析
四环生物（000518）平开低走后尾盘拉升

图 3-6 为四环生物 2021 年 11 月 2 日的分时图。

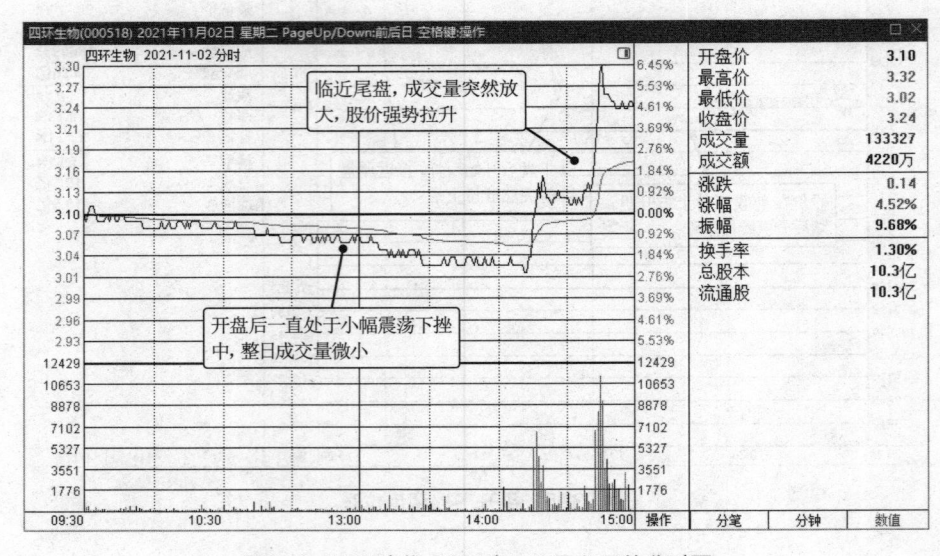

图 3-6　四环生物 2021 年 11 月 2 日的分时图

从图 3-6 中可以看出，四环生物在当日是以与前一交易日相同的价格开盘，开盘成交量就非常小，股价缓慢下滑一段时间后，盘中行情都处于不温不火的小幅震荡状态，成交量也一直没有明显的变化。

股价从开盘一直到 14:00 左右，长时间被压制在均价线下方波动，处于长期下挫的走势中。在这种整日成交量与股价都处于稳定运行的状态下，尾盘可能会有所变动，投资者需要结合该股近期的走势来选择操作。

其实，该股在前期刚经历了一次下跌，处在回升阶段，因此投资者可以在下挫中把握时机买入。当成交量开始放大，且股价开始上升时就是最后的买入时机。

14:12 后，股价开始放量上涨，在短短数十分钟时间内就冲上 3.16 元附近，横向震荡一段时间后再次上冲，创出最高价 3.32 元后小幅回落，以 3.24 元收盘。如果投资者能把握此机会，在冲高之时卖出之前的股票，那么这短短数十分钟就可以带来非常不错的收益。

3.1.4 买入后二次杀跌如何避免

通过前面的几种情况投资者可以总结出，先买后卖 T+0 交易的操作方式比较适用于探底回升的走势。但在探底回升走势中，投资者经常买在价格下跌的过程中，而非真正的低位，这就形成了价格的二次杀跌。

亚信安全（688225）2022 年 4 月 6 日的分时图即为买入后再次下跌的情况，如图 3-7 所示。

从分时走势可以看到，亚信安全在 4 月 6 日当天是以低价开盘，开盘后股价就不断震荡上扬，直到创出当日最高价 23.81 元后回落，随即开始了下跌走势。

在盘中股价止跌并形成一个 W 底，投资者买入。随后股价出现反弹，但此次反弹幅度并不大，午后开盘后不久股价就再次下跌，直到跌破 W 底的底部，到达更低的价格，投资者只能遭受损失。

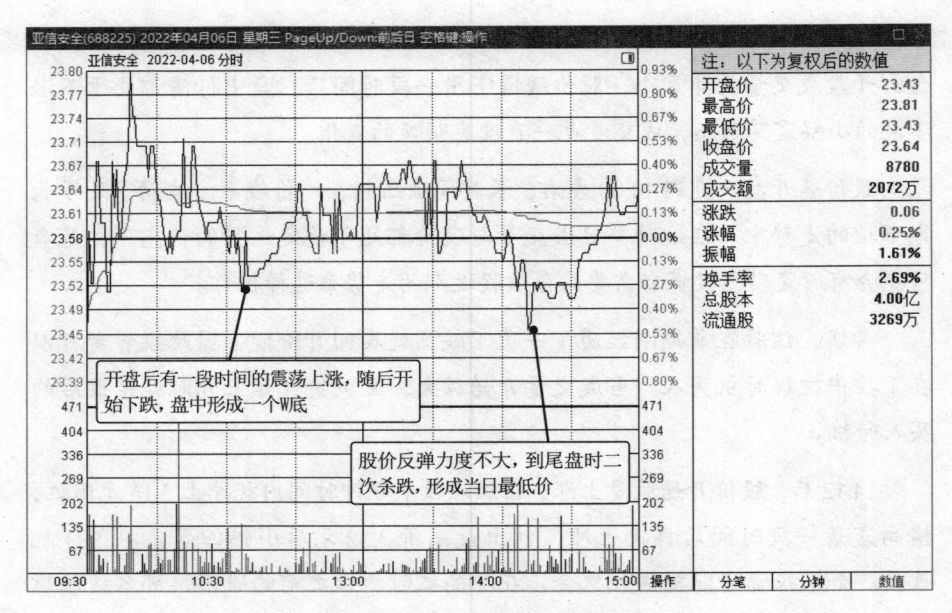

图 3-7 买入后二次杀跌的情况

这种价格的二次杀跌行情在实际的股价走势中也是非常常见的,投资者在采用先买后卖方式实现 T+0 交易时,就必须要避免这种情况的出现,以防止买在非低位而使投资失利。

判断价格的低点时,通常要在股价充分回落后再入手,这样的低点要相对可靠一些。而价格充分回落,往往需要看成交量的变化来判断。一般来看,价格回落到真正低点时都伴随有大量的成交量。

股价在下跌过程中的放量杀跌,是空方筹码消化最快的时候。如果杀跌越快,成交量越大,则说明空方筹码消耗越多,这样形成真正探底的可能性较大,股价的真正反弹也更容易成为现实。

而当股价在杀跌过程中,成交量并没有太大的变化,在触底反弹时也没有大的成交量跟进,则说明空方力量还未耗尽,多方资金也没有大量跟入,这样的走势就很可能出现二次杀跌。

为了最大限度地避免二次杀跌,投资者在买入股票的时候除了观察成交量的变化外，对探底时间的出现也需要注意。通常情况下，午盘后的探底比早盘的探底更容易出现真正的底部。

实例分析

中国电影（600977）买入后二次杀跌如何避免

图 3-8 为中国电影 2022 年 1 月 11 日的分时图。

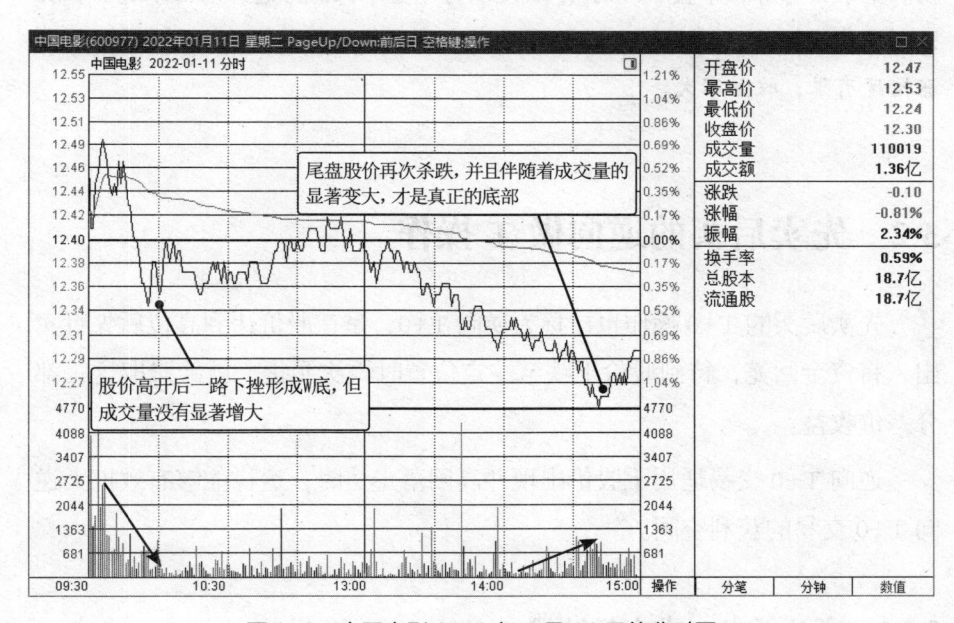

图 3-8　中国电影 2022 年 1 月 11 日的分时图

从图 3-8 中可以看出，中国电影以高于上一交易日的价格开盘，随后在小幅下跌后开始反弹。在创出当日最高价 12.53 元后，股价再次下跌，此轮下跌的速度较快。

9:55 左右，股价跌至 12.34 元价位线上方止住，随后开始震荡反弹，形成一个 W 底。观察成交量，从开盘后成交量就一直在缩减，随后股价的反弹，并没有伴随较大成交量的出现，因此，判断此次探底失败，股价可能会二次杀跌。

果然，在股价反弹到均价线附近时，再次杀跌。到午间开盘以后，成交量间歇性地放大，不断将股价压低。

直到进入尾盘，成交量集中放大，股价创下当日新低12.24元，也是当日的最低价，二次杀跌后真正底部出现，但此时已经处于尾盘，没有更多的操作空间。

投资者如果想利用先买后卖的操作方式完成T+0操作，则在这一天不适用。如果投资者在早盘出现的W底处以为是盘中探底形态，马上跟进，在反弹到均价线附近，也就是12.42元附近时出手，虽然不会经历二次杀跌，但上涨幅度有限，收益不大。

3.2 先卖后买的逆向做T操作

先卖后买的T+0操作也被称为逆向T+0，是在股价达到高位后先行卖出，将资金回笼，待到股价下跌至一定位置时再次买进，就能赚取这一部分差价收益。

逆向T+0交易适用于股价出现冲高回落走势时，这样能够有效扩大逆向T+0交易的获利空间。

3.2.1 高开低走，成交量缩量

高开低走成交量缩量走势是较为常见的一种分时图走势，个股以高于上一交易日收盘价的价格开盘，但开盘后遭到卖方的大笔抛售而逐步下跌。投资者可在开盘后把握时机卖出现在持有的筹码，在股价回落到较低位时重新买入，从而实现一次T+0操作，以降低持仓成本。

金雷股份（300443）2022年2月7日的分时图即为高开低走成交量缩量的走势形态，如图3-9所示。

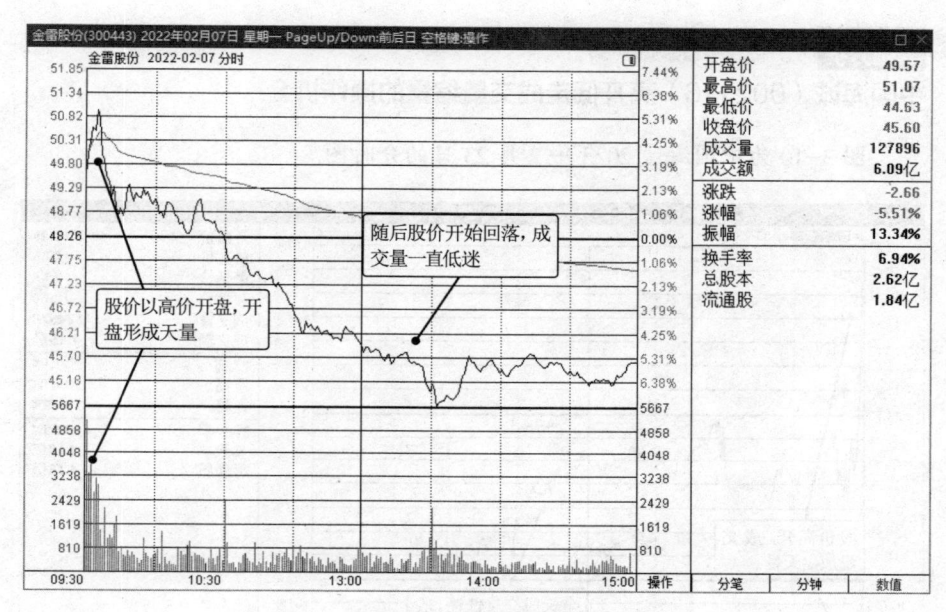

图 3-9 高开低走成交量缩量的走势形态

要在高开低走成交量缩量的走势中采用先卖后买的方式实现 T+0 操作，首先必须要保证该股整体处在一个不弱的趋势中，处于上升趋势是最好的。

如果是在下跌趋势中操作，那么即使投资者买入的价格很低，很大程度上降低了持仓成本，也还是有短期被套的可能。除此之外，还需要注意以下几点。

◆ **高开幅度尽量大**：在高开低走中的先卖后买操作中的卖出，通常都在开盘后的一段较短的时间内。因此，股价高开的幅度越大，带来的利益就越大。

◆ **开盘需要有大成交量**：价格的高开会让前期的很多持股者获利了结，成交量越大，越容易造成恐慌，股价回落的空间越大。

◆ **低走过程中需要缩量**：股价在回落低走过程中成交量应该不断缩小，如果一直保持大的成交量，则当日该股短期见顶、后市下跌的可能性非常大，不再建议买入。

实例分析
中国海诚（002116）高开低走成交量缩量的操作机会

图 3-10 为中国海诚 2022 年 2 月 23 日的分时图。

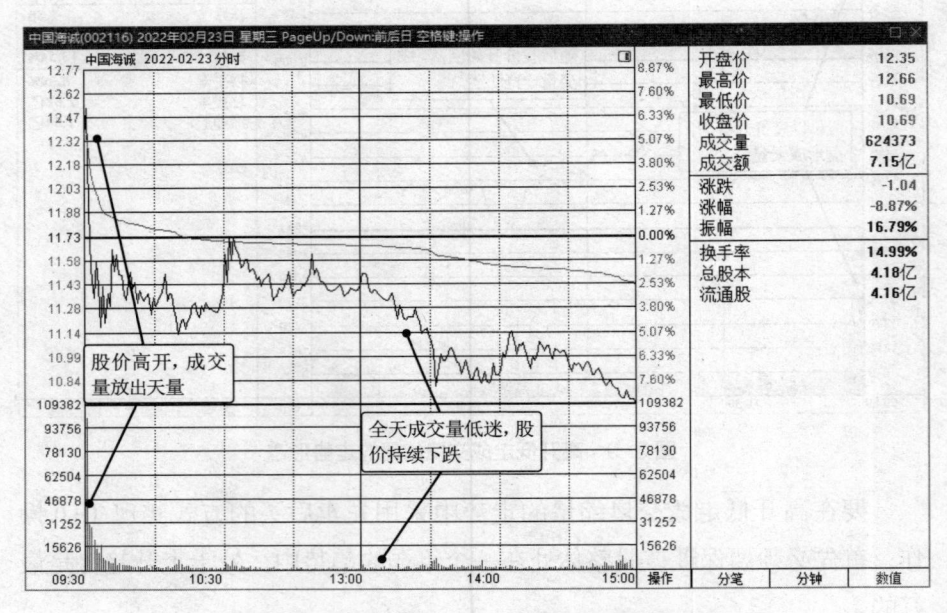

图 3-10　中国海诚 2022 年 2 月 23 日的分时图

从图 3-10 中可以看出，中国海诚当日以 12.35 元的高价开盘，开盘后成交量放出天量，股价迅速冲高到最高的 12.66 元后回落，随后开始快速下跌。在股价下跌的同时，成交量急速萎缩，并且整个交易日内再没有出现超过开盘的放量强度，整体较为温和。

对于想要进行逆向 T+0 操作的投资者而言，在股价开盘放量冲高的时候，就是最佳的卖出时机。12.66 元的价格，相对于上一交易日的股价已经上涨了近 8%，完全可以出手。

之后成交量不断萎缩，股价也逐步走低，期间出现过几次接近均价线的反弹，但始终未能越过。直到进入尾盘以后，股价出现了加速的下跌，成交量也有了少许增长，此时就是投资者补仓的最佳时机。

不求卖在最高,也不求买在最低,如果投资者能在早盘开盘时及时卖出,在收盘前抄底买入,也能获得7%左右的收益,对于短线投资来说也是相当可观了。

但这也需要投资者能有当机立断的操作精神,如果早盘稍一犹豫,就会错过最佳的卖出时机,减少收益。

3.2.2 盘中冲高回落走势

盘中冲高回落的走势大多数时候是由于主力试盘拉升导致的,由于主力拉升意愿不强,短暂拉升后又出现回落。投资者可以在拉升到相对高位时卖出原有持股,在回落到低位时买入,从而实现一次T+0交易过程,如图3-11所示。

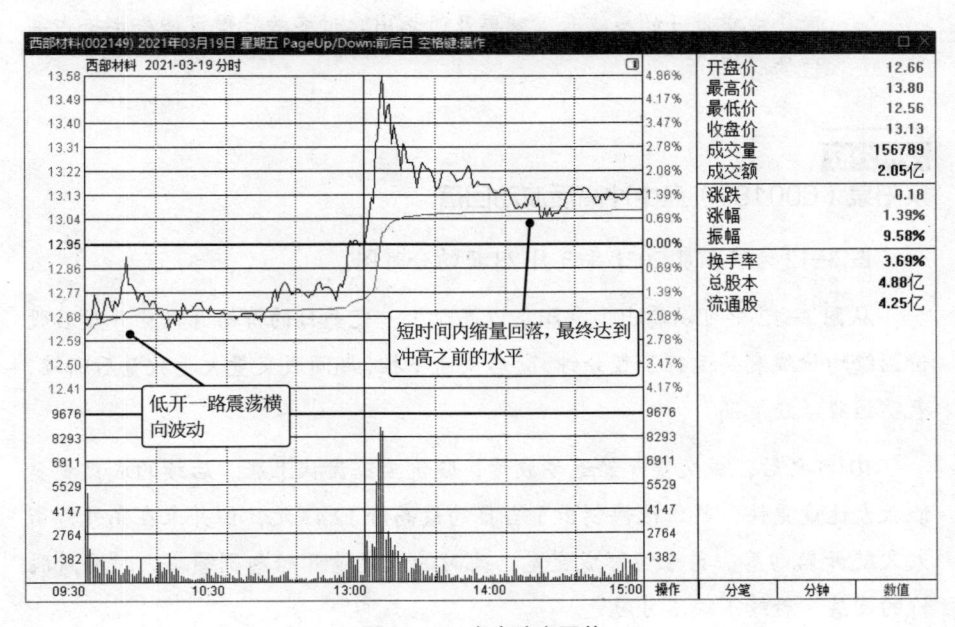

图3-11 盘中冲高回落

盘中冲高回落的走势在股市中很常见,只要把握得好,投资者利用T+0操作还是可以在很大程度上降低持股成本,甚至快速获得较高收益,但必须要在该股的整体行情并不是很弱的情况下进行。除了这一大前提外，还需要注意以下几个方面。

- ◆ **尽量以高开为好**：当日股价尽量以高开为好，这样即使盘中拉升的幅度不大，也能获得相对较高的上涨幅度。如果低开，则冲高需要的能量更多，容易导致冲高失败。

- ◆ **量价应该成正比**：主力在盘中开始拉升时，在股价上涨的同时，成交量也应该有量能放大的配合，否则股价的拉升乏力，很难有更大的涨幅。在股价回落时，成交量也应该相应回落，否则可能继续冲高，失去补仓的机会。

- ◆ **卖出时机要准确把握**：在大多数情况下，股价在盘中冲高回落的时间都比较短暂，特别是股价维持在高位的时间，将会非常短，投资者遇到这种情况一定要把握好相对高点。通常情况下，当股价冲高一定程度，成交量开始萎缩时，就要及时卖出，过多的犹豫可能失去抢占高位的时机。

实例分析
泉阳泉（600189）盘中冲高后波动回落

图 3-12 为泉阳泉 2021 年 5 月 28 日的分时图。

从图 3-12 中可以看出，泉阳泉以高于上一交易日的价格开盘，开盘后股价围绕均价线震荡运行了数分钟，随后快速下挫，期间成交量大量放量后回缩，表明该股活跃度高。

10:00 之后，成交量开始逐步放量，股价呈锯齿状上涨。后续的成交量量能放大速度更快，股价很快创出了当日的最高价 12.47 元，但并未在高处停留太久就开始回落。再来观察成交量，此时的成交量开始急剧缩减，对应着股价的回落，后续下跌不可避免。

10:47 左右，股价回落到 12.23 元价位线附近受到了一定支撑，并出现了小幅反弹，没来得及在高处卖出的投资者，可以在此处反弹的高位抓紧时间出局。

11:00之后，股价再次回落，很快便下跌到均价线下方，并受到均价线的压制。但是股价在后续没有继续下跌，而是在少量成交量的支撑作用下，在前日收盘价上方继续横向波动，形成一个补仓的机会。

从全天的走势来看，虽然午间开盘后的价格不是当日的最低价，如果投资者能在最高点附近卖出，然后在前日收盘价附近补入等量的筹码，利用T+0交易模式也可以获得不错的收益。

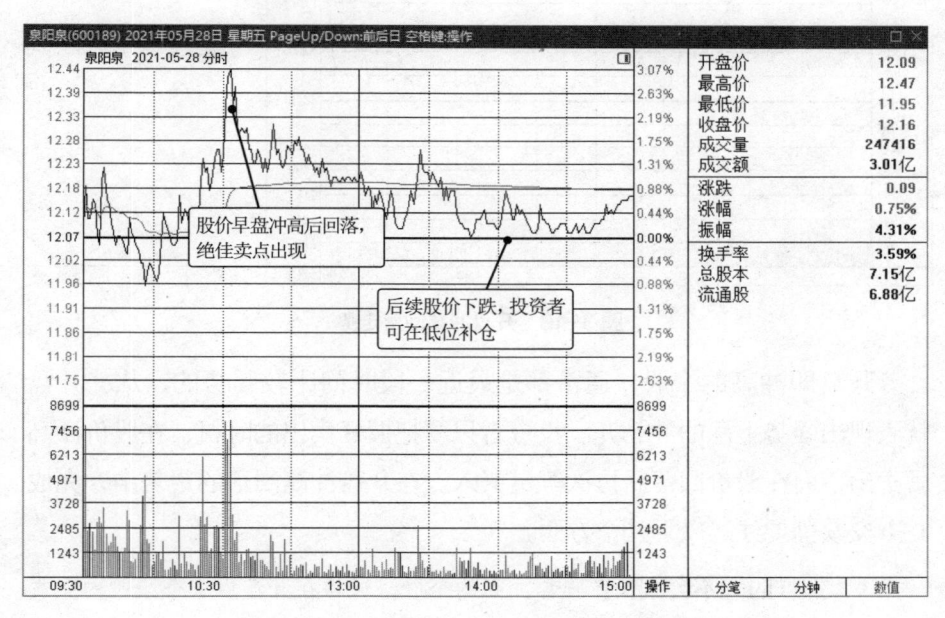

图 3-12 泉阳泉 2021 年 5 月 28 日的分时图

3.2.3 开盘冲高回落走势

很多强势上涨的股票，在开盘时就会放量上涨，短时间冲高后回落。投资者可以在股价放量上涨到相对高位后卖出之前的持股，在股价回落后再以更低的价格买入同量股票，从而达到降低持股成本的目的。

康强电子 2021 年 9 月 9 日的分时图即为开盘冲高回落的走势形态，如图 3-13 所示。

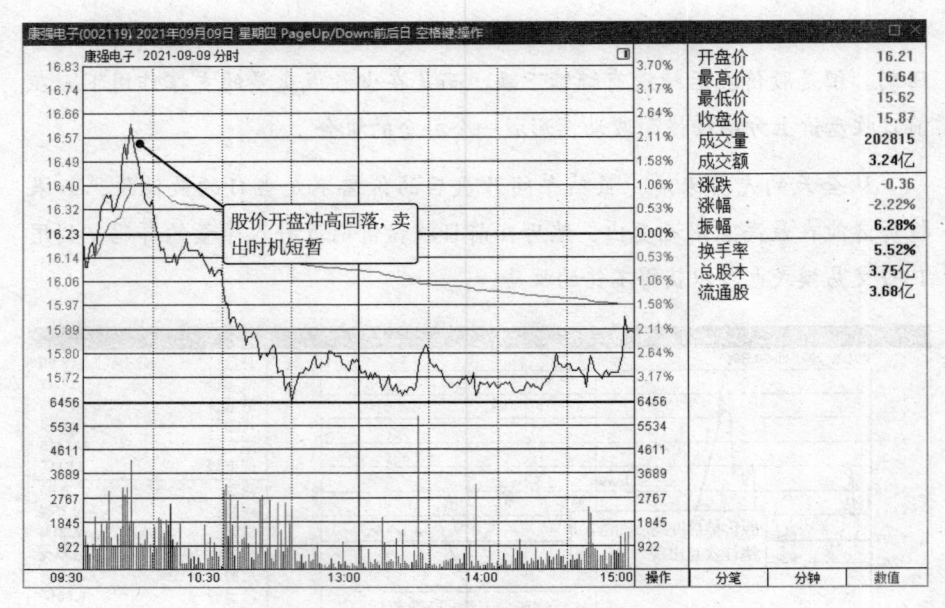

图 3-13　开盘冲高回落走势

开盘即冲高的个股，通常都是最近一段时间比较强势的，从一开盘就表现出强势上涨的冲劲儿。投资者只要把握好卖出的时机，在股价冲高后卖出，而在股价回落后再次等量买入。在开盘冲高回落的走势中，完成 T+0 交易需要注意以下几个方面。

- **操作时间不会太长**：强势冲高的个股，通常在开盘后一个小时内完成冲高并开始回落，冲高的速度一般都比较快，冲高后能持续的时间受整个市场行情和该股前期走势影响，一般不会持续太久，半个小时内就会回落。

- **冲高和回落时的量能配合**：股价的开盘冲高必须要有成交量放大的配合，否则冲高量能不足，股价难以上涨至更高的位置。同样的，回落的时候需要成交量相应有所缩减，否则支撑太强回落不彻底，失去补仓机会。

- **卖出时机把握要准确**：股价在开盘冲高后，通常不会在高位持续很长时间，当冲高到一定高度后，成交量明显开始缩量，就应该把握时机卖出，而补仓的时机最好选在午盘之后，股价回落到冲高之前的价位以下时。

实例分析
洪都航空（600316）开盘冲高回落的操作

图 3-14 为洪都航空 2021 年 7 月 15 日的分时图。

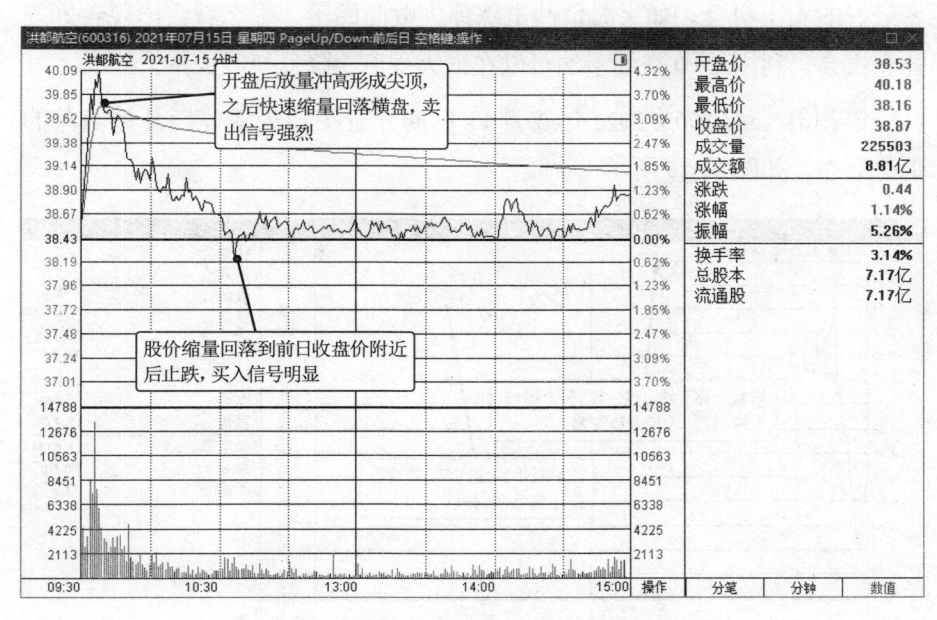

图中标注：
- 开盘后放量冲高形成尖顶，之后快速缩量回落横盘，卖出信号强烈
- 股价缩量回落到前日收盘价附近后止跌，买入信号明显

图 3-14　洪都航空 2021 年 7 月 15 日的分时图

从图 3-14 中可以看出，洪都航空当日高开后就快速上冲，经过数分钟时间，股价冲高后在顶部价格形成尖顶形态。之后股价快速回落到均价线位置并跌破均价线，对应的成交量出现急速缩量，此时投资者就应该及时卖出持股。

随后股价受到均价线的压制，在后续长时间下跌。10:36 左右，股价快速跌破前日收盘价，之后在 38.19 元价位线附近受到支撑小幅回升后便进入长时间的窄幅横向波动中。

而在股价见底回升的过程中，走势反复震荡，形成头肩底的形态，预示后市上涨，此时就是投资者最佳的补仓机会。

如果投资者能把握机会，在此位置以原量买入该股，则可以在当天以 T+0 的方式将持股成本降低 4% 以上。

3.2.4　涨停后开板回落走势

个股在强势上涨过程中，可能上涨到接近涨停板的位置，此时是投资者最好的卖出机会。如果股价冲击涨停失败而回落，那么就会出现较好的补仓机会，利用 T+0 交易手法可以在很大程度上降低持股成本。

锦州港（600190）2022 年 3 月 11 日的分时图即为涨停后开板回落的走势形态，如图 3-15 所示。

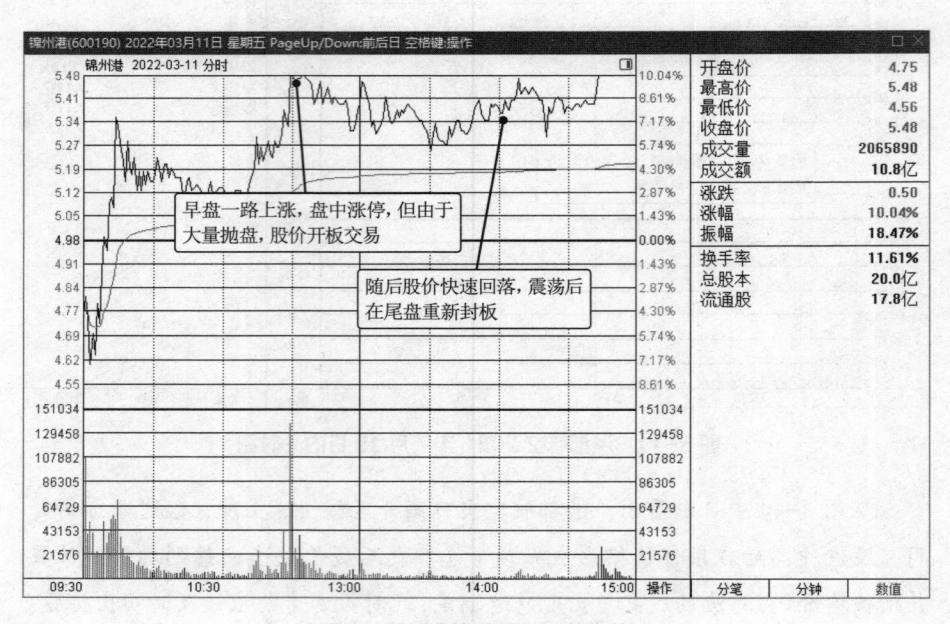

图 3-15　涨停后开板回落走势

股价能够冲击涨停板，说明该股一定是处于较为强势的上涨过程中，对于该类股票，在冲击涨停板时是最好的卖出时机。

一般来说，如果冲击涨停板失败，其后的走势在短时间内不会很弱，只要能把握机会在当天回落后及时补仓，然后在后面的上涨中顺势做空，即可获得不错的收益。

在这种走势下，投资者想要完美地完成T+0交易计划，最大限度地降低持股成本，需要注意以下几点。

- **股价的整体走势**：对于冲击涨停失败的个股来说，其前期的走势一般都处在上涨阶段，投资者逢高做空通常都会有不错的收益。但其后期的走势可能只会有几天的短时上涨，补仓以后必须密切关注行情变化，适时出手。

- **关注盘口变化**：在股价冲击涨停的过程中，成交量可能出现持续的放大，但其放大的速度应该与股价上涨的速度成正比。如果在股价冲击涨停时，盘口出现大量抛盘，那么上冲即将失败，这时将是最好的做空时机。

- **补仓机会**：投资者在做空以后要等量补仓，才能算是完整的T+0交易。而股价冲击涨停失败后的补仓机会，应该出现在股价多次受到支撑的位置，如回探均价线之时。如果股价冲击涨停失败后直线下挫，并且未能获得支撑，那么整体行情可能扭转，短期内股价可能出现下跌趋势，不宜补仓。

实例分析

复星药业（600196）涨停后开板回落的操作

图3-16为复星药业2021年5月14日的分时图。

从图3-16中可以看出，复星药业当日以稍低于上一交易日的价格开盘，开盘后小幅回落，随后一路震荡走高。在下午开盘后，于13:23左右成交量放出天量带动股价上冲，直接打到涨停板，但数分钟后就开板回落。

当股价打到涨停板时，成交量也达到了当日的最高量，随后的量能虽然缩减了，但相对于当日的其他时候依旧是偏大的。这说明盘口的抛压很重，股价还可能会快速回落到涨停板以下，此时是绝佳的卖出时机，投资者一定不能错过。

13:30之后，股价开始缩量下跌，进入尾盘后，股价达到均线以下，但马上反弹再次靠近均线。这说明此处有很好的支撑，投资者可以在此处入手补仓，从而完成本次 T+0 交易。

如果投资者能够把握好机会在冲击涨停板时卖出，然后在股价跌破均线运行到下方时补仓，那么可极大地降低持股成本，为后市的操作留下很大的空间。

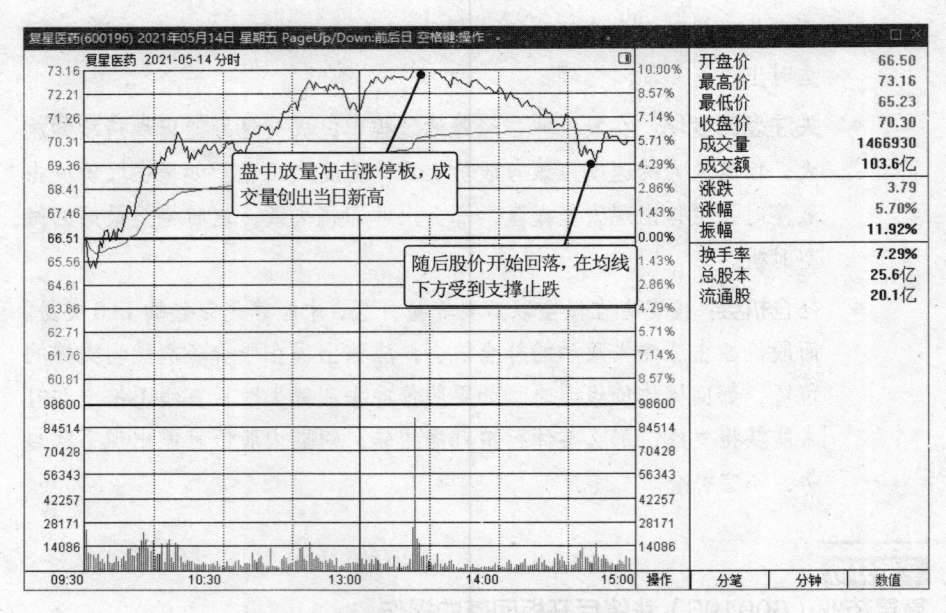

图 3-16　复星药业 2021 年 5 月 14 日的分时图

3.3　轻仓做 T 如何操盘

对于风险偏好较低、希望资金流动速度快的投资者来说，轻仓做 T 无疑是一种比较理想的方式。

轻仓投入既可以实现快速买卖，又可以避免判断失误遭受更大的损失，尽管获得的收益要相对缩减一些，但风险会降低不少。

3.3.1 在一天内买卖相等数量的筹码

轻仓 T+0 虽然只动用一部分资金进行买卖操作，但要求无论采用哪种方式实现 T+0，投资者在一天之内都需要完成一次筹码相等的买入和卖出操作，既可以采用先买后卖的方式，也可以采用先卖后买的方式。

伊力特（600197）2022 年 4 月 12 日的分时图就是采用先买后卖的方式实现轻仓 T+0 操作，如图 3-17 所示。

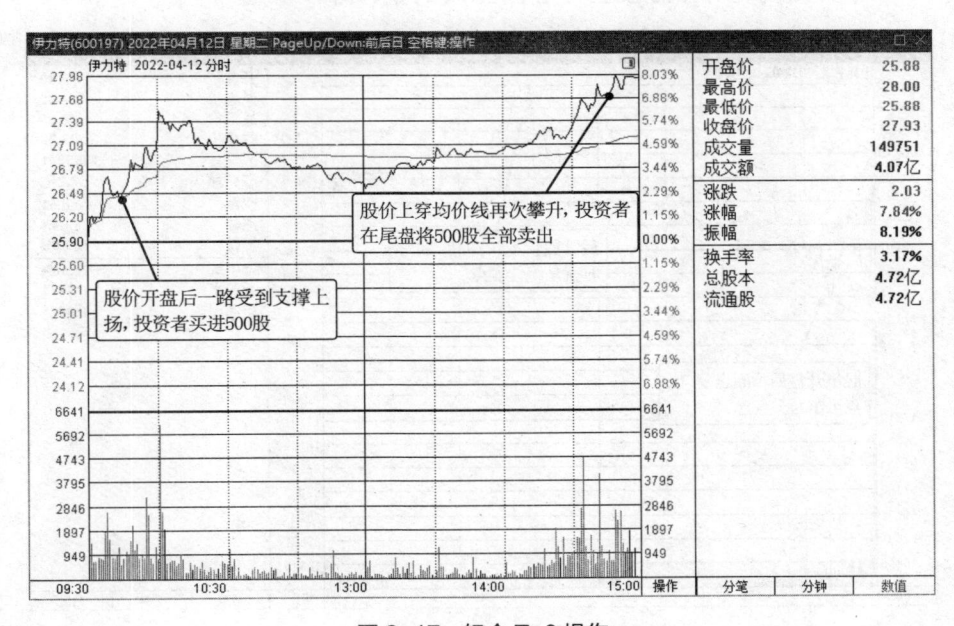

图 3-17 轻仓 T+0 操作

在很多时候，股价的后市发展方式并不是很明确，如果投资者不能很好地预判后期走势，又想让资金快速流动，降低投资风险，那么采用轻仓 T+0 的方式是最为合适的。

在同一个交易日内，利用一部分资金，通过高抛低吸完成一次先买后卖或先卖后买的操作后，即完成了一次 T+0 交易。

操作时可以采用本章前面两节讲到过的几种操作方法，只要灵活应用，看准当前分时图适用于哪种操作方式即可下手。

由于只动用了一部分资金，操作起来相对灵活，即使未能买在最低点，也只有一部分资金可能遭受损失，然后可以利用另一部分资金在价格创下新低时抄底，从而减少部分损失。

实例分析
金种子酒（600199）轻仓 T+0 的操作

图 3-18 为金种子酒 2022 年 2 月 23 日的分时图。

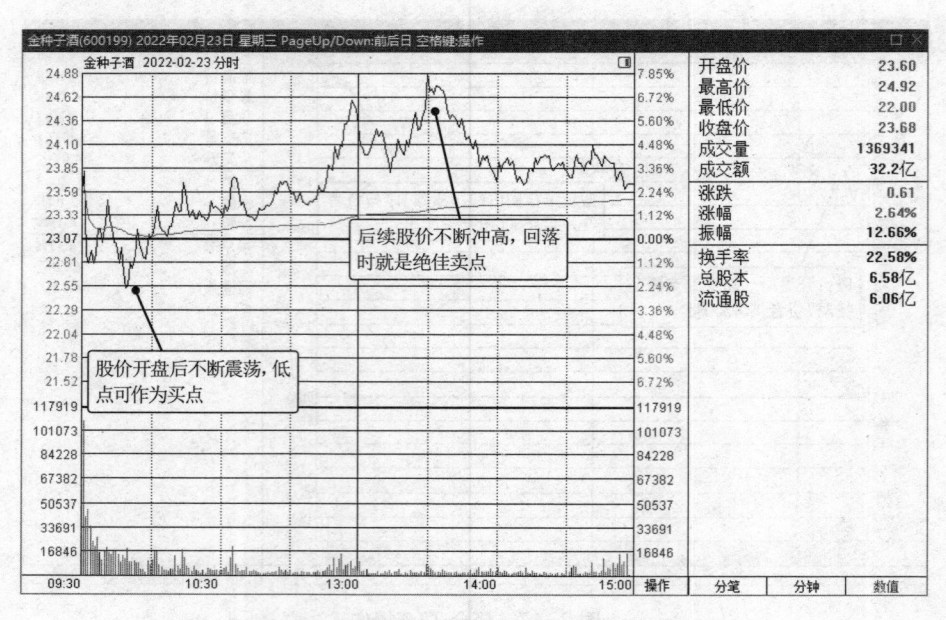

图 3-18　金种子酒 2022 年 2 月 23 日的分时图

从图 3-18 中可以看出，该股当日高开后出现快速的下跌，在开盘后 5 分钟左右直线跌至 22.81 元附近，受到支撑后又迅速上涨，围绕均价线开始了反复的震荡。

图 3-19 为金种子酒 2021 年 12 月至 2022 年 4 月的 K 线图。

从该股当时的整体行情来看，此时股价正处于急速上涨后的高位，很容易受到阻力无法继续上涨，后市行情也可能会出现一定幅度的回调。

此时，投资者宜采用轻仓 T+0 的操作方式，在前期震荡的低位买进。

从当日分时图的走势来看，10:00 之后，股价在均价线上方站稳后不断攀升，直到下午时段已经上冲到最高 24.92 元的位置，随后开始回落。

此时就是投资者绝佳的卖出时机，投资者可迅速卖出筹码，从而实现一次完整的 T+0 操作。

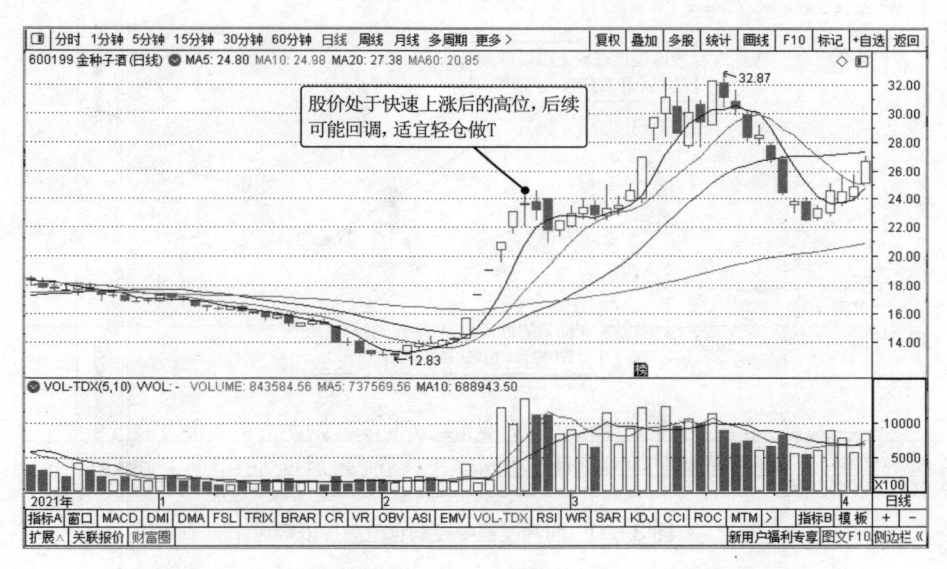

图 3-19　金种子酒 2021 年 12 月至 2022 年 4 月的 K 线图

> **拓展贴士**　*轻仓 T+0 的绝对优势*
>
> 在实现 T+0 的交易中，轻仓 T+0 有着绝对的优势，那就是持股风险很小。即使有时候看走眼，损失的也只会是一部分资金，完全可以用另一部分资金进行弥补。此外，轻仓 T+0 低位抄底和高位止盈都在同一交易日内完成，可以很好地锁定价格双向波动带来的利润。

3.3.2　轻仓做 T 也要控制仓位

轻仓 T+0 的核心是"轻仓"，即只动用一部分资金来买卖。而在 T+0

的短线操作中，投资者买卖股票的情绪很容易受股价波动的影响，此时控制仓位就显得尤为重要。

只有控制好仓位，才能在短线T+0交易中通过高抛低吸来获得最大的利益，如图3-20所示。

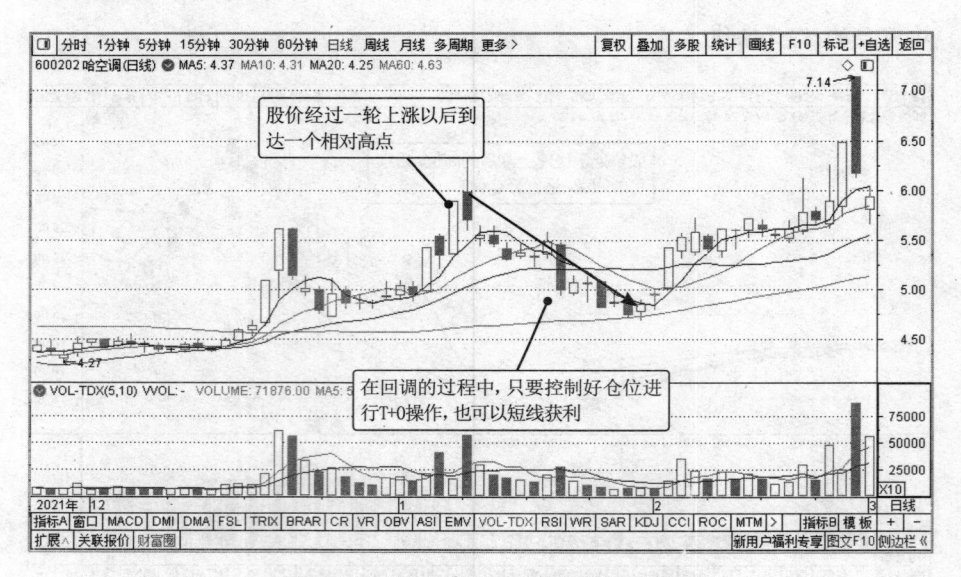

图3-20 回调过程中控制仓位高抛低吸

控制好仓位其实就是控制好自己的心态，高抛低吸的T+0操作本身受价格波动和投资者分析手法影响很大，这方面的风险是无法控制的，但仓位的大小却是投资者可以主动控制的。

轻仓T+0最理想的仓位是每次操作的资金不超过投资总资金的一半，因此这种操作方式很多时候也叫半仓T+0。

只要将仓位控制在一半以下，按照计划进行交易，每天都完成一次买入和卖出操作，短期内即使股价处在下跌过程中，投资者也可以很好地规避损失，甚至盈利。

总的来说，投资者只有控制好自己的心态，不要因为盈利而盲目地追加资金，或者看到股价上涨而追涨，将所有资金全部变为筹码，就可以很好地控制风险。

第3章 如何操作T+0是关键一步

> **拓展贴士** *轻仓T+0可操作的K线形态*
>
> T+0操作需要在同一个交易日内完成先买后卖或先卖后买的操作过程，因此，采用轻仓T+0交易时，当天的股价波动幅度需要比较大，才有更大的操作空间。
>
> 如果某天股价波动幅度很大，在K线图上表现出来就是当天的K线形态的最高价和最低价相差很大，即K线图呈现出很长的实体，或者具有较长的上影线或下影线。

实例分析
西王食品（000639）T+0操作在上涨初期中的仓位控制

图3-21为西王食品2019年10月至2020年3月的K线图。

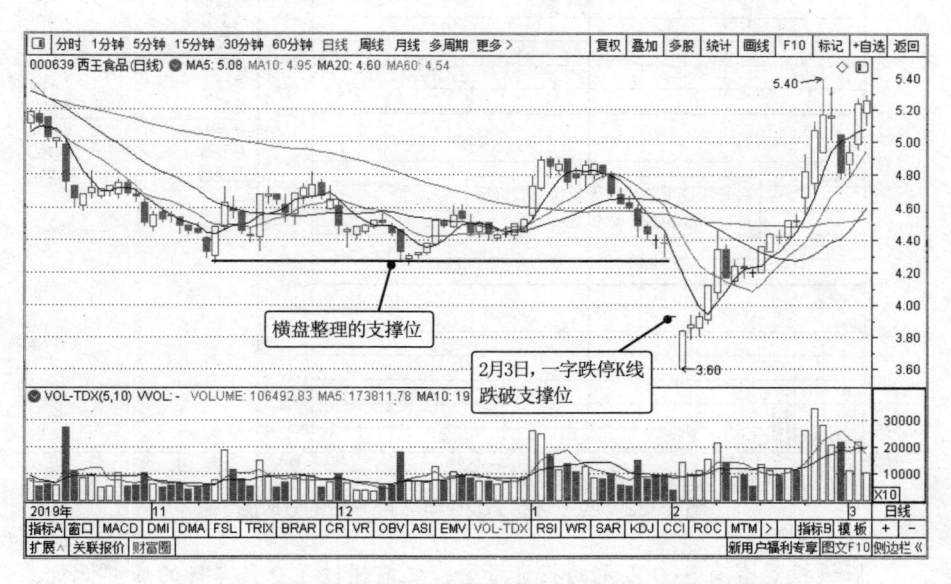

图3-21 西王食品2019年10月至2020年3月的K线图

从图3-21中可以看出，该股下跌到2019年后跌势减缓出现横向整理走势，但是在2020年2月3日，该股开盘放巨量将股价直接打到跌停板后封板，当日股价跌破前期横盘整理的支撑位。

2月4日，股价开盘时继续放量，并以5.85%的跌幅跳空低开，但是随后出现了缩量直线拉升股价的走势，拉升10分钟左右后股价回落进入横向整理走势，股价始终受到均价线的支撑，成交量也稀少，说明主力积极护盘，后市看涨。

2月3日的一字跌停破位下跌和2月4日的放量跳空开盘可能是股价此轮下跌行情的最后一跌。虽然预判股价可能见底回升，但是由于是初期，不确定因素还有很多，不能百分之百确定股价一定迎来上涨，此时投资者可以采用轻仓T+0的操作手法进行短线操作。

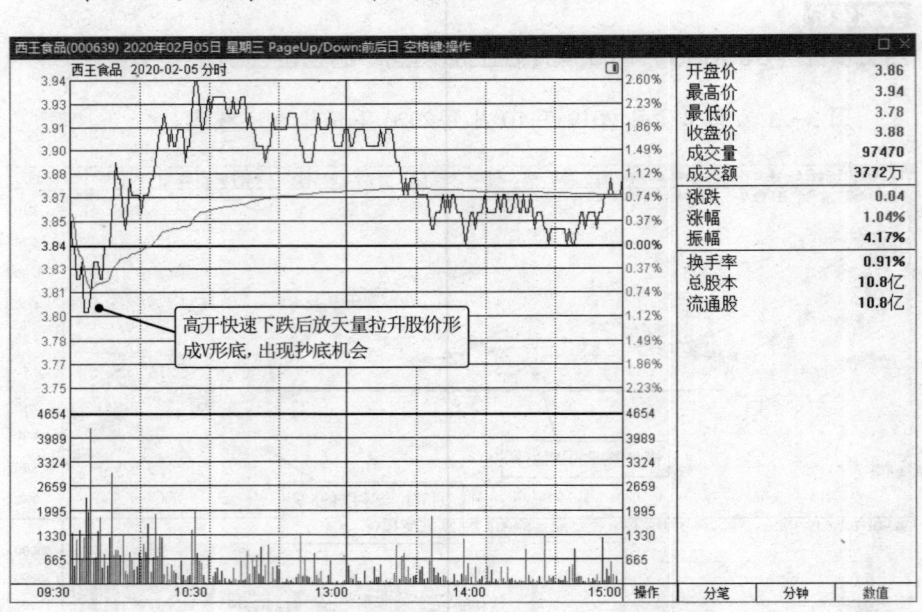

图3-22为西王食品2020年2月5日的分时图。

图3-22 西王食品2020年2月5日的分时图

假设投资者有5.00万元的投资资金，之前错过了2月4日的底部低价，而在这天才发现机会，当股价放天量快速拉升股价形成V形底后，出现买入机会，此时在3.82元挂单购入该股4 000股，花费15 280.00元。

由于证券市场体制限制，当天无法卖出股票，此时投资者的持股成本价约为3.84元。

> **拓展贴士** *持股成本价的计算*
>
> 在买卖股票的过程中，投资者需要支付一些手续费，如佣金、过户费等，根据自己所开户的证券服务商不同而有所不同，但单买或单卖的总金额一般都不会超过交易金额的 0.5%（交易金额非常小的除外）。
>
> 例如，本例中首日的持股成本价为（3.82×4 000×1.005）÷4 000 ≈ 3.84（元）。只有在高于持股成本价格时卖出，本次操作才不会亏损。

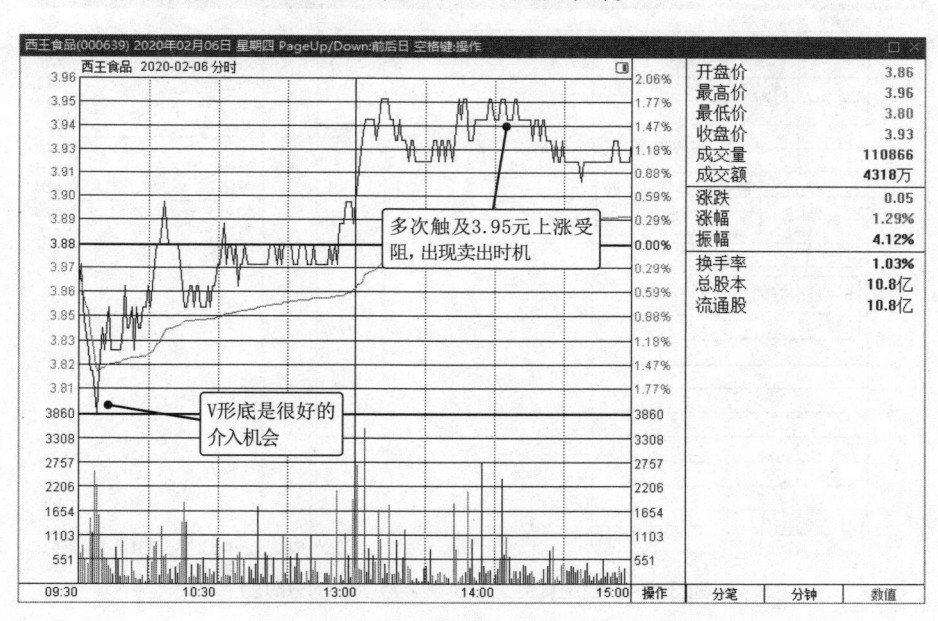

图 3-23 为西王食品 2020 年 2 月 6 日的分时图。

图 3-23　西王食品 2020 年 2 月 6 日的分时图

从图 3-23 中可以看出，该股当日低开后放量急速下跌，但是很快股价被快速拉起形成 V 形底，说明股价的下跌空间非常有限，该股的后市发展并不会很差。此时，投资者可以采用轻仓 T+0 的方式，在 V 形底形成的时候，再次以 3.82 元的价格买入 4 000 股。

根据其后市的走势可以看到，股价在 10:30 后横向发展了一段时间，在午盘开盘时，成交开始变得活跃，股价开始冲高，是典型的盘中冲高模式。

在 13:10 左右，股价上冲到 3.95 元后短暂停留了几分钟后开始快速掉头向下，但是很快股价再次被拉高，多次触及 3.95 元，说明该价位是一个有效的压力位。此时投资者应把握时机，将上一交易日买入的 4 000 股做空。

假设投资者能够顺利地在 3.94 元附近卖出之前的 4 000 股，根据计算，可以获利约 480.00 元，而投资者手中仍然还持有 4 000 股的股票，且买入价格依然为 3.82 元。

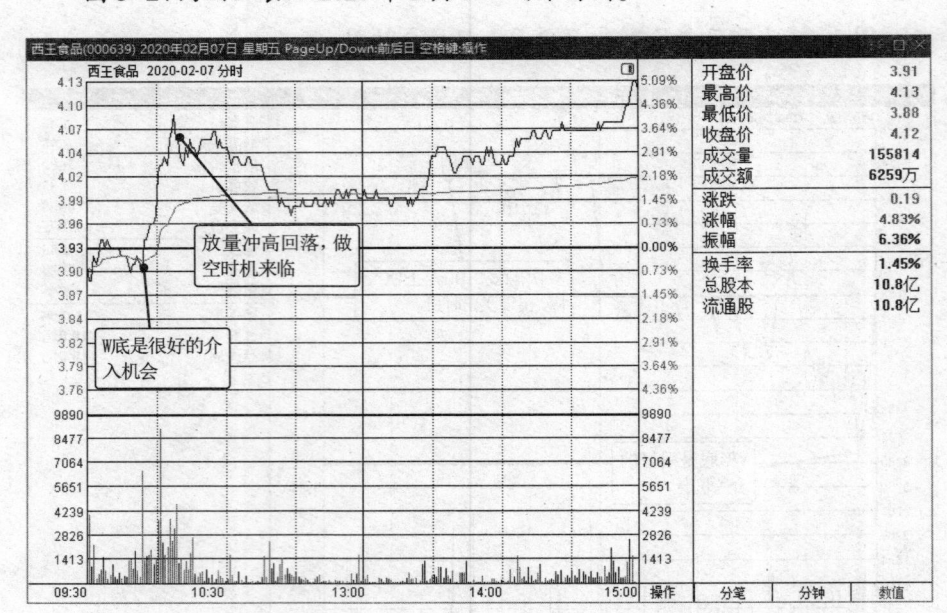

图 3-24 为西王食品 2020 年 2 月 7 日的分时图。

图 3-24　西王食品 2020 年 2 月 7 日的分时图

从图 3-24 中可以看出，该股当日还是以低开开盘，并且开盘后快速下跌到达当日的最低价，随后快速冲高。由于下跌的时间比较短，仅有一分钟，且下跌幅度不大，所以这个位置很少有人能把握住抄底机会。

在 9:35 左右，股价冲高突破上个交易日的收盘价后快速回落形成 W 底，且 W 底的第二个底是在放量拉升的情况下形成的，因此出现很好的买入机会。此时投资者可以在 3.90 元的位置再次买入 4 000 股，花费 15 600.00 元。

随后股价快速上扬，且成交量也明显放大，并在 10:07 达到 4.09 元的高价，随后出现回落的走势，成交量也出现萎缩，此时即为投资者高抛的一个时机。

如果投资者能在冲高回落时以 4.07 元左右的价格，卖出 2 月 6 日补入的 4 000 股，可以获利约 1 040.00 元。在当天交易结束以后，投资者手中仍然持有 4 000 股，持股成本价格约为 3.92 元。

之后该股继续上涨两个交易日后进入一个短暂的横向整理，之后的再次上涨确认了上涨行情的开启。

投资者在这一期间都可以按照相似的手法进行高抛低吸操作，但必须要在当天交易结束时，保持手中持股总量不变。这样无论后市的发展如何，风险都不会很大，这就是控制仓位的重要性。

例如，在上面这个示例中，经过两天的轻仓 T+0 操作，投资者手中始终持有 4 000 股股票和一半以上的可用资金，可以随时应对各种突发状况。同时，已经到手的利润也在 1 520.00 元以上。

3.4 全仓做 T 如何操盘

风险偏好低的投资者适宜轻仓做 T，但因此也会降低一定的收益。而风险承受能力较强、希望在短时间内赚取更多收益的投资者，就可以采用全仓做 T 的方式。

3.4.1 全仓做 T 之前需要先有持仓

全仓 T+0 与轻仓 T+0 有一个重要的区别就是，全仓 T+0 必须要先有一个底仓，才能实现 T+0。也就是说，必须要在采用 T+0 操作之前的某个交易日买入股票，然后选择在某一天进行先卖后买的 T+0 操作手法，如图 3-25 所示。

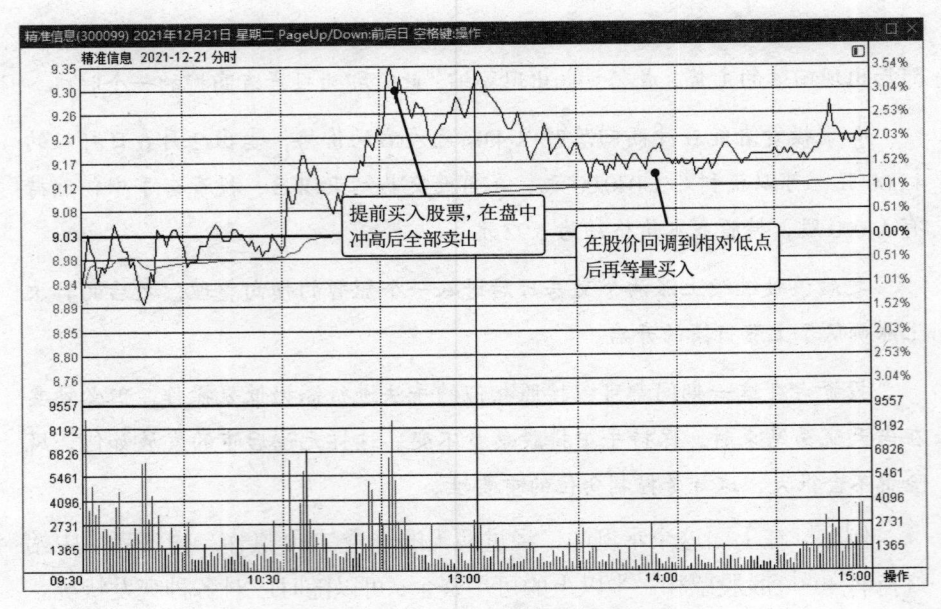

图 3-25　先有底仓才能有 T+0

相对而言，全仓 T+0 的操作风险要明显大于轻仓 T+0，并且它必须要先在某个时间点建仓，使自己手中已持有筹码，才能在后面的交易中进行全仓 T+0 操作。

由于已经将全部资金转化为筹码，在完成 T+0 操作的当天，只能采用先卖后买的手法，利用卖出后回收的资金重新建仓。

全仓 T+0 的底仓选择最为重要，如果底仓选择不当，比如选择一个价格上涨到接近顶部的位置，那么后期的操作将变得非常困难。

而如果投资者选择在上涨过程中的较低位置，那么第二天就可以利用高抛低吸的手法，非常简单地完成 T+0 操作。

实例分析
智度股份（000676）全仓 T+0 的操作

图 3-26 为智度股份 2019 年 8 月至 10 月的 K 线图。

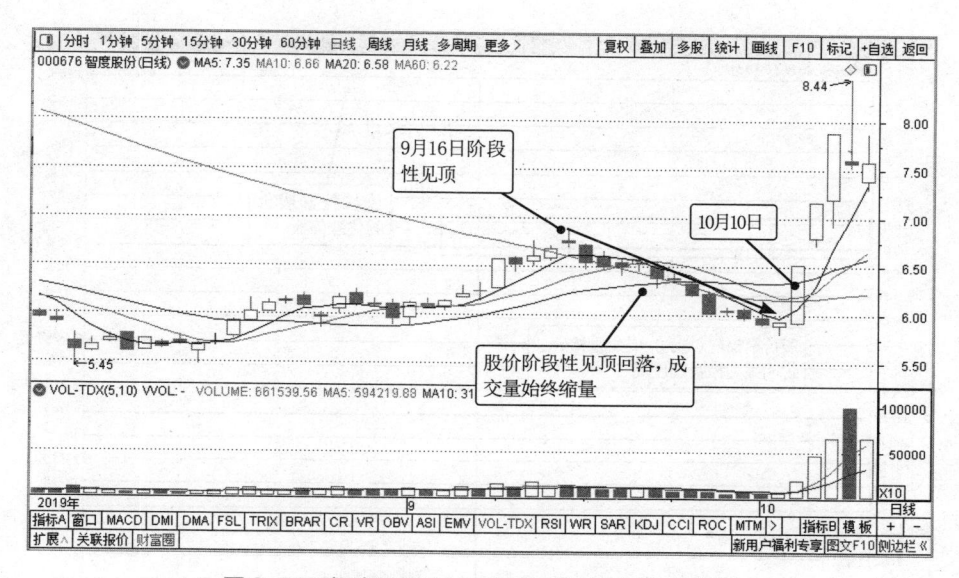

图3-26　智度股份2019年8月至10月的K线图

从图3-26中可以看出，该股在2019年8月初创出5.45元的最低价后企稳回升步入上涨，整个上涨行情涨势温和，多以小阳线和小阴线的K线形态出现，而且整个上涨过程中成交量变化也不大。

在9月16日股价高开后快速冲高回落，当日以0.75%的涨幅收出带长上影线的小阴星，股价运行到阶段性的高位。

随后，该股连续数十个交易日都在回调下跌，其中只有两个交易日收出小阳线，其他回调全部是阴线，并且整个回调阶段，成交量呈现持续缩量的形态。

由于股价从前期的5.45元上涨到9月16日最高的6.88元，整个涨幅只有26%，所以很显然地判断此时的回调只是主力的一种操作手段，并不是下跌行情的来临，因此投资者可以密切关注。

图3-27为智度股份2019年10月10日的分时图。

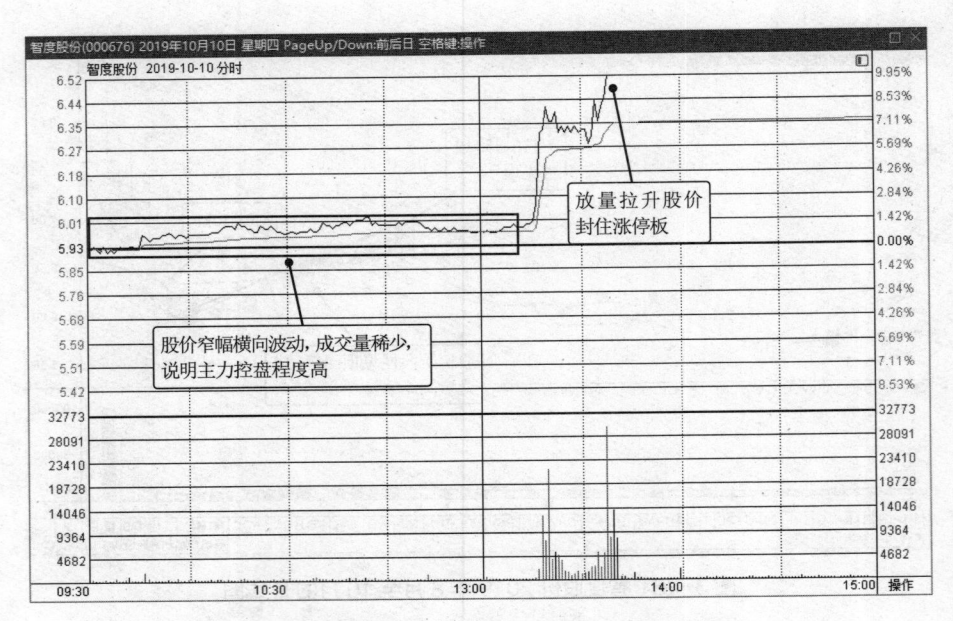

图 3-27 智度股份 2019 年 10 月 10 日的分时图

从图 3-27 中可以看到，该股当日平开后始终在上个交易日收盘价附近窄幅波动变化，且成交量非常稀少。

午盘后，股价仍然保持横向变化。在 13:16 左右，该股突然放量快速拉高股价，在短暂回落后股价又放量快速被打到涨停板且封住涨停，说明回调行情结束，上升行情来临，后市出现建仓机会。

但是次日股价跳空高开，仅仅花了 1 分钟的时间就将股价打到涨停板，虽然当日有过两次打到涨停板，但是都仅仅只有 1 分钟时间，因此投资者很难买到股票。

但是通过当天的涨势可以明确的是，新的一轮上涨行情来临了，而且此轮上涨行情的前景非常可观。

下面来看下一个交易日的走势。

图 3-28 为智度股份 2019 年 10 月 14 日的分时图。

第 3 章　如何操作 T+0 是关键一步

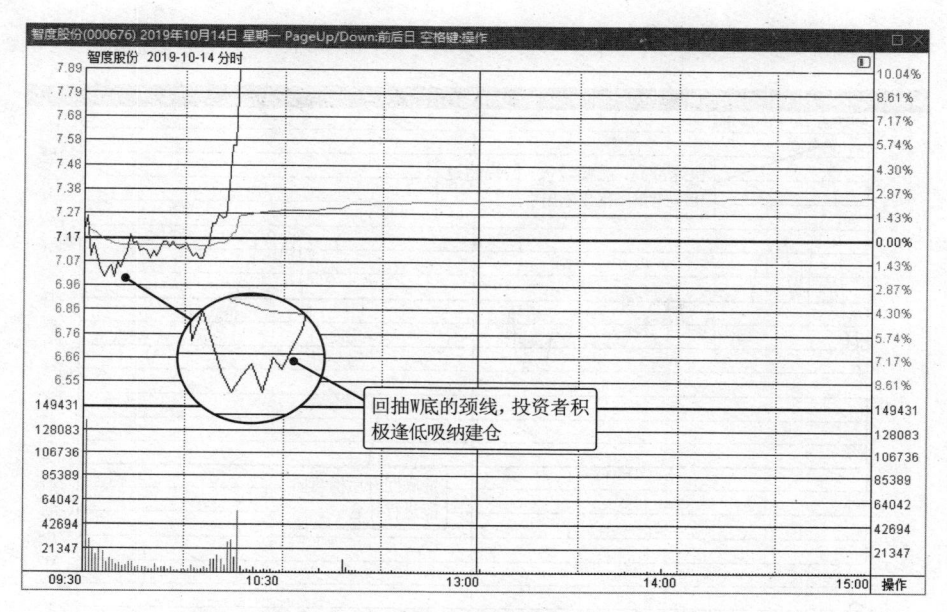

图 3-28　智度股份 2019 年 10 月 14 日的分时图

从图 3-28 中可以看出，该股开盘后第 1 分钟放量冲高后快速回落，但是在回落过程中成交量快速缩量，说明这是主力清理浮筹的一种手段，在形成 W 底后出现回抽颈线的形态，此时为较好的买入建仓机会，基本能买在 7.08 元附近。

假设投资者有 1.00 万元投资资金，那么全仓投入可买约 1 400 股。此时，投资者的持股成本约为每股 7.12 元。

拓展贴士　**根据资金计算可买股票数量**

由于股票买入的单位是手，每手为 100 股。在资金固定的情况下，一次可买入的股票数量计算公式为"资金÷[成交价×（1+费率）]"，计算结果保留百位。

如本例中可买入的股票数量 =10 000÷（7.08×1.005）= 1 405（股），截尾取整后保留到百位为 1 400，即最多可购买 14 手（5 股不足 1 手，不能挂单买入）。

完成建仓后，就需要密切关注该股后期的分时图，选择高点做空，然后在同一天选择适当的时机补回筹码。

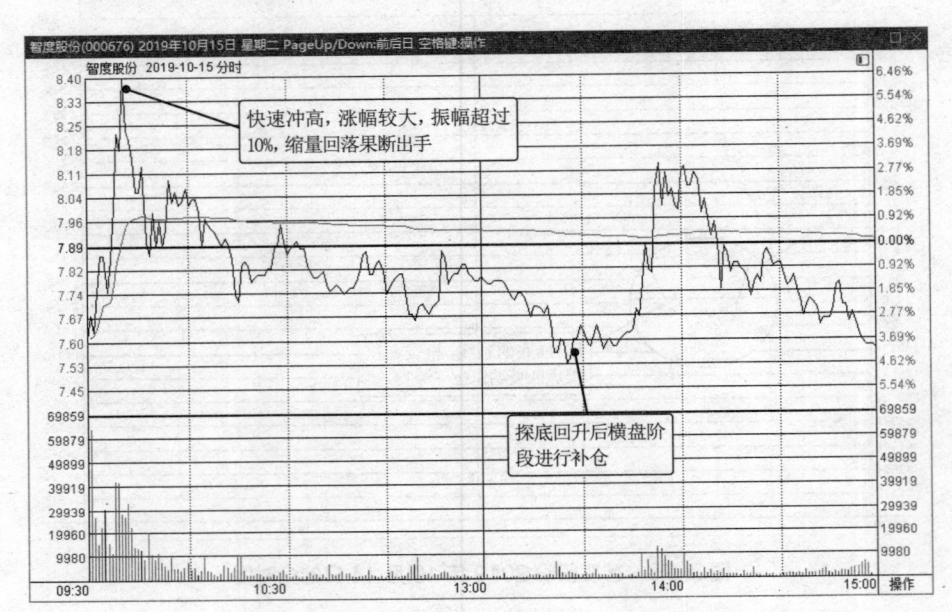

图3-29为智度股份2019年10月15日的分时图。

图3-29 智度股份2019年10月15日的分时图

从图3-29中可以看出，该股当日大幅震荡，非常适合做T。早上放量低开后快速冲高，到达8.40元的高价，当日振幅达到10%以上，此时的股价也达到6.46%的涨幅。在冲高回落，成交量缩小时，投资者就可以快速卖出昨日持股，卖出价格在8.24元左右。

之后股价一路下跌到7.53元价位线附近止跌，随后股价反弹，但是反弹没有量能支撑，所以横向波动了一段时间，期间成交量变化也不大，只有在主力高度控盘的情况下才会出现大幅下跌和横向整理都无量的情况。

此时，投资者可以积极逢低吸纳补仓，在7.60元附近重新买入，持股成本价格为7.64元左右。

通过一个交易日的全仓T+0操作，虽然将股价的成本从7.12元拉升到了7.64元，但却收获了1 638.00元左右的收益。

3.4.2 在尾盘买入更可靠

股价临近收盘的半个小时内，不仅可以总结当日的走势情况，也可以预判下一个交易日股价的走势，而此时买入建仓无疑比盘中建仓来得更可靠，如图3-30所示。

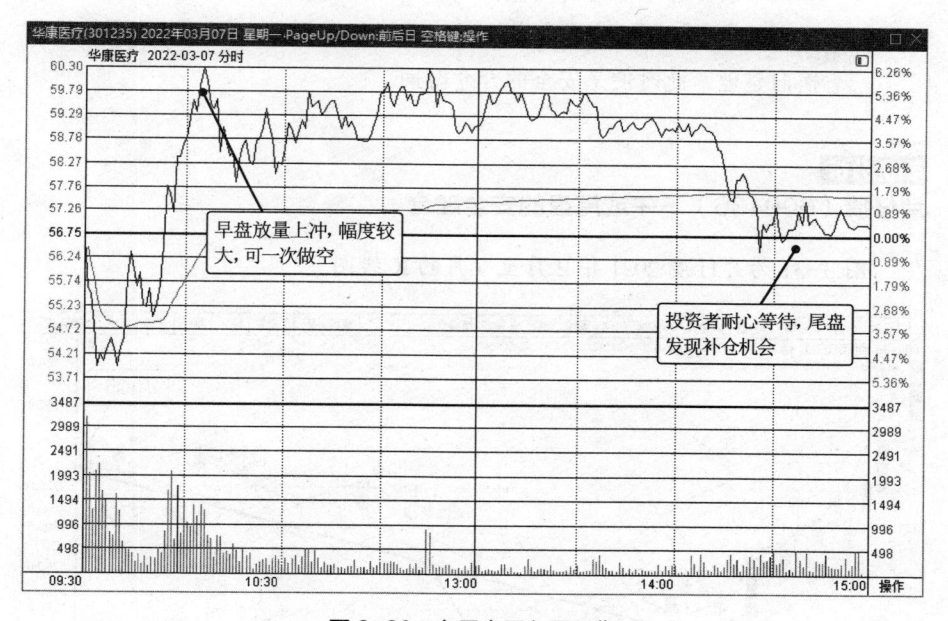

图3-30 在尾盘买入更可靠

尾盘是一天交易即将结束的时刻，这时候可以明显地看出全天的股价发展情况和成交量的变化。通过这些数据可以预判第二天的股价大概发展情况，因此在此处出现的买入信号是比较可靠的。

在全仓T+0交易中，只能先卖后买，因为买入操作的资金来源于当日卖出筹码获得的资金。因此，开仓买入的时间一般都在午盘过后，而这个时候是否能把握好建仓时机，成功完成T+0操作，就需要特别注意以下几点内容。

◆ 如果个股正处于一段强势的上涨行情中，盘中冲高回落后投资者要密切关注成交量变化，当出现股价下跌而成交密集时就应及时出手，不用等待尾盘，因为强势上涨的个股可能尾盘会有强势的拉升，会错过最佳的建仓机会。

- 如果个股处在横向整理期间，则可以耐心等待，只要成交量不发生较大变化，就可以等到临近收盘前几分钟入手。
- 如果个股处在上涨后的调整阶段，则无须过多关注成交量的变化，只要出手后密切关注股价，收盘前一段时间通常都会出现一小段的低位横向整理，此时便是安全的开仓时间。

实例分析
片仔癀（600436）下午或尾盘的安全建仓

图 3-31 为片仔癀 2021 年 2 月至 5 月的 K 线图。

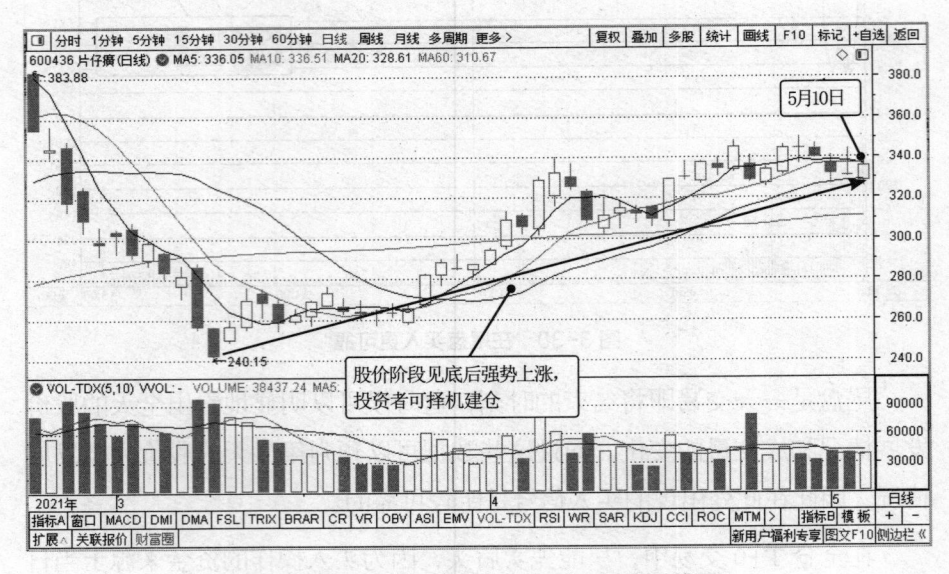

图 3-31　片仔癀 2021 年 2 月至 5 月的 K 线图

从图 3-31 中可以看出，片仔癀在 2 月下旬至 3 月上旬期间还处于下跌状态，在 3 月中上旬创出 240.15 元的阶段低价后见底回升，步入上涨行情，股价多数情况收阳上涨，属于强势上涨的个股。

这种强势上涨的个股，尾盘的表现一般都会对第二日股价的走势形成预示，并且尾盘通常都不会是最低价。

图 3-32 为片仔癀 2021 年 5 月 10 日的分时图。

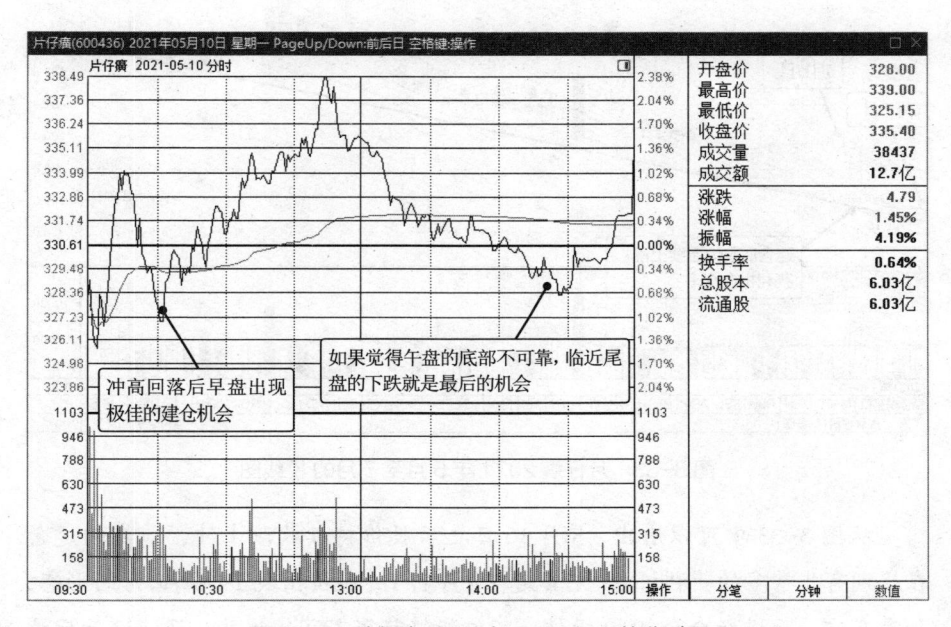

图 3-32　片仔癀 2021 年 5 月 10 日的分时图

从图 3-32 中可以看出，片仔癀在当日开盘后震荡了数分钟，随即快速冲高，在上涨到 333.99 元附近时出现冲高回落的走势，并且跌速较快。在 10:00 左右，股价运行到 327.23 元的位置止跌，建仓时机出现。

但此时为时尚早，投资者如果要求稳，也可以等到下午开盘以后。此时股价再次冲高回落，有一轮持续时间较长的回调，临近尾盘时股价已经跌至 328.36 元价位线附近，随后开始回升。投资者在此时买进虽然成本略高，但位置相对安全。

并且当日在收盘前，股价还有一波快速的冲高，这可以说是强势上涨股票的标志性收盘，预示着后市还有继续上涨的空间。

图 3-33 为片仔癀 2021 年 5 月至 7 月的 K 线图。

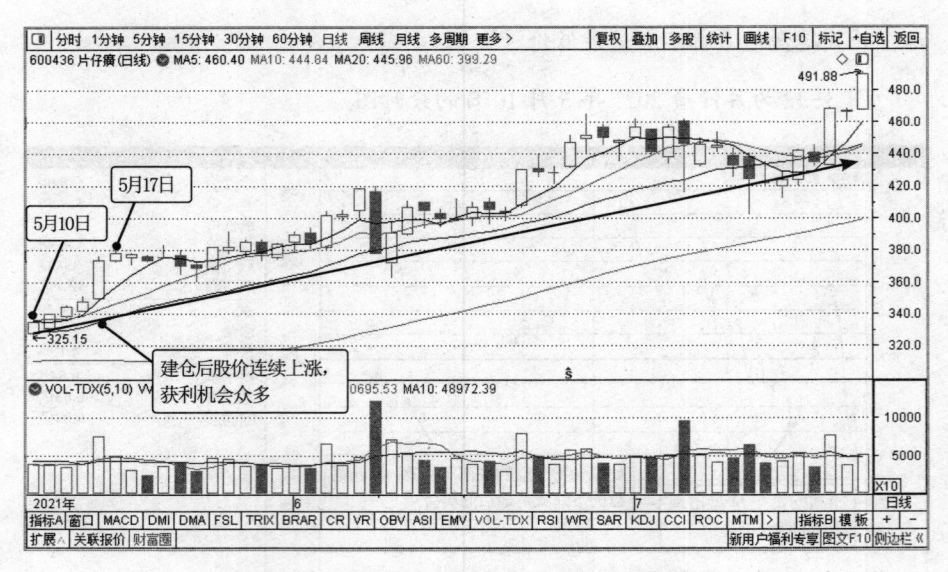

图 3-33 片仔癀 2021 年 5 月至 7 月的 K 线图

从图 3-33 中可以看出，5 月 10 日之后股价持续收阳上冲，前期的建仓在后期有非常多的获利机会。尤其是在 5 月 17 日，股价出现了冲高回落的形态，如果在这一天进行全仓 T+0 操作，不仅能够获得不菲的收益，还能避开后续的回调。

3.4.3 分批卖出可有效扩大获利空间

全仓 T+0 也并不是说投资者每次一出手，就必须要全部买入或全部卖出，也可以根据实际情况，在上涨的过程中分批卖出，从而实现利益的最大化。投资者只要在同一个交易日内完成所有筹码的换新，即为完成了 T+0 交易。

分批卖出的操作手法有些类似于轻仓 T+0，但只要在同一个交易日内完成了所有筹码的替换，如总筹码是 5 000 股，分三次分别卖出 2 000 股、1 000 股和 2 000 股，而在同一交易日结束时手中仍持有 5 000 股，则仍认为采用的是全仓 T+0 操作手法。

通威股份（600438）2022 年 4 月 28 日的分时图中展示的即是分批买卖的操作，如图 3-34 所示。

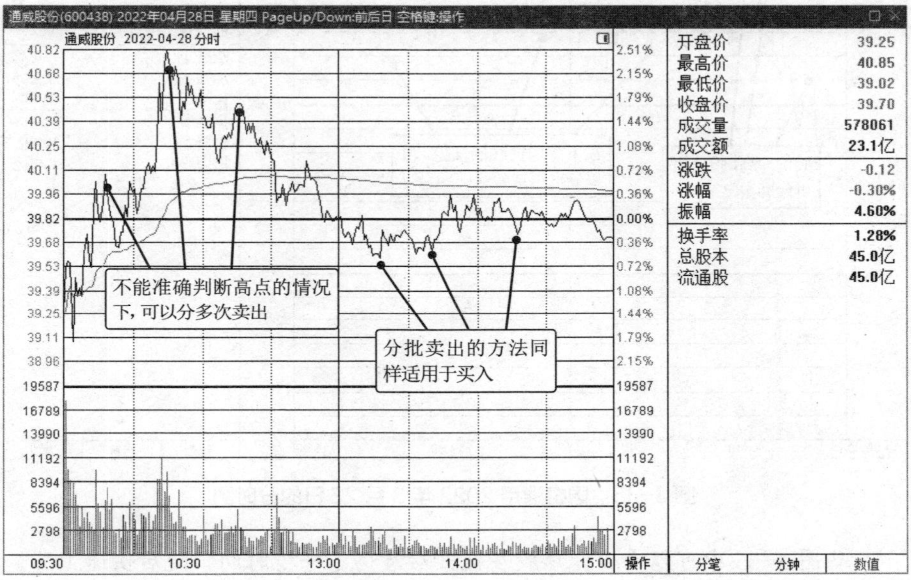

图 3-34 分批买卖的操作

由于全仓 T+0 的操作风险要大于轻仓 T+0，而在实际操作中，股票的价格受太多因素的影响而时高时低，任何人都不敢说能准确地找到当日的最高点或者最低点。

聪明的投资者吸收半仓 T+0 的经验后，采用分批卖出的方法，在自己认为的高点卖出一部分后继续观察。若有新的高点出现，再卖出一部分，总会卖出一个相对较高的价格，从而减少投资的损失。

需要注意的是，如果在股价非常强势的行情中，开盘就大涨，又或者盘中冲高后立即回调，都不宜采用分批卖出的方法。

实例分析
国机通用（600444）分批卖出以保障利益

图 3-35 为国机通用 2022 年 3 月 22 日的分时图。

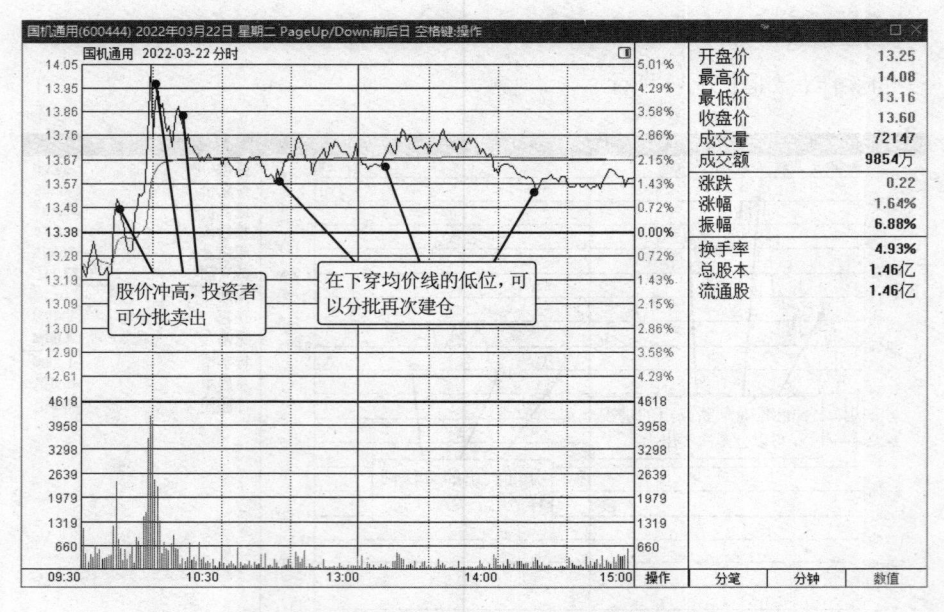

图 3-35　国机通用 2022 年 3 月 22 日的分时图

从图 3-35 中可以看出，该股在低开后震荡了一段时间，随后快速上涨，在 9:44 左右达到一个相对高点，然后拐头下跌。期间成交量明显缩量，说明本次上冲动力减少，投资者可以卖出一部分持股，锁定一部分收益。

到 9:50 左右，股价再次冲高，最高达到了 14.08 元，并且同样呈现出成交量缩量，股价下跌的情况，可视为第二次卖出时机。

在股价下跌期间，还出现了数次反弹，这些反弹位置较高，也可以作为卖出的位置。10:30 左右，股价在均价线附近受到支撑开始横向震荡，在此期间股价不断下穿均价线，这些低位也可以作为补仓的时机。

股价在临近尾盘时再次下滑，彻底运行到了均价线下方，位置更低了。此时就是投资者重新建仓，完成全仓 T+0 交易的最佳时机。

第4章

控制好T+0仓位的技巧

在前面的内容中已经提到过轻仓和全仓做T的方式，但T+0交易的仓位控制显然并不是这么简单。在买进时该如何建仓？加仓和卖出时又该如何控制？这些都是有一定技巧的。学会这些技巧，投资者就有机会进一步实现收益扩大化。

4.1 吸筹建仓的技巧

建仓是 T+0 交易中非常关键的一步，建仓的位置以及建仓完成后的持仓成本，决定了 T+0 交易的下限。建仓位置越低，持仓成本越低，那么投资者未来的获利空间就将越大。

4.1.1 金字塔建仓法

金字塔建仓法是股票市场中使用频率最高的一种建仓手法，不只是大户使用，散户投资者中也有很多人在使用，它不仅适用于普通的中长线炒股，同样也适用于 T+0 交易。

金字塔建仓法大多数时候适用于在短期或中期股票投资的建仓中使用。它是将所有投资本金分为若干份，当股价在最低点的时候，用较大份额的资金买入筹码；在股价上涨的过程中，看准机会在回调低点继续买入，但使用的资金一次比一次少，如图 4-1 所示。

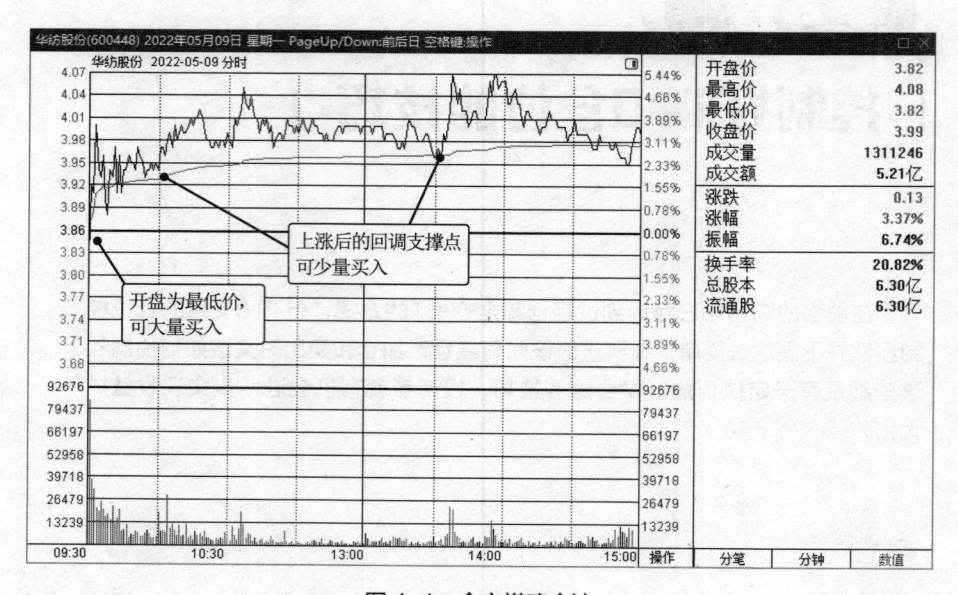

图 4-1 金字塔建仓法

如果将每次使用的资金用横条来表示,随着股价上涨,每次买入的资金所表示的横条就越来越短,就样重叠起来就形成了一个金字塔形状,这就是金字塔建仓手法的来历。

对于金字塔建仓法的仓位控制没有明确的规定,投资者可以根据所选股票的实际走势以及当前股票市场的整体行情合理规划资金,在股价上涨到较高位置之前完成建仓即可。

拓展贴士 *倒金字塔建仓*

金字塔建仓适用于牛市初期的行情中,股价会一步步升高,越来越少的资金投入可以保证筹码成本不会过高。

如果在牛市行情的末期,则可以采用倒金字塔建仓方式,即开始投入的资金很少,随着股价下跌不断在低点继续买入,但每次买入的资金会不断增加,资金投入形态类似于一个倒过来的金字塔。这种手法的优点在于高价筹码少,低价筹码多,可以很好地降低投资风险,获得最大利益。

实例分析

春兴精工(002547)金字塔式建仓

图4-2为春兴精工2020年2月10的分时图。

从图4-2中可以看出,股价在开盘时是当日的最低价,这里可以用大部分资金买入股票,随后股价一路上涨,在7.51元附近有一段徘徊,可以在10:06左右适量加仓。

随后股价继续放量,快速上冲后见顶回落,在7.62元附近止跌,随后始终受到均价线的支撑,整个下午大部分时间都运行在7.62元至7.74元,这是一个较长时间的整理区,此时可以再次以少量资金加仓,在7.68元以下分三次完成当日建仓操作。

第一次买入价可设置在7.39元左右,动用资金可占准备资金的50%以上;第二次买入价可设置在7.51元左右,动用资金可占准备资金的30%以上;第三次买入价可设置在 7.68 元左右，动用资金应占准备资金的 10% 以下。这样三次买入，股价最低时投入资金最多，股价较高时投入资金最少，投入的资金可形成一个金字塔形。

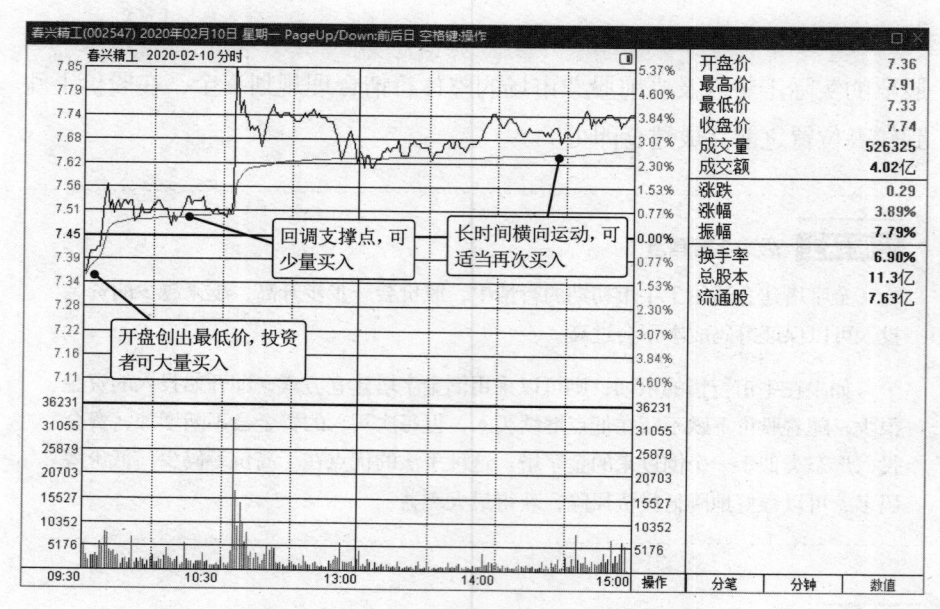

图 4-2　春兴精工 2020 年 2 月 10 的分时图

4.1.2　均分建仓法

均分建仓法是很多新手投资者最常采用的建仓方法，具体是将所有准备资金平均分成多份，每次买入股票都动用相同份额的资金，直到完成整个建仓动作，如图 4-3 所示。

均分建仓法最大的特点就是简单方便，不用计算资金占比。其优点在于股市上涨可以获得收益，股市下跌可以降低成本。但在牛市收益一般，在熊市也不能有效降低风险。

与金字塔建仓方式相比，均分建仓法比较适合于牛皮市或箱体震荡市场，即股价上下波动的幅度不是很大的情况。

第 4 章 控制好 T+0 仓位的技巧

如果要在 T+0 交易中使用均分建仓法，在分时图中不好找到买入点，我们同样可以借助 K 线图，只需要降低其分析周期即可，如前面使用过的 1 分钟周期的 K 线图。

在 1 分钟 K 线图中，投资者可以按照日 K 线的方法进行分析，在一些技术指标发出明显买入信号时，用固定的资金执行建仓操作。

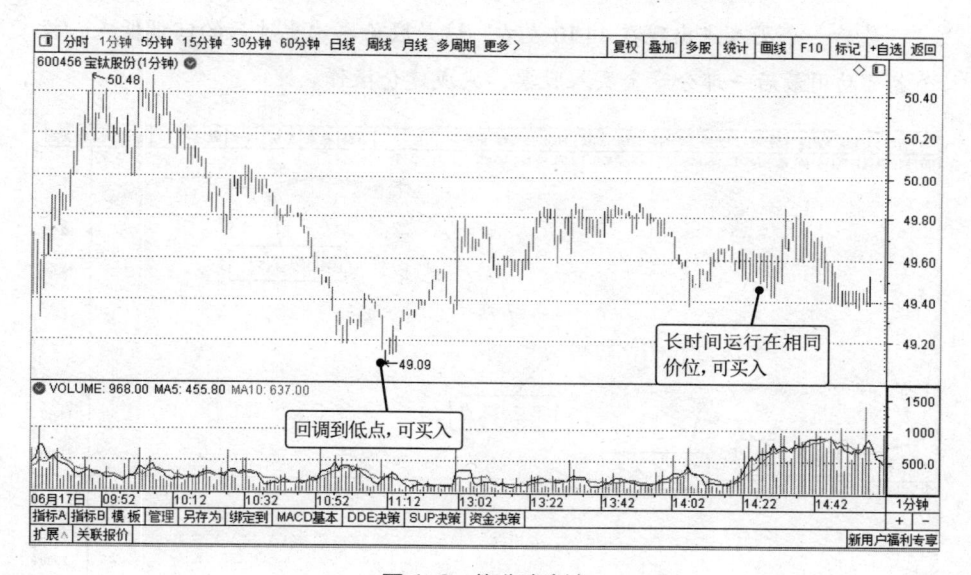

图 4-3 均分建仓法

实例分析

凯美特气（002549）均分资金建仓

图 4-4 为凯美特气 2022 年 4 月 27 日的 1 分钟 K 线图。

从图 4-4 中可以看出，该股在 4 月 27 日当天开盘时出现了快速的下跌，创出当天的最低价 11.58 元。

假设投资者将可用资金平均分为 4 等份，那么，在开盘后下跌的几分钟内就可使用一份资金买入部分股票。

阶段见底后，股价止跌回升，但是在越过 12.00 元价位线后受到阻碍开始回调，运行到 10:37 左右时，已经跌至 11.85 元附近。此时投资者可再次动用相同资金，买入差不多数量的股票。

在此之后，股价受到支撑开始回升，11:00 左右，股价再次受阻下跌，随即围绕 12.20 元价位线横向波动。此时可视为第三个买点，投资者再次动用一份资金买入部分股票。

最后一个买入点出现在 14:10 左右，这是股价再次上冲后的回调低点，投资者可动用最后一部分资金买入股票，完成建仓操作。

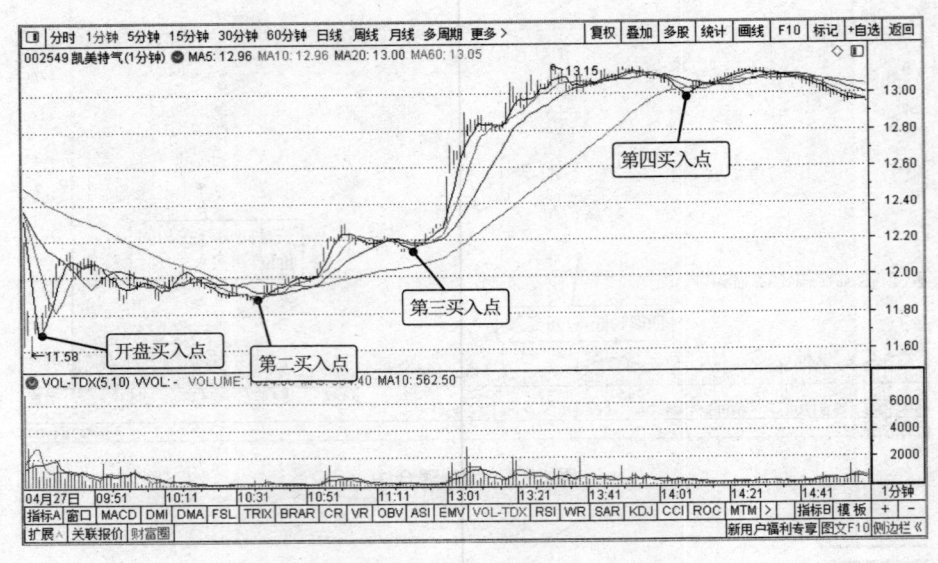

图 4-4　凯美特气 2022 年 4 月 27 日的 1 分钟 K 线图

4.1.3　等比倍增建仓法

等比倍增建仓法与金字塔建仓法比较类似，但它需要严格按照预定的资金使用比例来完成建仓操作，如图 4-5 所示。

等比倍增建仓法比较适用于股价不断下跌的熊市行情末期，与倒金字塔建仓法非常类似。但等比倍增建仓法有严格的股价下跌幅度与资金使用比例的正比关系。

通常情况下，投资者可以将把资金分成16份，第一次建仓用1份资金买入。如果买入后股价下跌2%左右，就买入2份资金的股票；若是再继续跌2%（即第一次买进的4%）就买入4份资金的股票；若是再跌2%（即第一次买进的8%）就买入8份资金的股票。

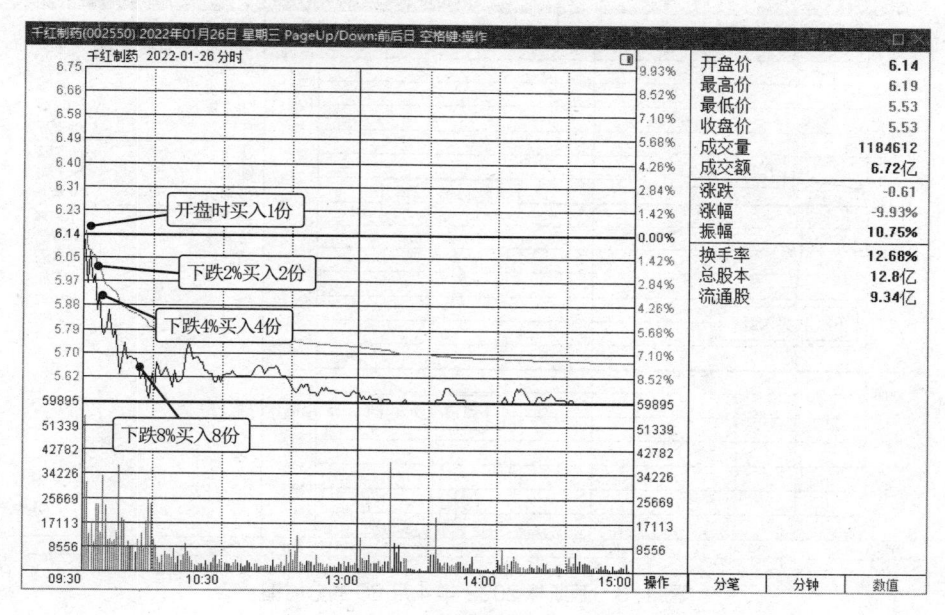

图 4-5 等比倍增建仓

当然这是在T+0交易过程中，以单日的股价下跌幅度来看的。如果在中长期投资中，则需要将下跌幅度调整为10%。即股价每下跌10%左右，动用上次的两倍资金买入股票（最后一次实际动用9份资金）。

如果在大盘比较稳定的情况下，投资者可以将资金分为8份，这样只需要进行两次补仓即可完成整个建仓操作。

同理，如果大盘走势很弱，或预计股价下跌幅度会很深的情况下，也可以将资金分为32份，通过4次补仓来完成建仓操作。

在这种建仓方式下，股价越低买入的股票越多，相对而言，筹码的平均成本就会更低，投资风险也就相应降低，容易获取更多利润。

实例分析
派斯林（600215）等比倍增法建仓

图 4-6 为派斯林 2022 年 4 月 26 的分时图。

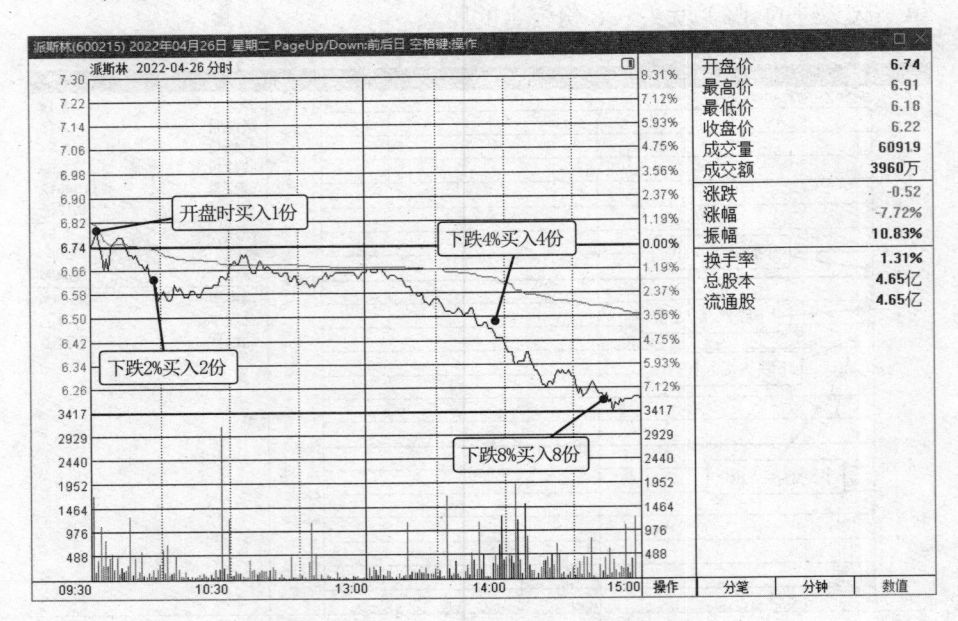

图 4-6 派斯林 2022 年 4 月 26 的分时图

从图 4-6 中可以看出，派斯林的开盘价就是前日的收盘价，在开盘后股价震荡数分钟，随后持续下跌。按照等比倍增建仓法，投资者可将资金分为 16 份，在开盘时以 6.74 元的价格买入 1 份。

那么第二次建仓的位置应该在股价下跌到 2% 的位置，即在 9:58 到 10:00 这个时间段，可以再用 2 份资金买入。

第三次建仓的价格应该在股价下跌到 4% 的位置，即在 13:48 到 13:53，投资者可以用 4 份资金买入股票。

第四次建仓的价格应该在股价下跌到 8% 的位置，即在 14:47 到 14:51，可以用 8 份资金（或剩下的所有准备资金）买入股票，完成建仓操作。

4.2 加仓跟进的技巧

在建仓完毕后,如果遇到合适的位置,投资者还可以进行加仓操作,进一步降低持股成本,达到扩大收益的目的。而如何加仓,加多少仓都是有一定技巧的。

4.2.1 不同的股价走势加仓数量不同

在 T+0 操作中,投资者也会通过分析个股的历史走势来对未来股价的发展进行预测。当预测到股价后期有很大上涨空间的时候,就可以对当前的底仓进行加仓操作,加仓的多少可根据个股的发展行情来定,如图 4-7 所示。

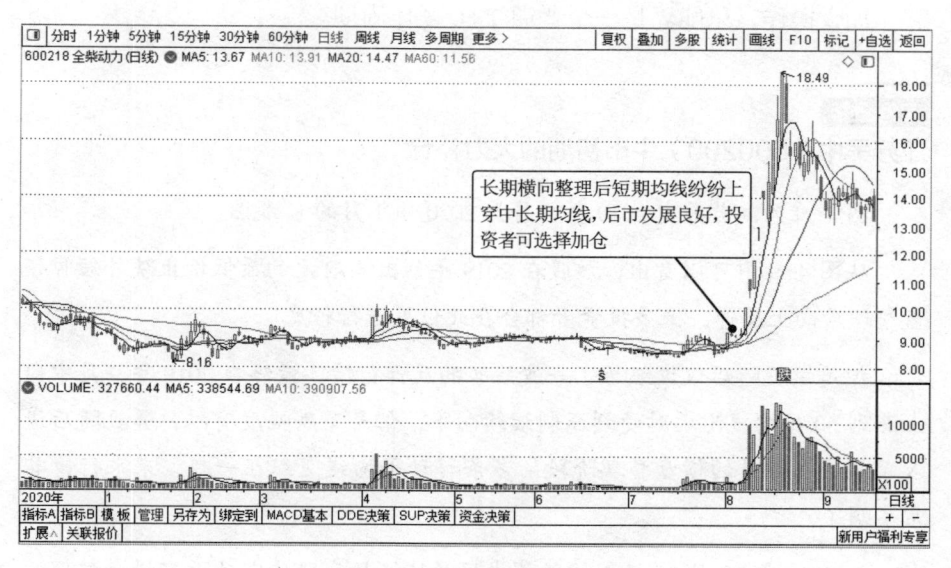

图 4-7 长期整理后加仓

根据个股的加仓操作,通常是通过移动平均线等技术指标发出后市走强的信号时采取的措施。具体加仓多少,应该根据所选股票当前所处价位、流通盘大小以及个股基本面等进行分析,具体如图 4-8 所示。

1. 如果个股的基本面没有出现任何不利消息或是发生重大事件，且股价处于长期低位整理后的放量上涨初期，则后市发展潜力很大。如果用于进行T+0操作的备用资金为100%，则此时可以拿出60%左右的资金用于加仓

2. 如果个股已经处于上涨中的一个回调时间，而技术指标和基本面都显示出还有上涨空间，则可以拿出30%左右的资金用于加仓

3. 如果个股近期走势没有明显的上涨趋势，则不宜采取加仓操作，但同样可以继续以T+0手法进行高抛低吸以获得收益

图4-8 加仓的考虑因素

这里需要特别说明的是，T+0操作中的加仓，是操作完成后筹码仓位有所增加。如果当天买入筹码的同时，又卖出了相同数量的旧筹码，则不算作加仓操作，只能算是一个普通T+0操作周期。

实例分析

江苏吴中（600200）牛市初期的大力补仓

图4-9为江苏吴中2019年8月至2020年1月的K线图。

从图4-9中可以看出，该股在2019年创出4.72元的最低价止跌并短暂横盘整理后向上反弹，很多投资者都会在此位置进行抄底。

但是该股随后仅仅经历了一波短暂的反弹行情，最终在2019年9月中旬上涨到60日均线附近时受到压制继续向下，但是下跌幅度有限，并且随后进入了长达3个月的横盘整理阶段，多条移动平均线交织在一起，未来行情非常不明了。

在2019年12月31日，该股放出巨量快速拉高股价突破近期横盘整理的阻力位，同时均线系统也发散形成多头排列，后市看涨。

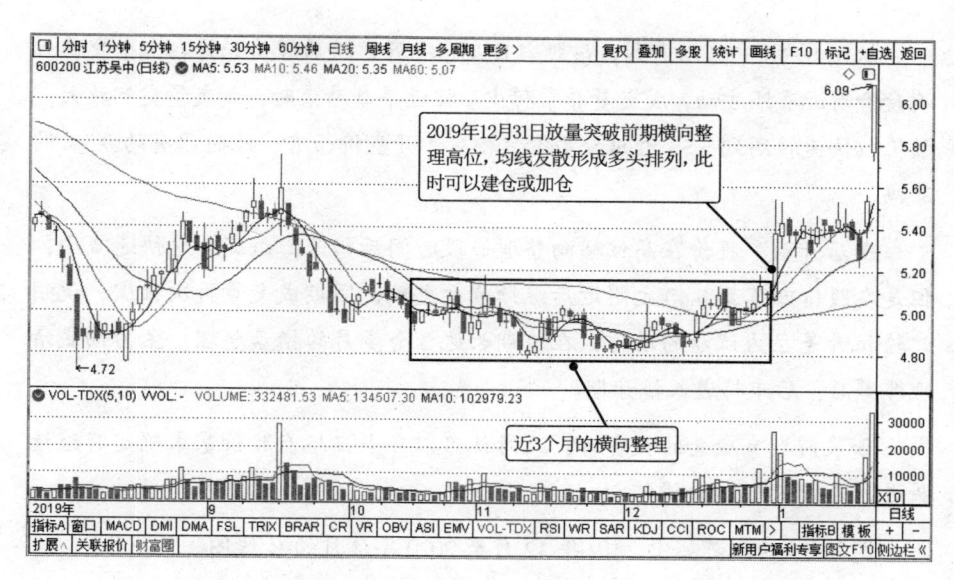

图 4-9　江苏吴中 2019 年 8 月至 2020 年 1 月的 K 线图

图 4-10 为江苏吴中 2019 年 12 月 31 日的分时图。

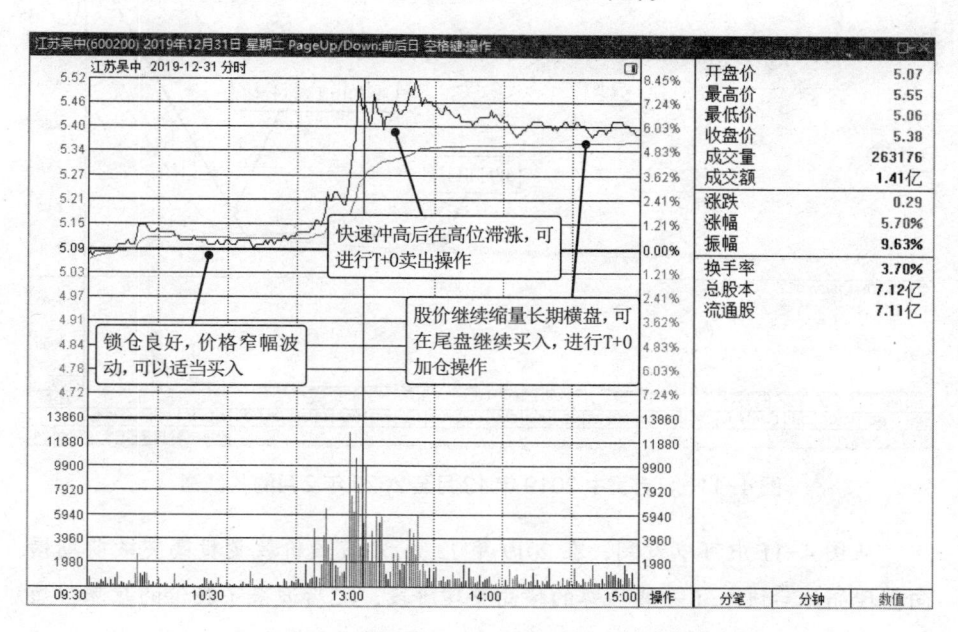

图 4-10　江苏吴中 2019 年 12 月 31 日的分时图

从图 4-10 中可以看到，该股当日几乎平开，随后股价始终在上个交易日收盘价附近窄幅波动，成交量非常稀少。临近早盘结束时，成交量突然放大，股价被快速拉高到 5.55 元的最高价，相对于开盘价而言，此时已有约 9.5% 的涨幅。

午后开盘，股价在高位横向整理一段时间后回落，成交量也快速减小，但是在股价回落到 5.40 元附近后继续横向整理，同期成交量再次稀少，说明此轮拉升是主力试盘的动作，在前期长达 3 个多月的横盘整理，主力彻底清理浮筹后，后市将进入拉升期。

如果前期有底仓的投资者，此时就可以在当日尾盘股价基本确定时继续买进，进行 T+0 加仓操作。

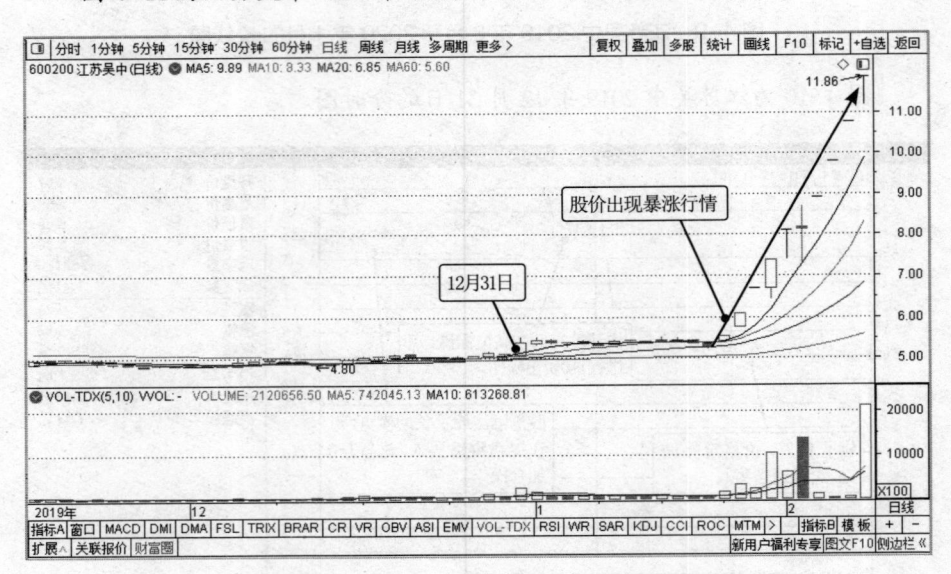

图 4-11 为江苏吴中 2019 年 12 月至 2020 年 2 月的 K 线图。

图 4-11　江苏吴中 2019 年 12 月至 2020 年 2 月的 K 线图

从图 4-11 中可以看到，在 2019 年 12 月 31 日股价放量拉高突破前期横向整理高位后进入了一波短暂的横向整理阶段，之后迎来了股价的暴涨，短短十几个交易日，股价就从 5.00 元附近快速上涨到最高的 11.66 元，涨幅超过 133%。

如果投资者在 2019 年 12 月 31 日当日或之后进行 T+0 操作时加仓及时，那么就可以享受后市的暴涨行情，获得不错的收益。

4.2.2　通过加仓实现成本的降低

当股价处于不断下跌过程中时，如果投资者预判股价已经走到头，即将反弹回升，则可以进行加仓操作以实现降低成本的目的，如图 4-12 所示。

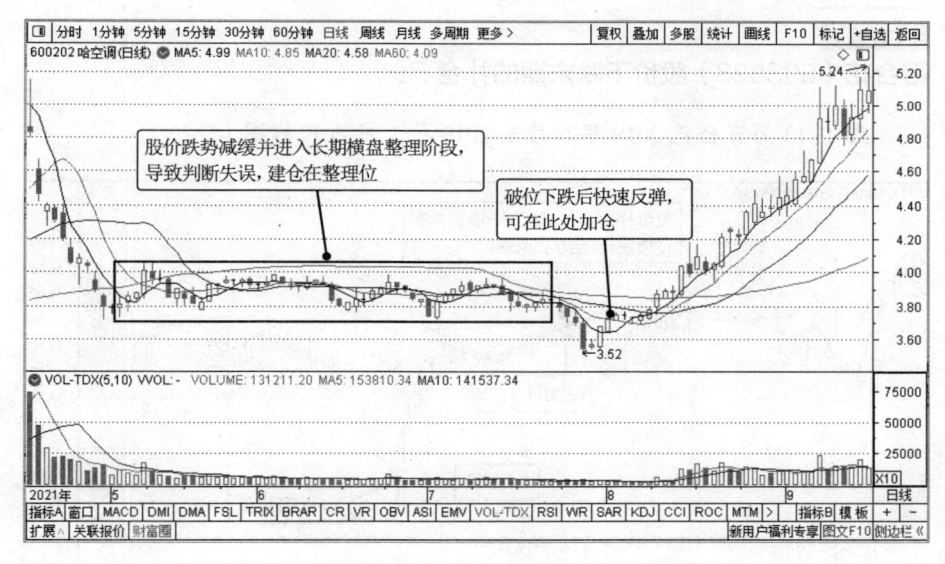

图 4-12　成本下滑加仓

很多时候投资者由于判断失误，可能建仓时选择的价格并不是最低的，在建仓完成后股价还在继续下跌。这种情况下，如果投资者能通过其他看多信号来判断股价在短期内会反弹上涨，则可以在止跌企稳时选择加仓，以有效降低持股成本。

加仓也并不是盲目的，投资者在加仓之前就应该制订一个计划，如再投入多少资金加仓，加仓分几次完成等。在股价下跌过程中的加仓，就可以采用倒金字塔式或等比倍增方式进行。

> **拓展贴士**　成本下跌加仓手法注意事项
>
> 　　成本下跌是指投资者在买入股票后，股价继续下跌，再次买入股票可以让平均持股成本明显下调的一种现象。在股价下跌的时候还敢加仓，那是因为投资者已经确认了股价短期内会上涨，如果不能确认，最好不要盲目加仓，必要时应割肉出逃。

实例分析

百合花（603823）股价下跌末期的补仓

图 4-13 为百合花 2018 年 6 月至 2019 年 1 月的 K 线图。

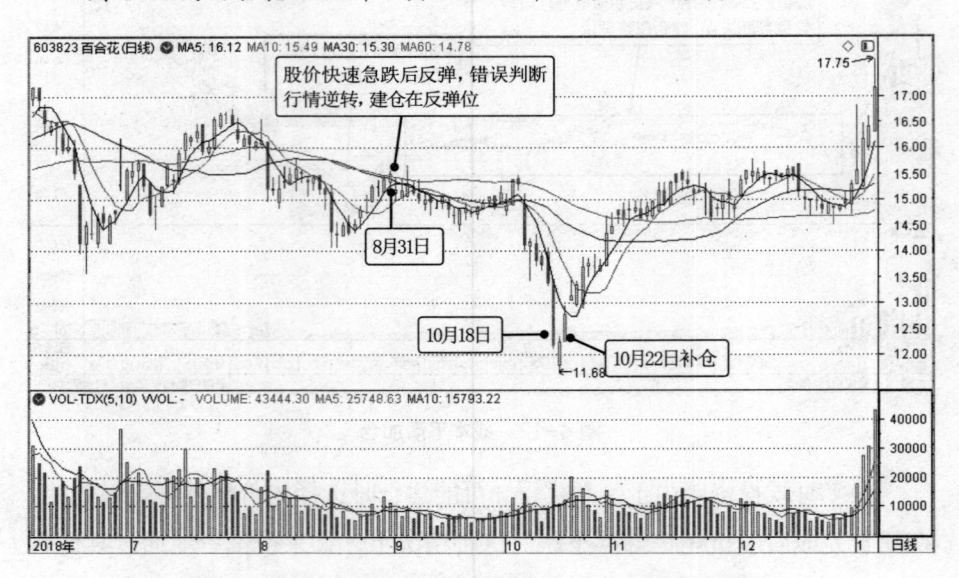

图 4-13　百合花 2018 年 6 月至 2019 年 1 月的 K 线图

从图 4-13 中可以看出，百合花在下跌到 2018 年 6 月中旬左右的时候，跌势减缓并在 14.00 元价位线上方横盘数日，随后反弹，最终在越过 16.50 元后受阻，反弹结束，之后该股继续进入震荡下跌的走势中。

尤其在 7 月底到 8 月初这段时间内，股价反复加速下探，但最终在 14.00 元价位线附近受到支撑止跌，此时的止跌低点相对于前期的止跌低点来说稍高。随后,股价再次企稳反弹。此时,很多投资者可能都会判断该股已经出现上涨行情,这一次的下跌只是上涨初期的回调。

投资者在观察几日后判断反弹形成后,于 8 月 31 日以大约 15.50 元的价格建仓。但是在买入后股价进入了横盘,随后继续下跌。

在 10 月初,股价再次快速下跌。10 月 18 日,股价高开低走并以阴线报收,次日股价低开后高走,当日收出一根中阳线,创出 11.68 元的最低价。阳线的开盘价与阴线的收盘价比较靠近,形成了类似好友反攻的底部形态。

在大幅下跌末期出现类似好友反攻的形态,也可以看作是股价行情见底的信号,后市股价即将反弹上涨。因此投资者可以进行补仓操作,以降低前期的持股成本。

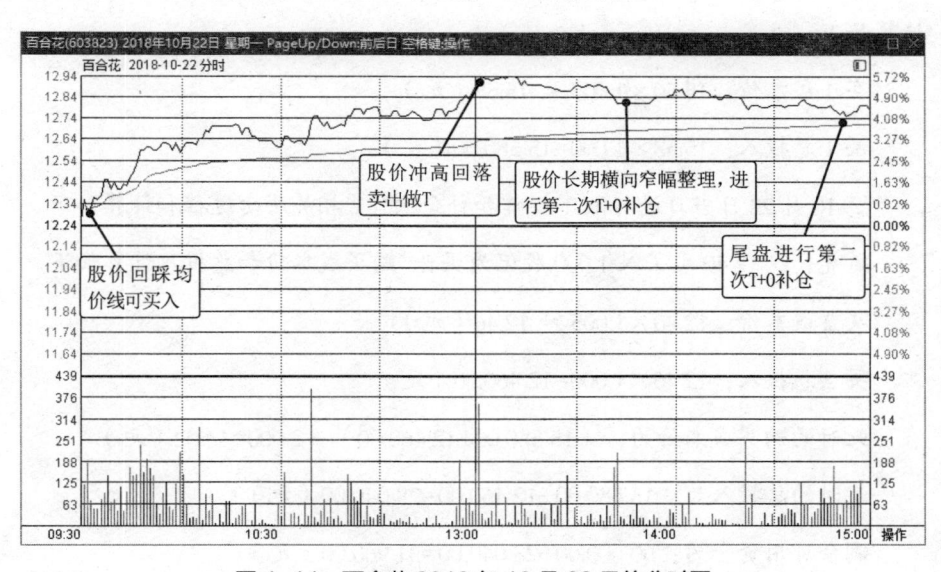

图 4-14 为百合花 2018 年 10 月 22 日的分时图。

图 4-14　百合花 2018 年 10 月 22 日的分时图

从图 4-14 中可以看到,该股在创出 11.68 元的最低价的次日,该股当日开盘后就开始了震荡上涨,并在均价线上反复回踩,出现数次买入时机,此时投资者的买入价格可以控制在 12.40 元左右。

后续股价一路拉升，在早盘临近收盘时股价已经上冲到了 12.84 元价位线以上，下午时段开盘后再次上冲，到达 12.94 元附近。此时，投资者可进行一次卖出操作，卖出价格可控制在 12.90 元左右。

随后股价一路下跌到 12.84 元价位线后围绕该价位线窄幅波动了很长一段时间，此处投资者可进行一次补仓操作，价格控制在 12.84 元左右。

在 14:20 左右，股价有效跌破 12.84 元价位线，随后便在其下方窄幅运行，当日股价走势已基本确定了。因此，投资者可在尾盘再以 12.75 元左右的价格进行第二次补仓。

假设张某的投资本金有 6.00 万元，根据如上分析的买卖价格，下面来分析张某的投资过程。

① 8 月 31 日，以 15.50 元买入 1 000 股，记为买 1，投资成本和投资总额计算如下。

买 1 成本价：15.50×1.005 ≈ 15.58（元）

买 1 总投入：15.58×1 000=15 580.00（元）

② 10 月 22 日当日进行做 T 操作和补仓操作。相关买卖过程和计算如下。

首先，以 12.40 元买入 1 000 股记为买 2，购买成本价和总投入计算如下。

买 2 成本价：12.40×1.005 ≈ 12.46（元）

买 2 总投入：12.46×1 000=12 460.00（元）

此时的购买成本价为：（15 580.00+12 460.00）÷2 000=14.02（元）

此时的总投入为：15 580.00+12 460.00=28 040.00（元）

剩余可用资金为：60 000.00−28 040.00=31 960.00（元）

其次，在早盘临近收盘时，股价冲高达到 12.94 元左右后回落，此时在 12.90 元左右卖出 8 月 31 日买入的 1 000 股，相关计算为：

卖 1 成本价：12.90×1.005 ≈ 12.96（元）

卖 1 总获得：12.96×1 000=12 960.00（元）

卖 1 后亏损 15 580.00-12 960.00=2 620.00（元）

至此，张某仍然是亏损的，但是通过后面两次 T+0 补仓操作，不仅可以降低持股成本，还可以获得更多的持股。

首先，当股价冲高回落围绕 12.84 元价位线窄幅波动时，以 12.84 元的价格进行补仓，买入 1 000 股，记为买 3，购买成本价和总投入计算如下。

买 3 成本价：12.84×1.005 ≈ 12.90（元）

买 3 总投入：12.90×1 000=12 900.00（元）

其次，在尾盘再以 12.75 元左右的价格进行第二次补仓，买入 600 股，记为买 4，购买成本价和总投入计算如下。

买 4 成本价：12.75×1.005 ≈ 12.81（元）

买 4 总投入：12.81×600=7 686.00（元）

此时的成本价为：（12 460.00+12 900.00+7 686.00）÷2 600=12.71（元）

此时的总投入为：12 460.00+12 900.00+7 686.00=33 046.00（元）

剩余可用资金为：60 000.00-33 046.00=26 954.00（元）

通过 T+0 补仓操作后，张某通过相对少的投资总额购买了更多的持股数量，而且成本也比早期的 15.58 元降低了 2.87（15.58-12.71）元。

4.3 抛盘减仓的技巧

持仓到最后一个阶段，自然需要将手中的筹码合理抛出，以兑现利润。但并不所有时候投资者都能够通过做 T 获利，当对股价走势判断失误或是仓内产生亏损时，投资者就要果断割肉，及时止损。

4.3.1 止损该如何减仓

当股价处于空头行情中，操作起来非常困难时，为了降低投资风险，避免可能会发生的损失，投资者应及时采取止损减仓操作。

一旦股价有反弹，只要出现不亏损或少量亏损的情况，就卖出一部分，如图4-15所示。

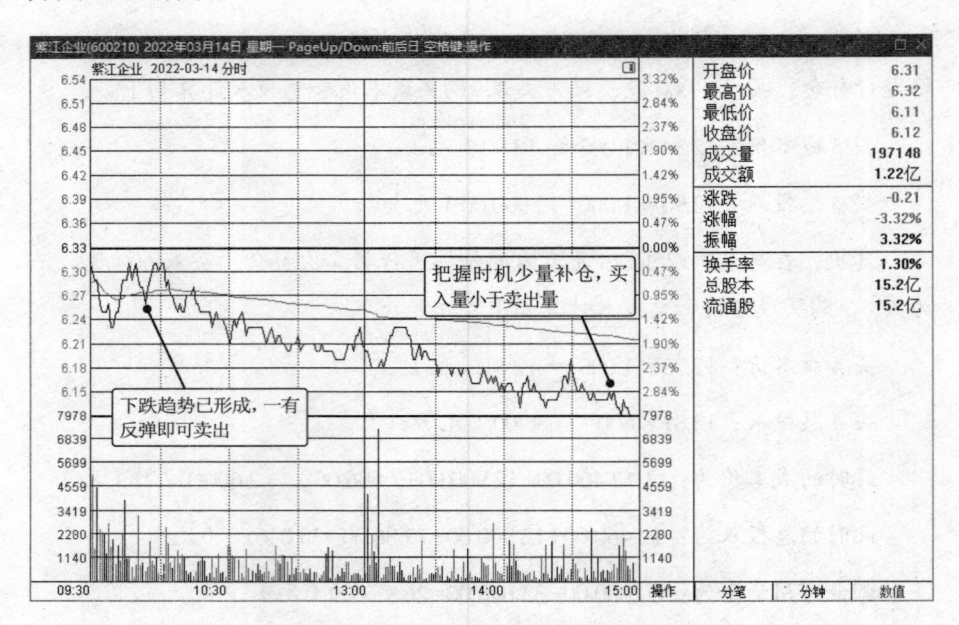

图4-15　下跌趋势中稍有反弹即可卖出止损

拓展贴士　*减仓时机的选择*

在止损减仓操作中，减仓时机的选择非常重要，投资者可以从两个方面来选择最佳的减仓时机。从K线图上来说，减仓时机最好选择在下跌反弹的高点或反弹尾部；从分时图来说，最好选择在当日股价上冲的高点或反弹的阻力位。

当股价的弱势行情已无法控制，股价波动越来越微弱，在T+0操作已很难获利的时候，投资者就应该及时止损减仓。

止损减仓指的并不是一次性全部卖出的清仓，而是在不断的T+0交易中，当日卖出的筹码总量始终大于买入的筹码总量，使仓位不断下降的一个过程。

第 4 章 控制好 T+0 仓位的技巧

止损减仓在 T+0 交易中，只要不是开盘就直线下跌且没有任何反弹的时机，或者开盘就跌停并维持到收盘这两种情况，我们就还有操作的机会，只要股价一出现反弹情况，就可以抓住机会做空。

实例分析
西藏药业（600211）熊市行情中的止损减仓

图 4-16 为西藏药业 2021 年 12 月至 2022 年 4 月的 K 线图。

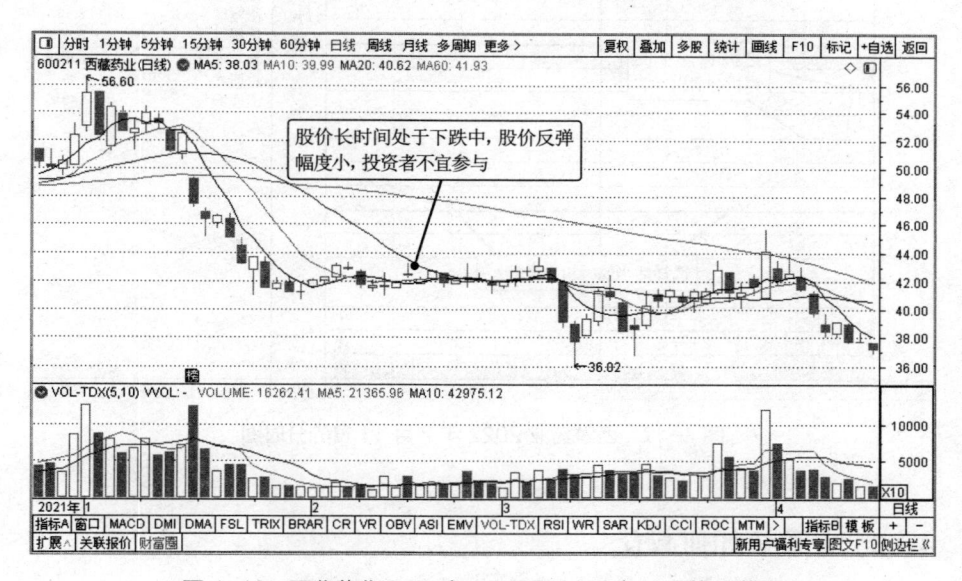

图 4-16　西藏药业 2021 年 12 月至 2022 年 4 月的 K 线图

从图 4-16 中可以看出，西藏药业长时间处于不断下跌的熊市行情中，虽然有一定的整理，但并没有幅度比较大的反弹。这种行情投资者要尽量远离，在 T+0 操作中适时止损减仓以避免更多的损失。

图 4-17 为西藏药业 2022 年 2 月 11 日的分时图。

从图 4-17 中可以看出，股价开盘后就在下跌，在 9:35 左右形成了一个小幅度的反弹，在接近均价线后又被压制下跌，此时可以卖出筹码。而在随后的走势中，股价的反弹次数不多，但这些位置都可以作为卖出点。

如果还没有对该股完全失去信心，投资者可以在股价下跌到低点时再买入一部分股票，但买入的数量不要大于当天卖出的所有总额。这样既能减少后市下跌可能带来的损失，也保留了后市反弹可能带来的收益。

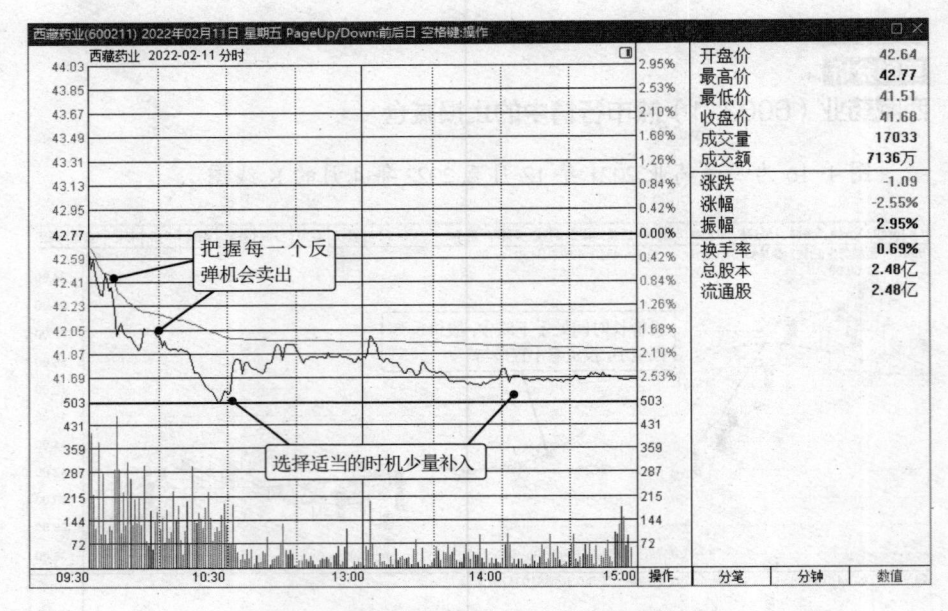

图 4-17　西藏药业 2022 年 2 月 11 日的分时图

4.3.2　止盈该如何减仓

如果股价的上涨行情已经走到了尾声，下跌的熊市行情即将来临，那么投资者就可以在股价高点大量卖出股票，而在低点少量买入股票。

这样的 T+0 操作下，投资者手中持有的股票将逐步减少。逐步的减仓也能很好地规避后市股价下跌带来的风险。

盈利减仓是在股价上涨的行情中完成的，也可以在高位横向整理过程中完成。由于前期股价处于上涨行情中，持股成本相对较低，只要股价没有明显下跌，投资者操作起来都非常简单。

通常在K线图发出见顶信号时，投资者就应该及时采取减仓操作。在分时图中，采用高位大量卖出，低位少量买入的手法来实现。

实例分析
江泉实业（600212）牛市末期的减仓操作

图4-18为江泉实业2021年12月至2022年4月的K线图。

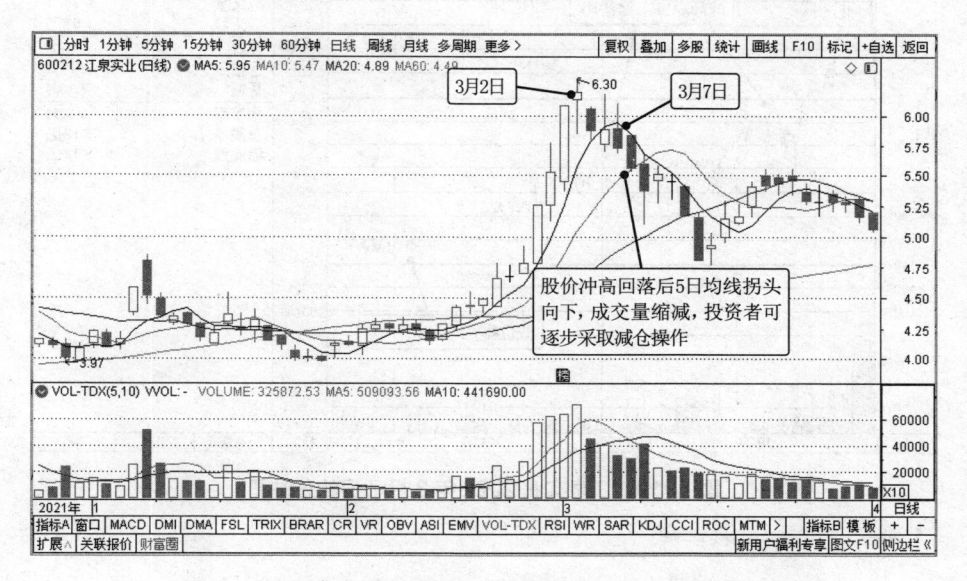

图4-18 江泉实业2021年12月至2022年4月的K线图

从图4-18中可以看出，江泉实业从2022年1月底开始，经过连续拉升又小幅回调后，出现了快速上涨的行情，在3月2日放量收出带长下影线的小阳线，创出6.30元的最高价后开始回落。

3月7日，5日均线开始拐头向下，成交量也急速缩减，发出卖出信号，此时投资者就应该及时采取减仓操作。

图4-19为江泉实业2022年3月7日的分时图。

从图4-19中可以看出，江泉实业在3月7日开盘后有一次快速冲高的走势，在6.08元附近形成一个很好的卖点。

随后股价回落，在5.81元附近形成支撑再次反弹，反弹高位也是卖出机会。在后续的交易时间内，股价震荡下跌，临近尾盘时开始在5.73元价位线附近横盘，可以视为少量补仓的机会。

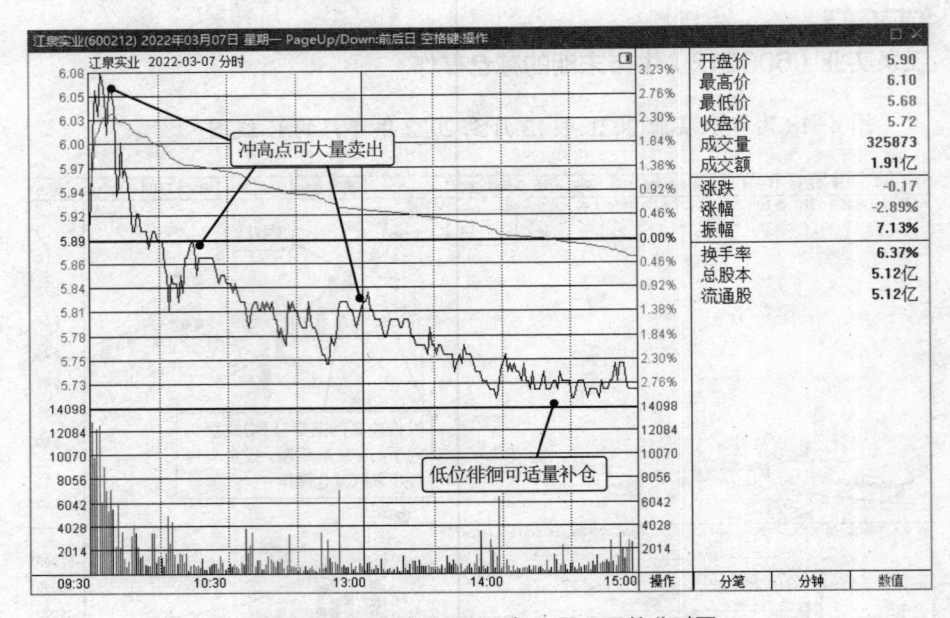

图4-19 江泉实业2022年3月7日的分时图

第5章

根据K线形态做T+0

投资者在做T+0操作时，对K线走势的观察是必不可少的，无论是K线的历史走势还是其中的技术指标，都能够对投资者的判断和决策形成指导作用。在有些时候，K线还会形成一些特殊的形态，这些形态出现在特定的位置时将对后市产生一定的预示意义，投资者需要重点掌握。

5.1 单根 K 线如何做 T

K 线的形态多种多样，包括大阴线、大阳线、小阴线、小阳线、十字星、一字涨跌停板等，这些形态在行情的任何位置都有可能出现，但有些比较特殊的如十字星形态出现在底部或是顶部时，会有一定的分析价值。

5.1.1 低位十字星看多

十字星通常是变盘信号，而低位十字星，本身就在市场低位，因此向上变盘的可能性大，如图 5-1 所示。

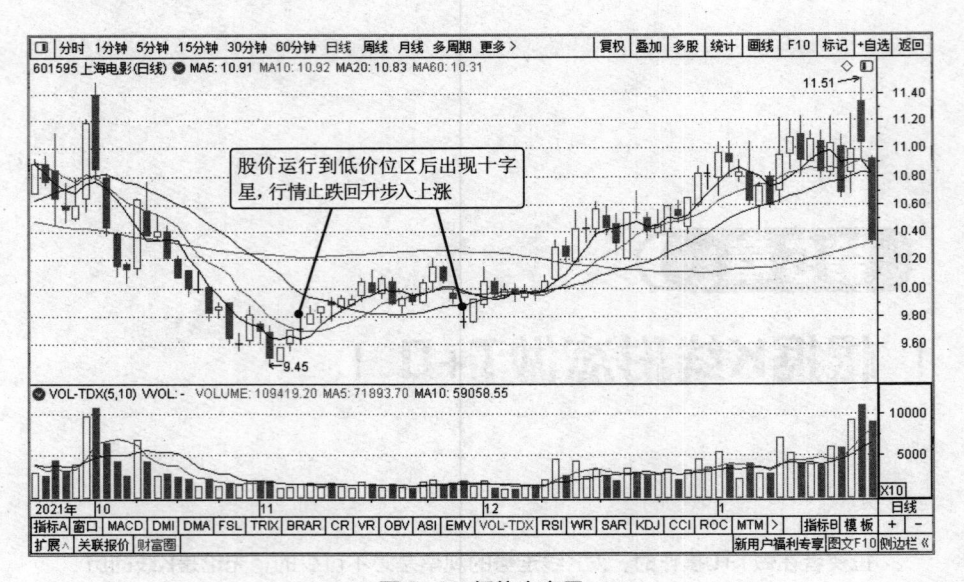

图 5-1　低位十字星

十字星的形成是在开盘价和收盘价相等的情况下，呈现出来的 K 线形态。在实际的投资分析过程中，也把开盘价、收盘价相差不大且上下影线较长的 K 线视为十字星。

对于单根十字星，其反映出来的现状是市场犹豫不决，多空双方达到暂时的平衡，此时往往预示着股价可能会出现转势。

通常情况下，在股价低价位区出现十字星，后市出现上涨行情的概率相对而言比较大。但不是所有的低位十字星后市都看涨，还必须满足以下两个条件。

- ◆ 股价回调在支撑位置获得有力支撑。
- ◆ 股价在下跌过程中，成交量呈现缩量情况。

在股价位置不高时，成交量越是缩量，次日早盘买的信号力度越强。特别是在低位出现一个地量十字星，变盘向上的概率就大大增加。

对于T+0投资者，介入这种股票的最佳时机是在临近收盘的最后半小时内。因为在下午最后半小时的时候，股价全天的下跌行情临近结束，股价变化不会太大。

对于稳健的投资者来说，也可以在下一个交易日的开盘后选择介入，当股价上涨一定的幅度后，卖出股票做T，赚取差价，实现收益。

> **拓展贴士** *低位十字星的使用建议*
>
> 虽然前面介绍了低位十字星"变盘"的有效条件，但是即使符合这种条件，依据单根K线判断后市上涨的准确率也不是百分之百，因为任何一种成熟的操盘手法都不是绝对的。
>
> 因此，如果买入后股价继续下跌，就说明股价下跌还没有到底，此时必须要严格按照自己预先设置的止损位进行操作。如果买入后股价继续下跌，但是没有跌破支撑位，此时都可以继续持股。

实例分析

派生科技（300176）低位十字星买入机会

图5-2为派生科技2020年8月至11月的K线图。

从图5-2中可以看出，派生科技正处于上涨阶段中。在8月期间，股价还在快速上涨，但在9月初，股价在11.00元价位线附近受阻滞涨，并于9月

9日运行到阶段性的高位，在创出11.19元的阶段高价后快速回落，成交量同时逐步缩小。

在9月中上旬，股价在8.00元价位线左右止跌后进入一波反弹行情，但是整个反弹持续的时间较短，只有两三个交易日，在反弹到9.00元价位线后短暂横盘，随即快速回落。直到9月底左右，整个下跌过程中成交量已经迅速缩小到地量。

经历了一波深幅下跌后，股价在9月底运行到股价的低价位区，并创出7.58元的最低价后止跌。9月28日，股价高开后，以0.26%的涨幅收出一根低位十字星线。

该十字星线在股价止跌回升的基础上形成，说明此时的十字星线有多方的力量在支撑，是一个向上变盘的预示，投资者可适当建仓。

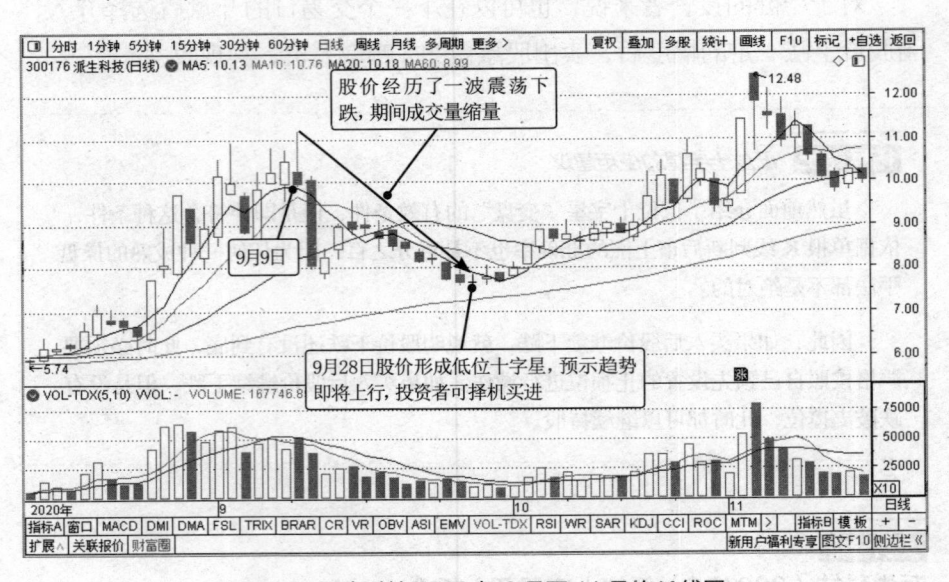

图 5-2 派生科技 2020 年 8 月至 11 月的 K 线图

下面来观察当日的分时图。

图 5-3 为派生科技 2020 年 9 月 28 日的分时图。

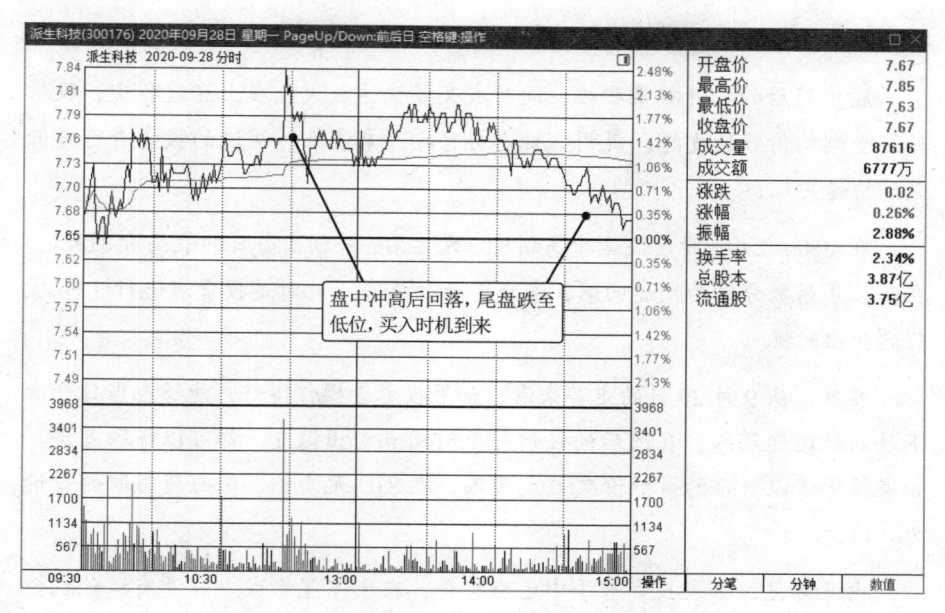

图 5-3　派生科技 2020 年 9 月 28 日的分时图

从图 5-3 中可以看出，派生科技在 9 月 28 日开盘后出现震荡走高形态，期间成交量大单交错，将股价上下拉扯形成锯齿状的走势，说明场内多空双方博弈激烈。

在 10:57 左右，成交量出现巨量拉升股价，在创出 7.85 元的最高价后回落，随后该股继续进入宽幅震荡的走势。相对于前期而言，回落后震荡期间的成交量相对稀少。

在临近尾盘时，股价震荡下行触及均价线后受到支撑，但在数十分钟后就再次下跌，直到以 0.26% 的涨幅收盘。这说明场内多方依旧占据一定优势，激进的投资者可以在尾盘择机介入。

下面再来观察派生科技次日的分时图。

图 5-4 为派生科技 2020 年 9 月 29 日的分时图。

从图 5-4 中可以看出，该股当日以 7.74 元的价格高开后震荡下行，在 7.62 元的价位线上方受到支撑后快速回升，并在均价线上回踩站稳，说明下方支撑力强劲，买入时机出现。

  股价随后的拉升非常积极，同时成交量快速放大。在上涨过程中，股价始终受到均价线的支撑，说明当日走势可期，未能及时买进的投资者可逢低吸纳快速买入。

  在 10:00 之后，股价快速冲高到 8.03 元左右，并创出当日的最高价 8.08 元，在高位震荡数分钟后快速回落，成交量开始缩减，此时是投资者进行 T+0 操作的卖出时机。

  显然，从 9 月 29 日的走势来看，如果投资者操作得好，能够在当日开盘下跌后就迅速买入，在随后的任何一个时间点卖出做 T，都可以赚取差价。如果投资者以当日的最低价 7.60 元买入，在 8.03 元卖出，则每股赚取的差价为 0.43 元。

  由此可见，如果投资者手中已有持仓，在十字星形成当日没有抓住机会买入，也可以在十字星出现后的下一个交易日买入。

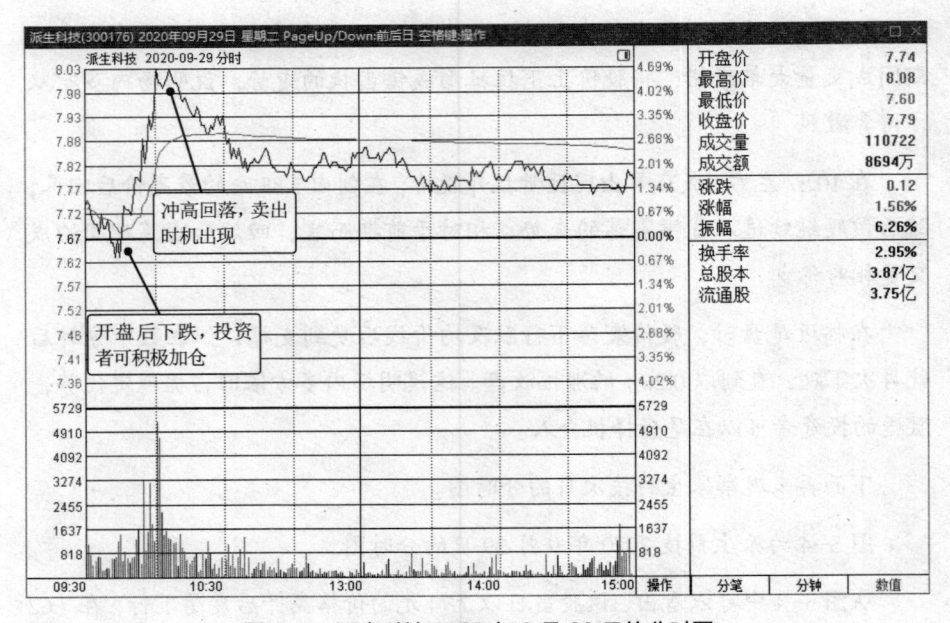

图 5-4 派生科技 2020 年 9 月 29 日的分时图

5.1.2 向上跳空十字星的不同含义

向上跳空十字星是指股价在运行过程中，次日向上跳空出现一个缺口，并在当日收出一根十字星，如图 5-5 所示。

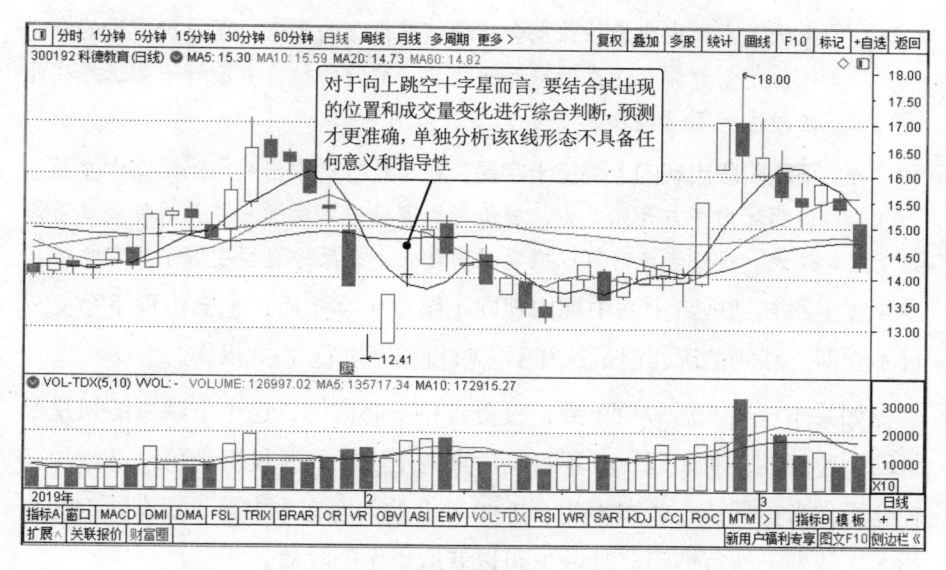

图 5-5 跳空十字星

向上跳空十字星在上涨行情和下跌行情中都会出现，而且出现的位置不同，其所反映的市场意义也不同。下面进行具体说明。

- **上涨初期出现向上跳空十字星**：如果股价长期在底部横盘整理，说明主力正在低位吸筹建仓，但是股价突然出现跳空高开，最终收出跳空缺口的十字星。这根十字星具有非常重要的市场意义，它反映了主力做多的决心，虽然后期可能要多盘整一段时间，但行情会一路看好。T+0 投资者可以在随后逢低吸纳买入，在成交量放量拉高当日做 T 赚取差价。

- **上涨中期出现向上跳空十字星**：在上涨途中，如果股价出现向上跳空十字星，投资者需要注意观察当日的成交量变化，如果当日的成交量呈现缩量形态，则可以肯定是主力清理浮筹的手段。一旦成交量开始放量上涨，说明股价即将回到上涨轨道中，对于投资者来说就是一个很好的做T时机。

◆ **上涨末期出现向上跳空十字星**：在上涨末期出现向上跳空十字星，一般是股价见顶的预兆。此时的十字星说明多方推动力不足，股价后市上涨无力，成交量往往也会呈现缩量推涨的形态。而股价出现的跳空往往是主力为了迷惑散户而布的局，稳健的投资者最好不要选择在此阶段进行T+0操作。

◆ **下跌阶段出现向上跳空十字星**：在下跌行情中出现向上跳空十字星，说明场内多方开始发力，股价可能即将进入反弹，并且反弹幅度可能较大。投资者此时可以抓紧时间建仓，在反弹过程中做T赚取收益。

在上涨初期或者上涨中期出现向上跳空十字星后，也会出现下个交易日不立即上涨的情况，但是这并不影响投资者进行T+0操作。

如果出现买入后股价下跌，投资者也不必懊恼，这个下跌可能只是股价回调整理的一种表现，并不影响后期的上涨。此时投资者可以进行T+0补仓操作来拉低持仓成本（关于T+0补仓的内容在本书第1章有详细的介绍），待到上涨行情明确时做T可以获取更多的收益。

实例分析

珠海中富（000659）下跌初期出现向上跳空十字星

图5-6为珠海中富2021年8月至12月的K线图。

从图5-6中可以看出，珠海中富在8月至9月上旬期间，还处于高位的横盘状态。直到9月中旬，股价连续收阴下跌，较快的跌速和向下拐头的均线组合，说明了下跌行情的到来。

9月底至10月初，股价在4.00元价位线附近止跌并横盘，在10月中上旬小幅跌破支撑位，随后很快触底回升，并在收阳的第二个交易日出现了一根向上跳空的十字星，预示着反弹的来临。

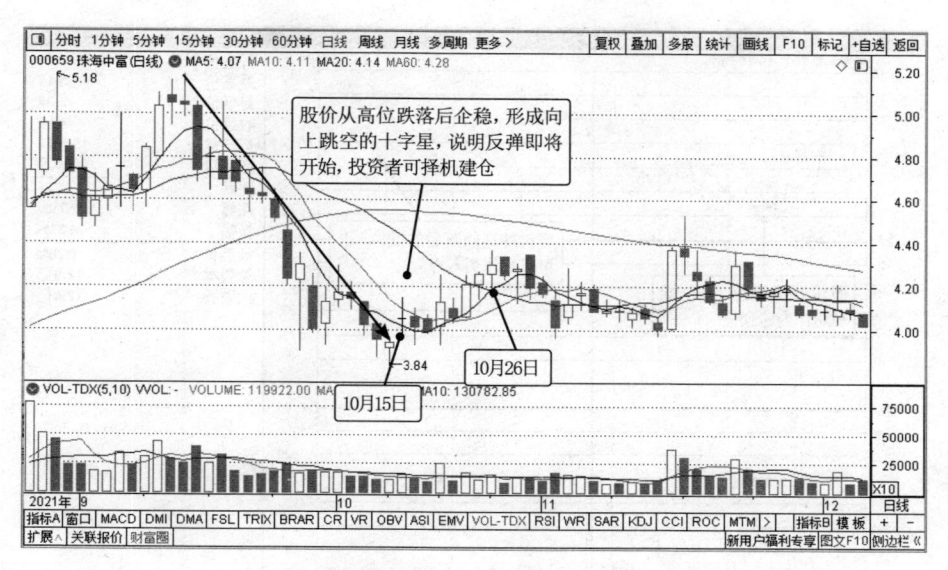

图 5-6 珠海中富 2021 年 8 月至 12 月的 K 线图

图 5-7 为珠海中富在 2021 年 10 月 15 日的分时图。

从分时走势可以看到，珠海中富在 10 月 15 日这一天是以 4.05 元的高价开盘的，超过了上个交易日的最高价，形成向上跳空的缺口。

开盘后，股价线围绕均价线进行了一段时间的横向震荡，随即落到其下方运行。10:10 左右，股价在 3.97 元价位线上方受到支撑，几分钟后开始回升。此时股价位置较低，激进的投资者可在此建仓。

在临近早间收盘时，股价终于上涨至较高的位置，随后再次回落，开始震荡下行并靠近均价线，进入尾盘时更是小幅跌破支撑位，但最终还是以 2.79% 的涨幅收盘。在此期间股价的回升迹象已经比较明显，谨慎的投资者也可以建仓了。

在向上跳空十字星形态出现后，股价大概率会进入一段反弹，投资者在建仓后可以保持观望或是择机加仓，待到股价反弹到一定高位后再进行 T+0 交易，以扩大获利空间。

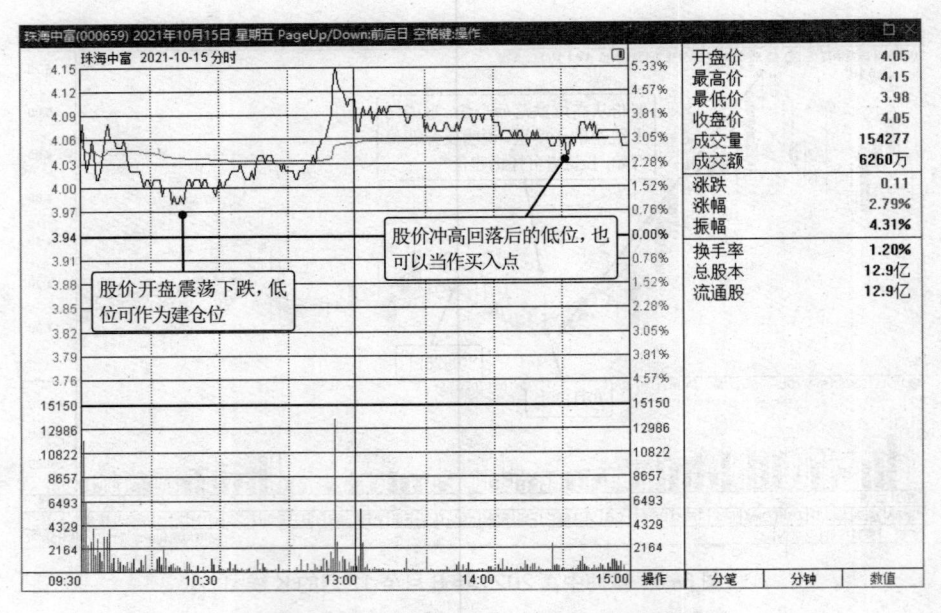

图 5-7　珠海中富在 2021 年 10 月 15 日的分时图

图 5-8 为珠海中富 2021 年 10 月 18 日的分时图。

10 月 18 日正是股价开始反弹的一个交易日。

从分时走势可以看到，珠海中富当日在以稍高于前日收盘价的价格开盘后就出现了快速的下跌，股价在几分钟内就从前日收盘价左右跌至当日的最低价 3.93 元。

在此止跌后，股价又开始迅速回升，股价线整体形成了一个急促、尖锐的 V 形底，投资者的加仓机会出现。

在股价回升后，前期的涨势十分喜人，股价在 10:00 左右已经上冲至当日的最高价 4.10 元附近，明确的卖点出现。随后股价在 4.05 元到 4.10 元的价格区间内横盘震荡，每个高点都可作为卖出位置。

11:00 之后，股价一路下跌，接连跌破了均价线和前日收盘价，直到跌至 3.99 元价位线附近才止跌反弹，但是反弹幅度不大，未能在前期出货的投资者需要尽快在此抛盘，完成一次完整的 T+0 交易。

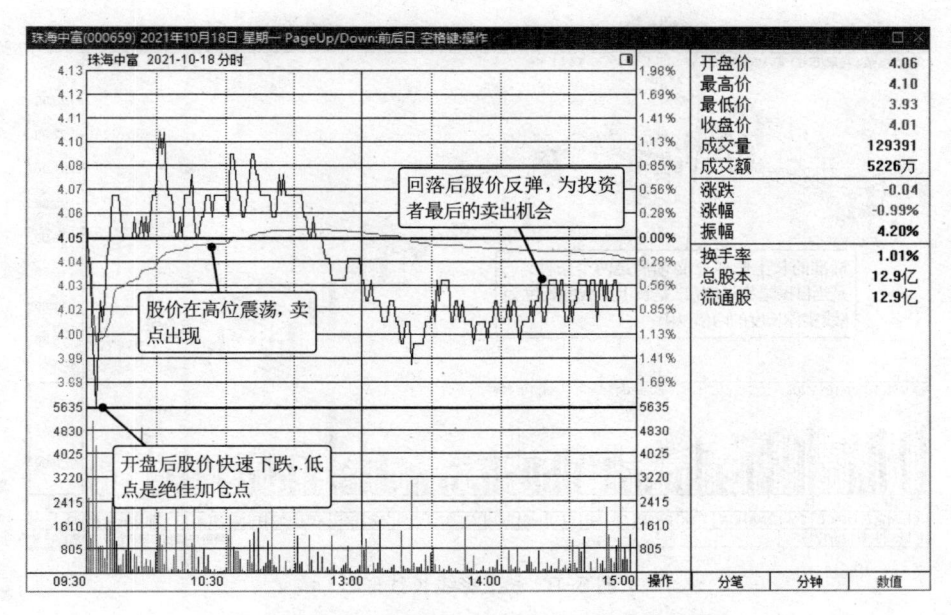

图 5-8 珠海中富在 2021 年 10 月 18 日的分时图

5.1.3 长上影线的妙用

长上影线是指在一根 K 线中，上影线的部分远远比 K 线实体长，这种 K 线形态出现在股价的高位时一般是见顶特征。

长上影线是股价在当日冲高受阻的一个表现，它并不能绝对地说明后市一定会下跌，它必须有两个前提：

- 一是股价在经历了一段时间的上涨后，市场本身已经有了一定的涨幅，这样才会积累下跌能量。
- 二是要注意具体情况具体分析，不能过于牵强。有时出现长上影线的时候市场并没有立即就此下跌，而是还出现一波上涨。但总体而言是一种风险提示，在多次出现此种信号后最终会开始下跌，进入新的趋势当中。

图 5-9 为股价高位出现的长上影线 K 线形态。

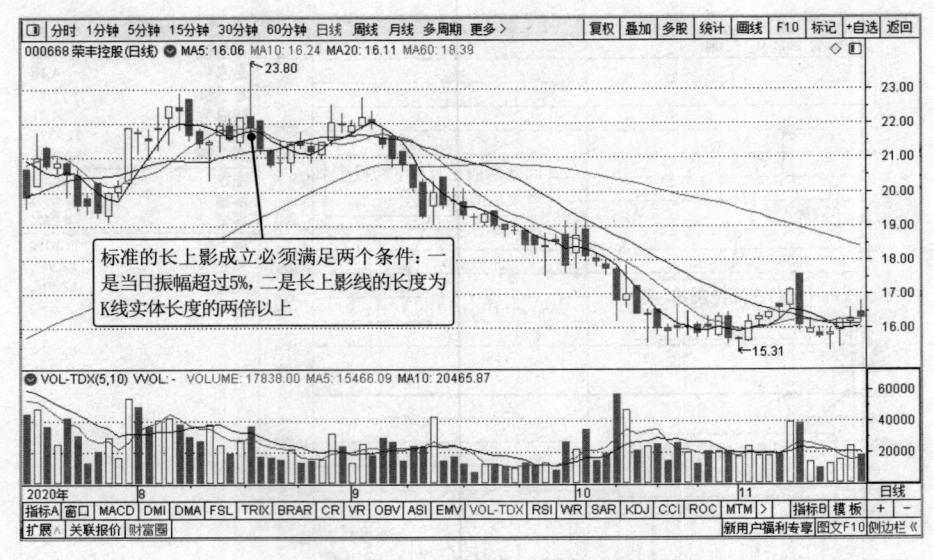

图 5-9　长上影线 K 线形态

下面具体来研究一下，在不同阶段出现长上影线的意义。

◆ 在上升趋势的高位放量收出长上影线，则意味着多头追高积极，但高位抛压沉重，股价向上攀升艰难，此时出现的长上影线就提前发出了行情反转的信号。

◆ 在下降趋势的低位放量收出长上影线，则意味着多头抄底盘介入，但不能有效遏制抛压，多空双方已逐渐转向势均力敌，此时投资者可以做好介入的准备，一旦出现继续放量拉升股价，则行情有望企稳回升步入上涨。

此外，在许多阶段性的高位中，也会出现震仓型的长上影线和试盘型长上影线这两种特殊的 K 线形态，下面具体认识一下这两种长上影线的市场意义。

◆ 震仓型长上影线

震仓型长上影线经常发生在上涨初期，有些主力为了震仓，往往用长上影线使得不坚定持仓者抛盘，此时投资者不要太关注当日的 K 线形态，应结合其他指标进行综合判定。

◆ 试盘型长上影线

在上涨途中，主力为了清理浮筹，为拉升做足准备，在股价运行到阶段性的高位后会用长上影线试探上方抛压。

此时，投资者可以观察当日后市的成交量情况，如果成交量未放大，且股价始终在一个区域波动变化，则可以肯定是主力试盘动作，投资者可以在当日逢低买入。

如果次日该股放量上扬，此时可以逢低吸纳买入，然后在当日高位卖出做T，以获取收益。

如果主力试盘后股价转入下跌，说明上方抛压沉重，此时T+0投资者可以跟随主力抛股，在当日出现更低的价格时再买入该股，运用T+0补仓操作来拉低持股价格和持仓数量。

> **拓展贴士** *高位出现放量长上影线的原因*
>
> 在大幅上涨的高价位区出现一根带长上影线的K线，伴随着较大的成交量，此形态通常为主力逃跑时来不及销毁的"痕迹"，出现此形态的原因有以下两个：
>
> 第一，主力早市先大幅拉高诱多，当跟风盘涌入后主力再反手做空，股价出现先升后跌的走势。
>
> 第二，股价连续上升后获利盘丰厚，对后市看法出现分歧，多头阵营出现多翻空，短线投资者纷纷落袋为安，导致股价冲高回落，也会留下长长的上影线。

实例分析

建设机械（600984）股价高位的长上影线操作机会

图5-10为建设机械2020年7月至10月的K线图。

从K线图中可以看出，建设机械正处于股价的高位。在7月期间，股价还在不断上升，但成交量却并没有相应地配合放大，而是有逐渐走低的趋势，量与价的背离说明股价的涨势不会持续太久。

8月初，股价涨势减缓，在高位震荡数个交易日后，于8月7日收出了一根带长上影线的K线，股价自此冲高回落。

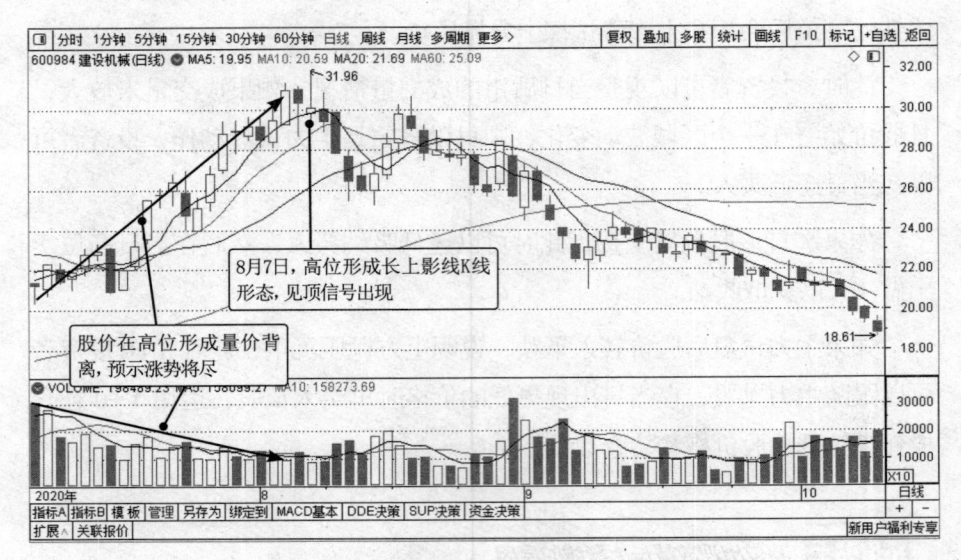

图 5-10　建设机械 2020 年 7 月至 10 月的 K 线图

图 5-11 为建设机械 2020 年 8 月 7 日的分时图。

从 8 月 7 日的分时走势可以看到，该股在以低价开盘后就出现了急速的上涨，短短数分钟内就从 29.84 元上冲至最高 31.96 元，随即又迅速回落，形成一个尖锐的尖顶。

单是早盘的数分钟内，股价的振幅就已经超过了 5%。并且随着时间的推移，股价在上个交易日的收盘价附近不断震荡，最终以 29.30 元的价格收盘，形成的实体较小，整体符合长上影线 K 线形态的要求。

在股价高位出现量价背离的预警后，再次形成上方受阻的长上影线 K 线形态，属于比较明确的见顶信号。

手中已有持仓，并且错过了前期高点的投资者，可通过做 T 来解套，而手中没有筹码却想通过逆向 T+0 操作获利的投资者，就可以在当日的低点买进。

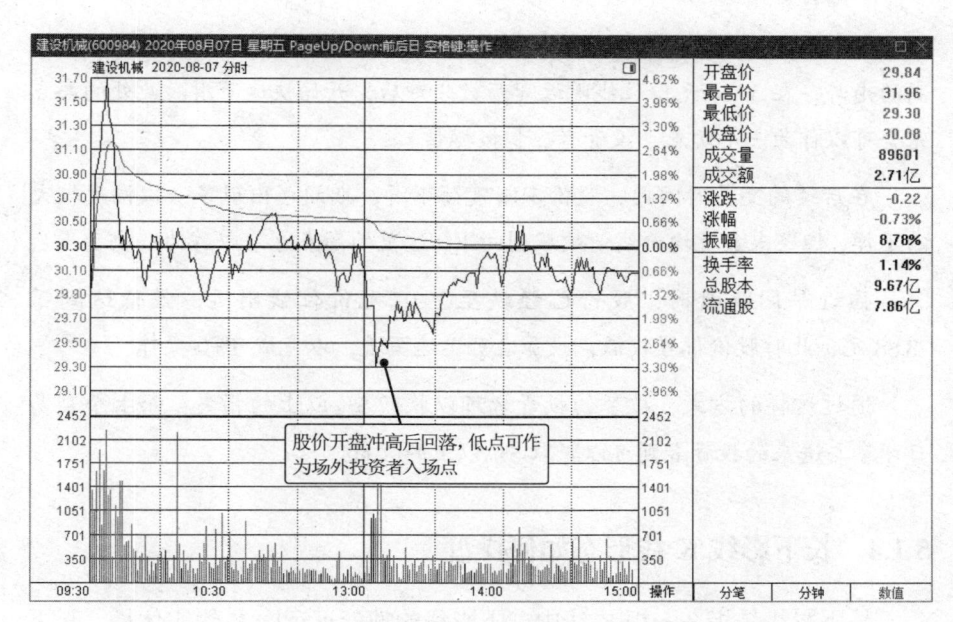

图 5-11 建设机械 2020 年 8 月 7 日的分时图

图 5-12 为建设机械 2020 年 8 月 10 日的分时图。

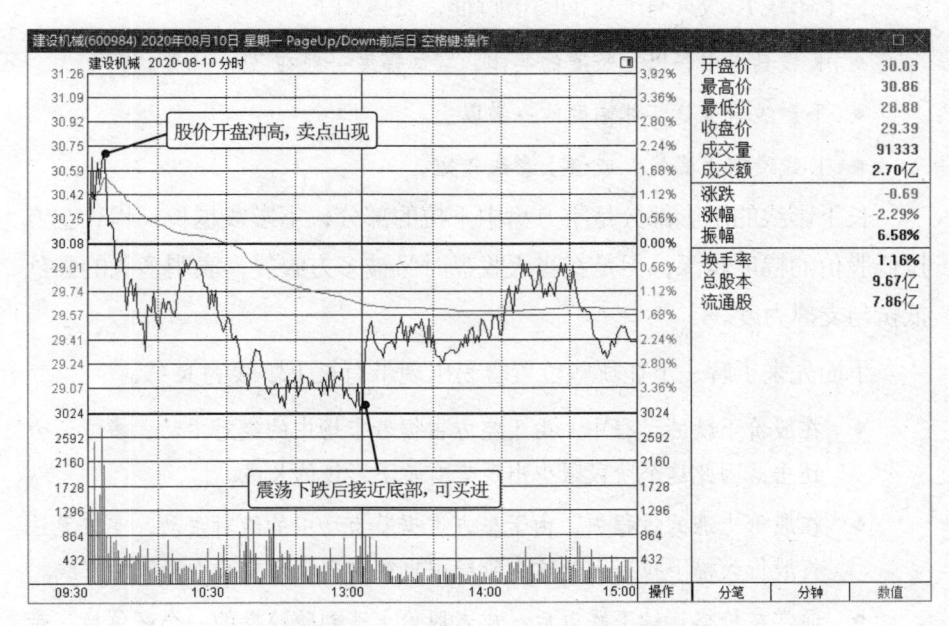

图 5-12 建设机械 2020 年 8 月 10 日的分时图

从次日的分时走势可以看到，建设机械在以低价开盘后就出现了迅速拉高的走势，在 30.59 元价位线附近震荡数分钟后，开始快速下滑。此处的高点完全可以作为一个卖点，投资者应积极抛售。

在后续的交易时间内，股价不断震荡下滑，期间也出现了一次幅度较大的反弹，但还未靠近均价线便被压制向下，这里的高点也可以作为一个卖点。

临近早间收盘时，股价已经跌至 29.07 元价位线附近，最低达到了 28.88 元，此时股价位置较低，投资者可迅速买进，以完成 T+0 操作。

通过这样的方式，被套的投资者可以收回 5% 以上的损失，而上个交易日才参与进来的投资者则可以赚取 5% 以上的收益。

5.1.4 长下影线 K 线形态如何操盘

长下影线是指在一根 K 线中，下影线的部分远远比 K 线实体长。长下影线本身就代表了多方的力量，因此容易引发股价反弹或回升。

长下影线 K 线具有一定的图谱特征，具体如下。

- ◆ K 线具有中等以上长度的实体，实体幅度一般在 3%～5%。
- ◆ 下影线至少是实体幅度的一半以上。
- ◆ K 线没有上影线，或者上影线较短。

长下影线的下影部分是空方盘中下拉的部分，下影线越长，代表空方拉低股价的幅度越深，但是在当天收盘时又被多方收复，表明多头的强烈抵抗与支撑力度。

下面先来了解一下在哪些位置容易出现带有长下影线的 K 线。

- ◆ 在股价下跌的过程中，由于空方占据着市场中的绝对主动，多方无力还击，因此这个阶段很少出现带有长下影线的 K 线。
- ◆ 在股价上涨的过程中，由于多方占据着市场中的绝对主动，空方无法将股价大幅下拉，因此这个阶段中也很少出现带有长下影线的 K 线。
- ◆ 通常在价格连续下跌以后，或者股价上涨到阶段性的一个高位后，带有长下影线的 K 线出现得比较频繁。

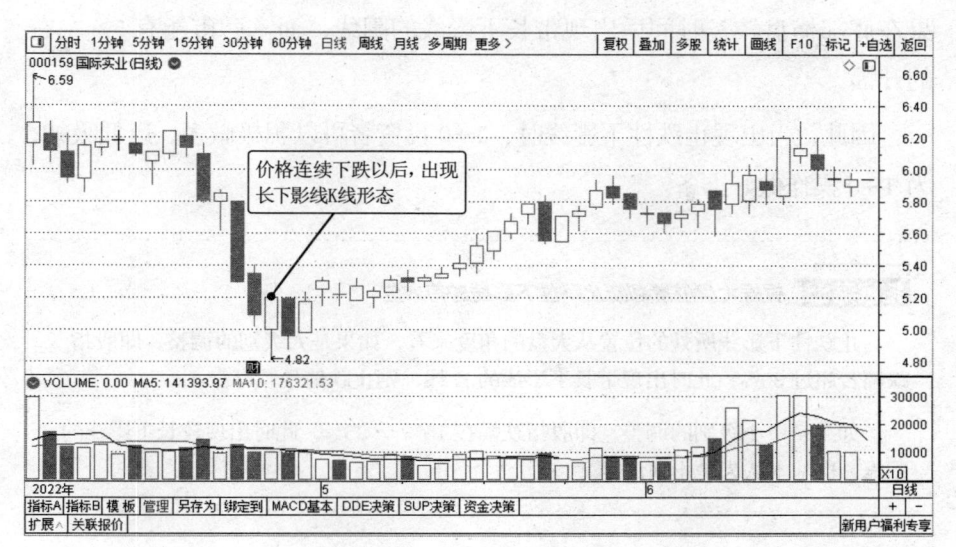

图 5-13 为股价低位的长下影线 K 线形态。

图 5-13　长下影线 K 线形态

根据黄金 K 线理论，带长下影线的 K 线又划分为"空方试探"型长下影线 K 线和"定海神针"型长下影线 K 线。

- "空方试探"型长下影线 K 线

"空方试探"型长下影线 K 线又称为下探性影线，一般处于股价的相对高位，其反映出来的市场含义是指股价将循着下影线所指的方向继续下跌。

尤其是在股价运行到高位区域的横盘整理阶段，出现带长下影线的 K 线，T+0 投资者应少碰为妙。如果紧接着股价放量拉升，则主力出货明显，投资者应果断出局。

- "定海神针"型长下影线 K 线

"定海神针"型长下影线 K 线又称为止跌性下影线，一般处于股价的相对低位，其反映出来的市场含义是指股价已经探明底部，行情即将见底回升。

如果在低位出现带长下影线的阳线，是底部或离底部不远的信号。如果在底部横盘较长时间后出现带长下影线的阳线，通常后市能有 5% 左右的升幅。

因此，当出现止跌性下影线时，T+0 投资者可以积极做多，逢低吸纳，为 T+0 操作做好准备。

拓展贴士 根据大盘位置判断止跌性下影线的有效性

止跌性下影线所处的位置从大盘的角度来看，如果是大级别的调整，即股指跌幅若超过 30%，此时出现带长下影线的 K 线，则止跌信号较可靠。

如果是中小级别的调整，即股指跌幅在 15% ~ 25%，此时出现较长下影线的 K 线，也基本认为是止跌信号。

实例分析

深科技（000021）股价大幅下跌底部的长下影线机会

图 5-14 为深科技 2018 年 8 月至 12 月的 K 线图。

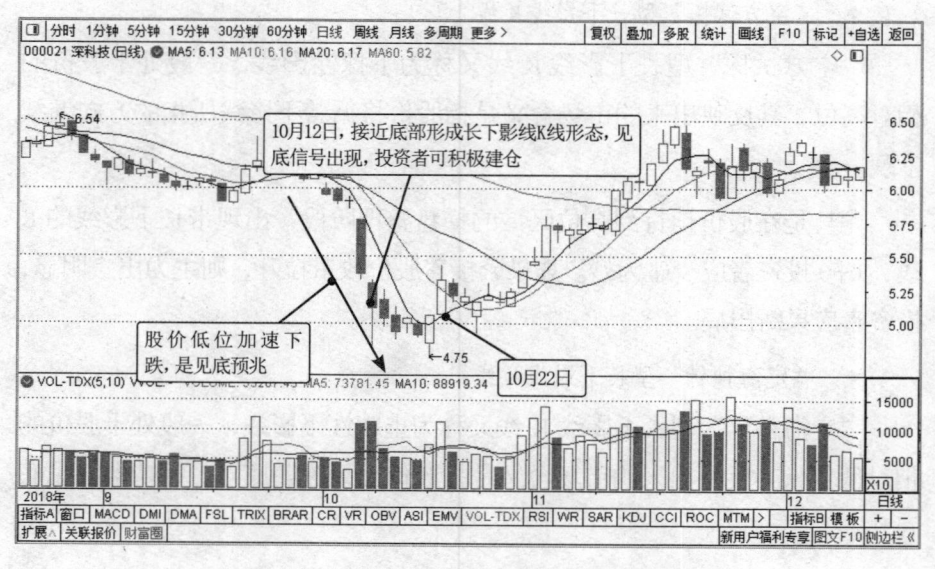

图 5-14　深科技 2018 年 8 月至 12 月的 K 线图

从 K 线图中可以看到，深科技正处于股价的低位，在 8 月至 9 月期间，股价还在震荡中缓慢下行。直到 9 月底，股价突然连续收阴下跌，阴线普遍实体较大，导致股价跌速较快。在短短数日内，股价就从 6.00 元左右跌至 5.00 元价位线附近。

在股价急速下跌的同时，观察成交量可以发现，成交量出现了较明显的放量，说明其中有主力在操作，刻意将股价压低，以便在低位吸筹。这样的状态属于行情反转的预兆。

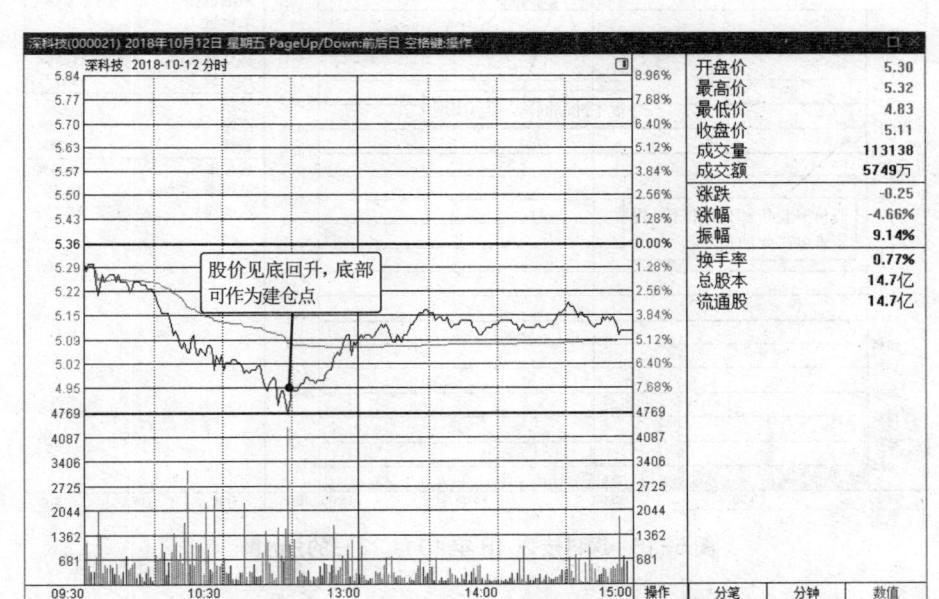

图 5-15 为深科技 2018 年 10 月 12 日的分时图。

图 5-15　深科技 2018 年 10 月 12 日的分时图

10 月 12 日正是股价跌至 5.00 元的一个交易日，从分时走势可以看到，该股在以低价开盘后横向震荡了一段时间，随后快速向下滑落，直到 11:00 左右跌至最低 4.83 元。

在创出最低价后，股价迅速回升上穿了均价线，并在午间开盘后成功在其上方站稳，随后震荡横行，最终以 4.66% 的跌幅收盘。

当日，股价形成了一根带长下影线的 K 线，实体大小超过 3%，基本符合长下影线 K 线形态的要求，见底信号出现。

在前期的量价背离发出见底预兆时，形成长下影线 K 线形态，说明见底信号强烈。投资者可在这一天的低位择机建仓，待到后续股价出现回升走势时再做 T。

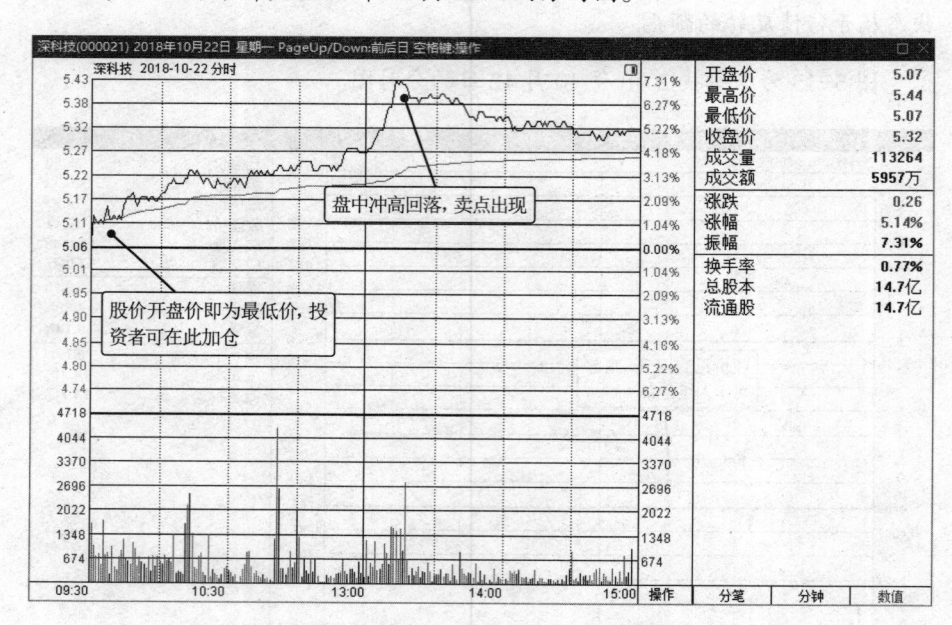

图 5-16 为深科技 2018 年 10 月 22 日的分时图。

图 5-16　深科技 2018 年 10 月 22 日的分时图

10 月 22 日正是股价见底回升后收出大阳线的一个交易日。从分时走势可以看到，股价在以高价开盘后就开始了震荡上扬，当日开盘价就是最低价，此为一个绝佳的加仓点。

在后续的交易时间内，股价都在不断震荡上涨。直到下午时段开盘后，股价创出当日最高价 5.44 元后出现震荡回落走势，在此位置附近，投资者就可以积极卖出，赚取收益。

> **拓展贴士** *透过 K 线组合判断长下影线 K 线的止跌性及下探性*
>
> 在长下影线的 K 线出现后，一般来说，紧跟的第二根 K 线可以是小阴线或者小阳线，这根 K 线的分析意义不大。
>
> 如果紧跟的第三根 K 线是阳线，则证明带长下影线的 K 线属于止跌性 K 线；如果是阴线，且阴线实体较长，则属于下探性 K 线。

5.2　K 线组合如何做 T

尽管单根 K 线的出现频率高，使用方法也比较简单，但其单独使用发出的信号强度和可靠度都不算太高，只有出现在特定位置或是结合其他指标或形态，才能传递出比较有效的买卖信号。

而 K 线的组合形态就不同了，多根 K 线要组成特定的形态，概率是比较低的，这也从一定程度上提升了其信号的可靠度。因此，对 K 线组合的掌握，是投资者操作 T+0 的必要一步。

5.2.1　红三兵形态看多

红三兵又叫前进三兵，它形态特征是连续出现三根阳线（在实际中，红三兵也有变形形态，即连续三根以上），且每根阳线的收盘价都要高于前一根阳线的收盘价，每一根阳线的开盘价都在前一根阳线的实体之内。

红三兵形态的出现意味着多方开始进攻，空方开始放弃，多方不断抬升股价，而空头无法控制股价在底部，只有节节败退。

股价在不断上涨的过程中，也开始吸引市场的注意，更多的散户跟进买入，逐步打破股价下跌的态势，股价也将迎来强烈的反弹。这种走势将会带动市场投资者的心理向好。如果结合成交量的增加，这种红三兵组合的 K 线形态将会带来股价的飙升。

图 5-17 为红三兵形态。

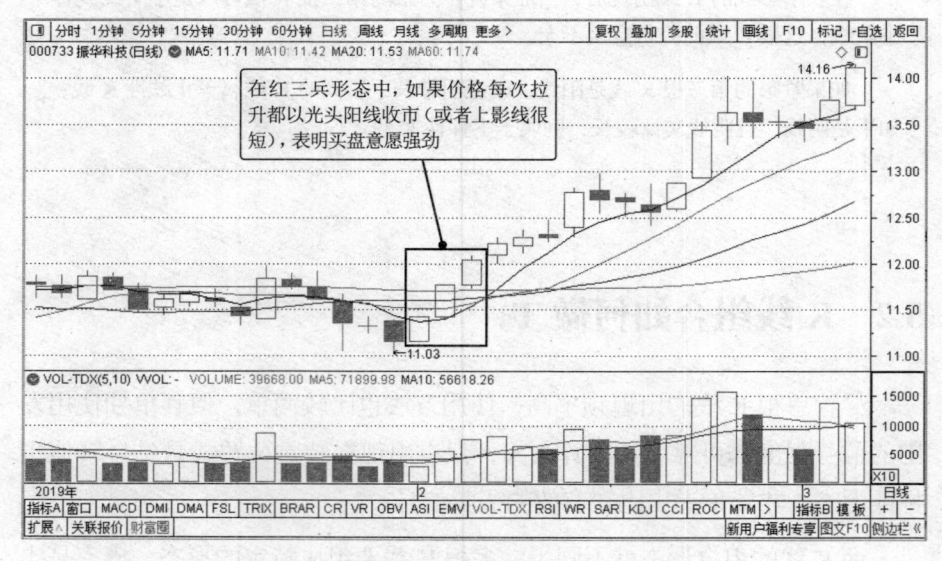

图 5-17 红三兵形态

由于红三兵是每根阳线的收盘价都高于上一个交易日的收盘价，因此对于 T+0 投资者而言，最佳的买入机会是在当日的开盘时间，逢低吸纳。在当日的收盘前卖出，即使不是卖在当日的最高价，但是也可以获得不错的收益。

是不是所有的红三兵形态都具有可操作性，下面具体来了解一下在不同的行情中，红三兵 K 线组合的市场意义。

- **在下跌行情底部**：在下跌行情的底部出现红三兵组合形态，是一个非常明显的见底回升信号。这种上涨态势是非常可靠的。股民可以在股价突破阻力线初期进入。尤其在下跌行情底部又经历了一次盘整过程，此时出现的红三兵可以将股价迅速拉高，造成一种强烈买入的气氛，这种气氛如果配合市场消息面，往往能够将股价拉升态势演变成飙升的走势。

- **在上涨行情途中**：在上涨行情途中，如果出现红三兵组合形态，暗示着买方实力逐渐累积。当突破阻力线后，就会产生质变，表现在股价上，就是后市股价飙升。因此该形态是T+0投资者介入的好机会。此阶段进行T+0操作也是获利最稳定的阶段。

- **在行情高价位区**：如果股价经历了一次上升行情运行到股价的高价位区，此时出现红三兵K线形态，则该形态不再具有上升持续形态的研判意义，此时T+0投资者要谨慎进入，以免后市被严重深套。

红三兵还有三个特殊形态，即三个白色武士形态、升势受阻形态和升势停顿形态。它们的形态基本与红三兵相同，但是也存在特殊情况，下面分别进行介绍。

- 三个白色武士形态与红三兵形态不同的是最后一根阳线的上升力度比较大，如图5-18（左）所示，出现这种形态后股价会呈继续上涨走势。

- 升势受阻又称为前方受阻红三线，其与红三兵形态不同的是三根阳线的实体逐渐缩小，其中最后一根阳线的上影线特别长，如图5-18（中）所示，出现这种形态后股价会呈下跌走势。

- 升势停顿形态与红三兵形态不同的是三根阳线的实体也是逐渐缩小，特别是第三根阳线实体比前两根小得多，如图5-18（右）所示，出现这种形态后股价会呈下跌走势。

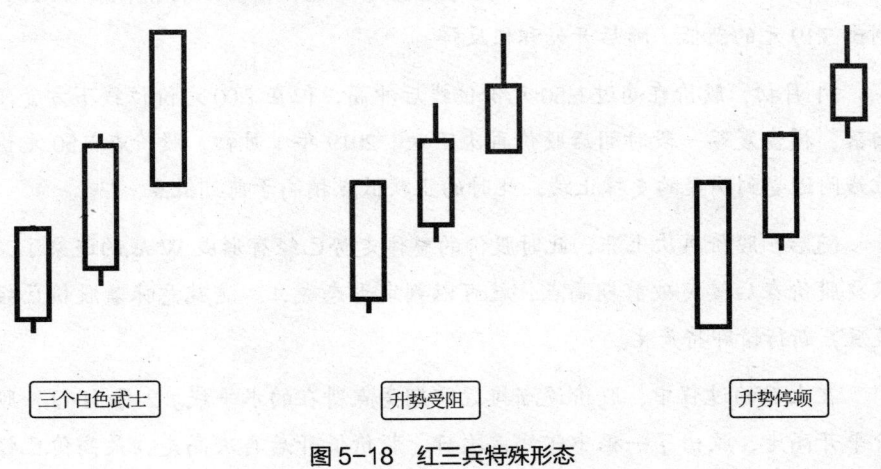

图 5-18　红三兵特殊形态

实例分析

创维数字（000810）下跌行情底部红三兵买入机会分析

图5-19为创维数字2018年9月至2019年3月的K线图。

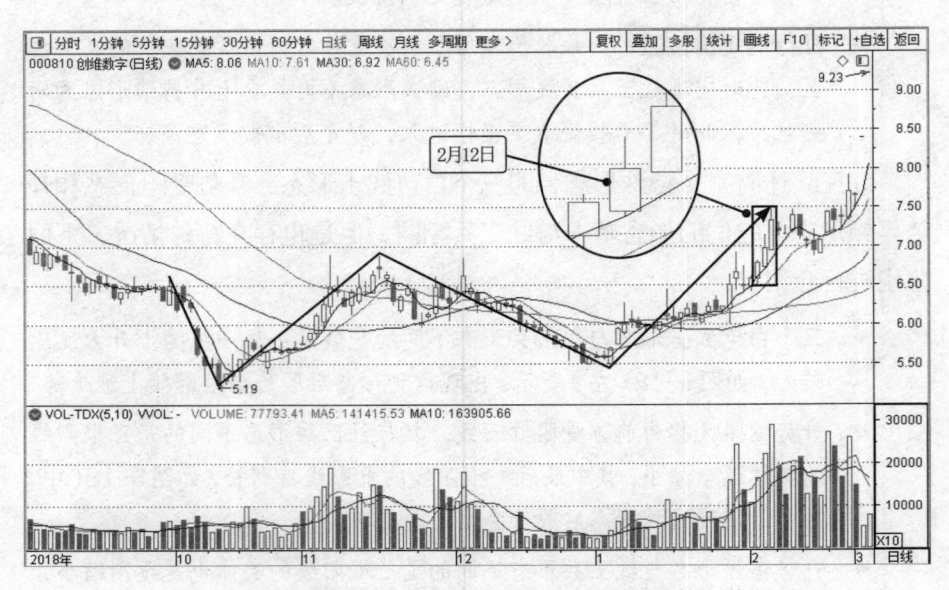

图5-19 创维数字2018年9月至2019年3月的K线图

从图5-19中可以看出，创维数字经历了一波深幅下跌行情，在10月初创出5.19元的新低，随后开始积极反弹。

11月初，股价在越过6.50元价位线后冲高，但在7.00元价位线下方受阻回落，横盘震荡一段时间后股价再次下跌。2019年1月初，股价在5.50元价位线附近受到明显的支撑止跌，此时的止跌低点稍高于前期低点。

随后，股价再次上涨，此时股价的整体走势已经有形成W底的迹象了，只要股价在后续突破前期高点，就可以判定形态成立。这就意味着股价已经筑底，新行情即将产生。

在上涨的过程中，股价逐渐接近前期高点所在的水平线。2月11日，股价平开高走，收出了一根中阳线，次日，股价低开后再次高走，最高价已经越过了7.00元，超越了前期高点。

第 5 章　根据 K 线形态做 T+0

这种情况很容易出现红三兵组合形态，T+0 投资者就可以在 2 月 12 日这一天择机买入，为做 T 做好准备。

拓展贴士　W 底形态以及衍生的三重底形态

　　W 底又称双重底，一般在股价下跌到低位出现的频率较高，其走势大致形成 W 形，该形态是一个后市看涨的见底反转形态。W 底形态在底部构筑的时间越长，其产生的回升效果就越长。完整形态的 W 底构筑时间至少需要一个月，过短的时间间隔有可能是主力设置的技术陷阱。

　　在双重底基础上还衍生出了三重底形态，是由三个一样的低位或接近的低位形成，其发出的见底信号比双重底更强。但是需要注意的是，三重底形态的形成时间一般在两个月以上，且时间越长，三重底形态更可靠。过于短暂时间形成的三重底形态，很容易变成其他形态。

下面来观察当日的分时图，以此更进一步分析买入时机。

图 5-20 为创维数字 2019 年 2 月 12 日的分时图。

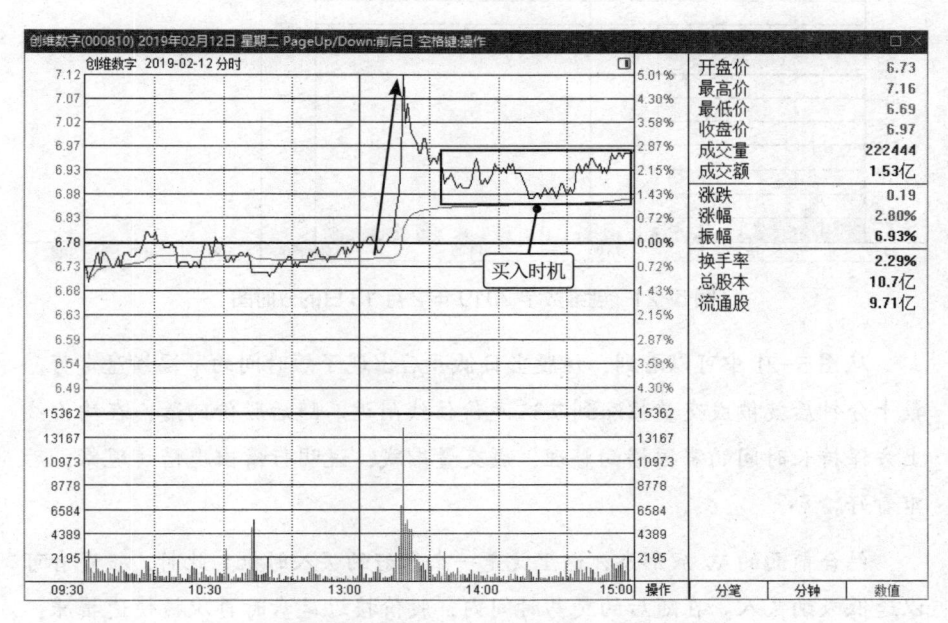

图 5-20　创维数字 2019 年 2 月 12 日的分时图

从图 5-20 中可以看到，该股当日以低价开盘，在开盘后股价就开始了长时间的横盘震荡。直到早盘结束，股价大部分时间都被限制在 6.73 元价位线到前日收盘价之间窄幅震荡。

下午时段开盘后，成交量放出巨量，股价迅速冲高后回落到均价线附近，受到支撑后止跌，之后股价始终在均价线上方横向整理，形成了一个买入时机，投资者可积极建仓。

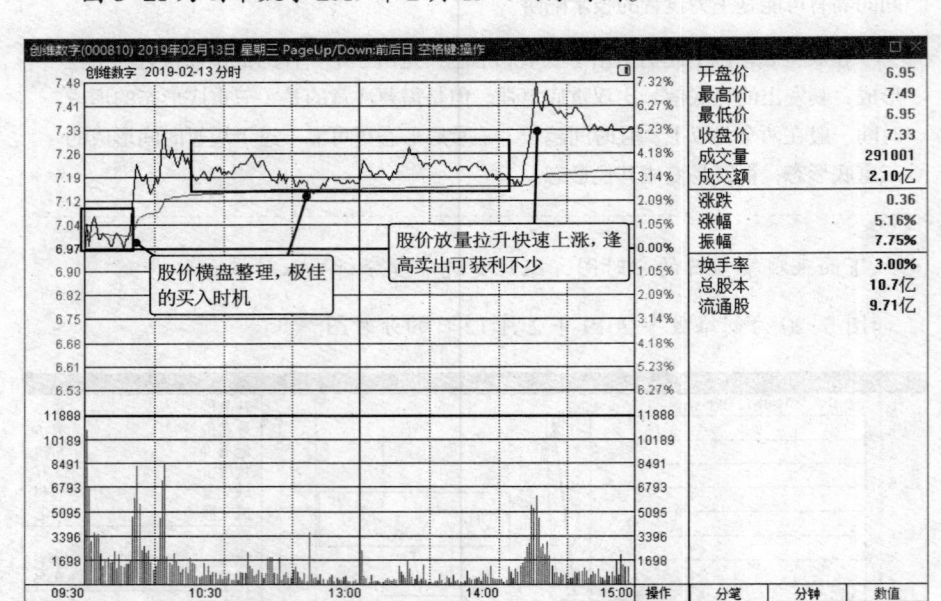

图 5-21 为创维数字 2019 年 2 月 13 日的分时图。

图 5-21　创维数字 2019 年 2 月 13 日的分时图

从图 5-21 中可以看到，该股当日低开后出现了短时间的窄幅横盘走势，数十分钟后就被成交量推涨到 7.33 元价位线附近。随后股价回落，在均价线上方保持长时间的窄幅横向整理，成交量缩减，说明行情出现惜售现象，后市看好。

结合前面的 W 底形态，这里就是一个很好的买入时机。此时，投资者可以逢低吸纳买入。在随后的交易时间内，股价接近尾盘时再次被快速推涨，此时投资者就可以逢高卖出做 T。

假如投资者在红三兵形态形成的第二日，即 2 月 12 日买入，在红三兵形态第三日，即 2 月 13 日的早盘继续补仓，在当日收盘前逢高卖出进行 T+0 操作，即可在当日获得阳线的价格差收益。

5.2.2 希望之星形态买进

希望之星又叫启明星或者早晨之星，其形态在第 2 章已经初步介绍，下面对其形态进行更细致的介绍，即第一根 K 线为中阴线或大阴线，第二根 K 线为实体跳空下跌的小阴星或小阳星，如果为十字星就更好（也被称为早晨十字星），第三根 K 线为中阳线或大阳线。

图 5-22 为希望之星的技术形态。

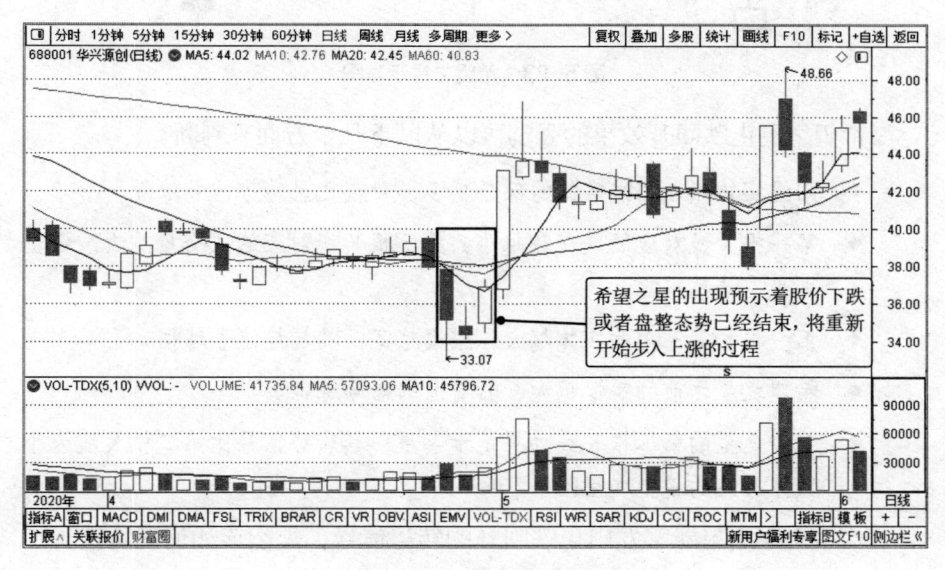

图 5-22 希望之星形态

希望之星形态是一种预示下跌即将结束，上冲临近的信号。第一根大阴线出现通常说明下跌趋势依然存在，空头依然占据主要的市场，但是第二日的阳十字星或阴十字星，意味着多头已开始反扑，空头实力开始退却。

第三日的中阳线或大阳线，只要能够上冲到第一日实体内部或者上方，就意味着多头开始掌握市场。股价上冲的程度决定着空头的力量,上冲越厉害,多头和空头的差距越明显。

在理想的希望之星示意图中,第一日和第三日通常都会与第二日出现明显的缺口,缺口意味着买卖双方实力差距非常明显,不会拖泥带水,后市走势一目了然。但在实际中,只要实体出现缺口就视其有效,如图5-23所示。

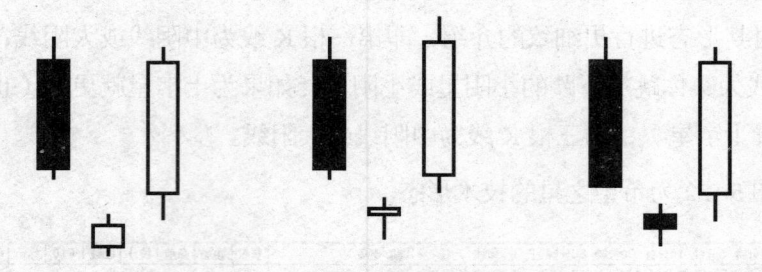

图 5-23　希望之星示意图

希望之星止跌回升效果的强弱可以从以下几个方面来判断。

- 阳线实体深入阴线实体的部分越多,希望之星转势信号越强。
- 第一根K线对应的成交量越小,第三根K线对应的成交量越大,希望之星信号越可靠。
- 第一根和第三根的实体越大、振幅越宽,其转势信号越强。
- 希望之星之前的跌幅越大,其看涨的信号越强。
- 希望之星的第二根K线如果是十字星,其转势信号比第二根K线为小实体K线的希望之星强。

既然希望之星能够发出止跌回升的转势信号,那么该如何确认这种形态已经形成了呢?具体可以从以下几个方面进行。

- 希望之星出现在下降趋势末端才具有看涨的意义。在股价处于大幅下跌后出现的希望之星,其信号可靠性较强;若股价下跌幅度不大,则希望之星的可靠性稍差一些。
- 希望之星的第一根或第二根K线创出历史的新低后,第三根K线一定不能创出新低,其必须是放量上涨的大阳线。

根据希望之星形态的确认条件，投资者可以得到希望之星的止损点与介入点，通常止损点为第一根或者第二根 K 线的最低价格位置；介入点为第三根 K 线插入第一根 K 线实体 1/2 以上的位置，如图 5-24 所示。

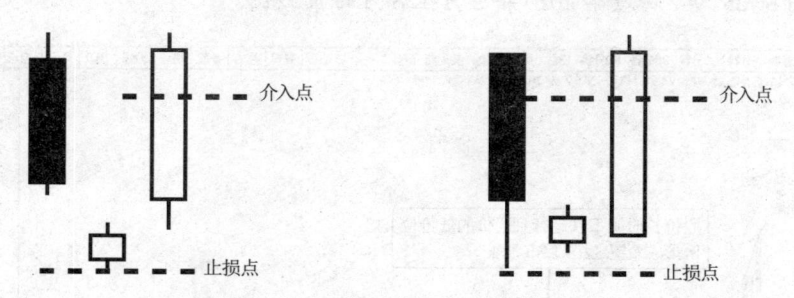

图 5-24　希望之星的止损点与介入点

对于 T+0 投资者而言，完全可以在最佳介入点的位置买入，或者在第三根阳线收盘前积极参与。但是由于希望之星 K 线形态形成后，并不是第二天就开始快速上涨，投资者需要根据实际情况进行操作，具体的操作策略如下。

- 投资者在结合成交量建立底仓后，第三天出现阳线时，如果有成交量的放大配合，那么成交量的量能就必须超过第一天阴线的量。如果第二天十字星或十字线的量是萎缩的，那么这种希望之星的短线可操作性更强。
- 如果在希望之星出现后，次日股价出现向上跳空开盘，或是在较高的价位上拉出一根放量阳线的情况，那么其转势向上的信号就越强，可靠度越高。此时投资者可以择低买入后，在当日再逢高卖出进行 T+0 操作以获取收益。
- 如果 K 线收出希望之星形态后，在次日却出现了下跌走势，此时投资者可以先行逢高卖出，再在当日择低买入，进行 T+0 补仓操作，达到拉低持仓成本的目的。即使在此期间损失一点儿也没有关系，因为确认了希望之星，后市大概率会上涨，暂时损失一点在后市的上涨过程中也是可以弥补回来的。

实例分析

华域汽车（600741）阶段底部希望之星买入机会分析

图 5-25 为华域汽车 2020 年 2 月至 8 月的 K 线图。

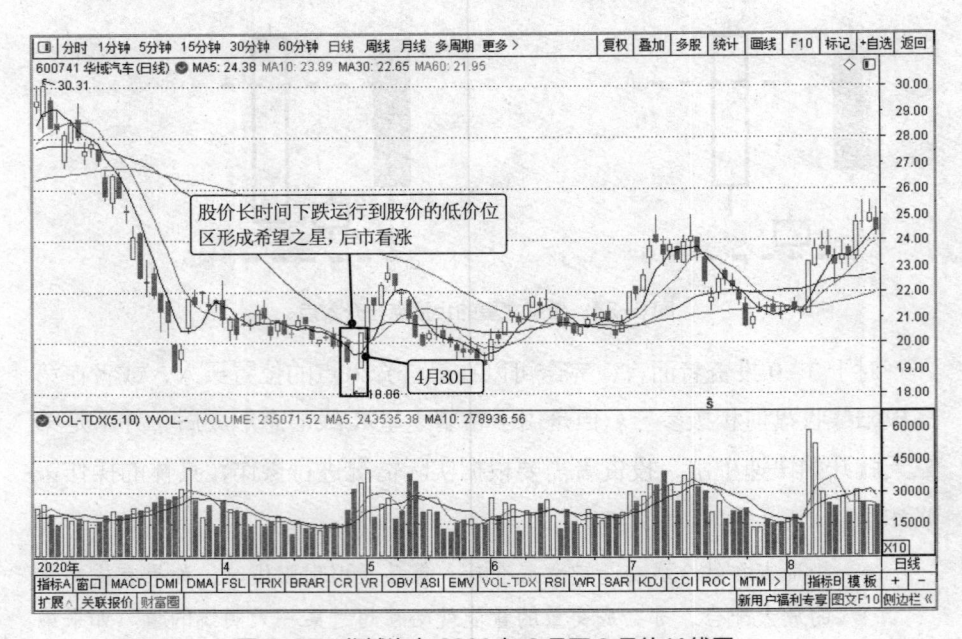

图 5-25　华域汽车 2020 年 2 月至 8 月的 K 线图

从图 5-25 中可以看出，华域汽车在 2 月底上涨到阶段高位，创出 30.31 元的高价后拐头向下震荡下跌。3 月底，股价跌至 19.00 元价位线附近受到支撑，出现了小幅回升，但随后又一次震荡下跌。4 月 28 日股价低开低走，当日以 4.18% 的跌幅收出大阴线。

下一个交易日，股价开盘后出现了一次快速下跌又快速拉升的探底走势，随后在盘中不断震荡，当日以 3.58% 的涨幅收出阴线，并向下跳空，创出 18.06 元的低价。

再来看看此时下跌行情的跌幅。仅从 2 月的 30.31 元开始，到此时的 18.00 元左右的价格，跌幅已经有近 41%。

此时在 4 月 28 日和 4 月 29 日出现的这两根 K 线，很容易形成具有转势信号的希望之星K线形态。

下面继续观察第三日的K线形态和成交量变化，如果确立了希望之星形态，就是一个买在低位的介入机会。

图5-26为华域汽车2020年4月30日的分时图。

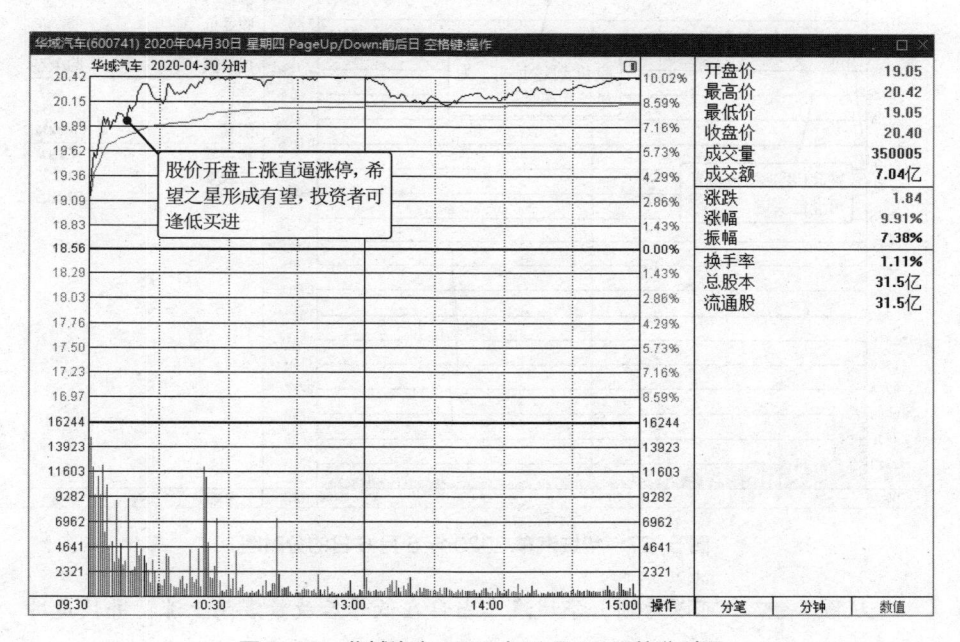

图5-26 华域汽车2020年4月30日的分时图

从图5-26中可以看到，华域汽车在4月30日这一天高开后，便开始了快速的上涨，长时间保持在均价线上方运行，其间有数次小幅回踩，整体呈现为快速拉高的震荡行情。

通过向上跳空的开盘价，逐渐缩减的成交量以及开盘后直逼涨停的走势，说明此时市场出现惜售现象，后市看好，希望之星形态形成有望。投资者可在此时逢低吸纳，买入该股为T+0操作做好准备。

在10:19左右，股价触及涨停板，之后股价不停地在涨停板附近波动变化。

下午开盘后，股价有明显的回落，但是回落幅度不大，并且在均价线上方获得支撑，当日收出一根大阳线，希望之星形成，更加坚定了后市看涨的信心。

下面来看希望之星形成后的一个交易日。

图 5-27 为华域汽车 2020 年 5 月 6 日的分时图。

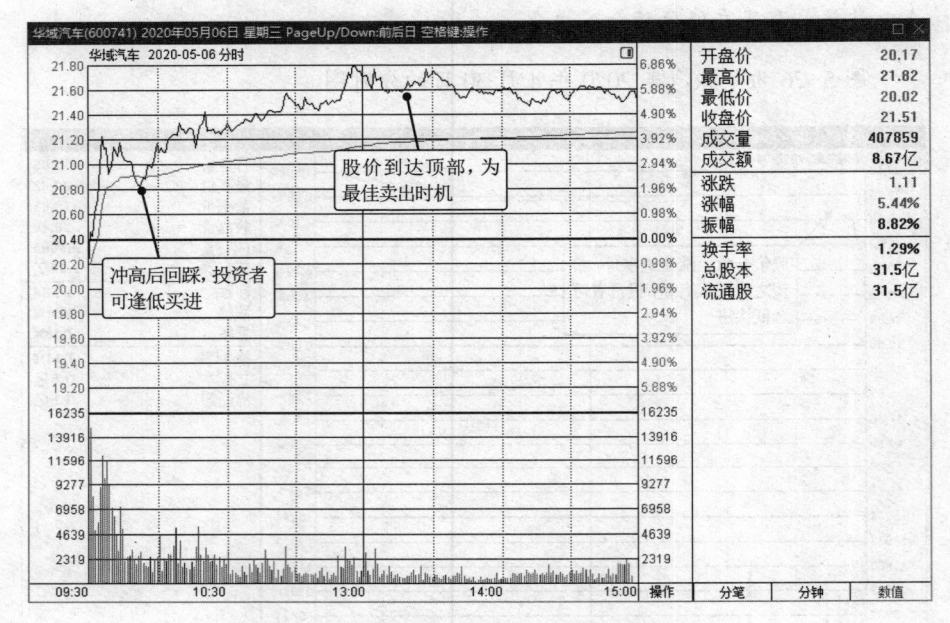

图 5-27　华域汽车 2020 年 5 月 6 日的分时图

从图 5-27 中可以看到，华域汽车当日在低开后放量震荡上涨，并快速冲高。但股价很快在 21.20 元价位线附近受阻，回踩均价线后再次攀升，涨速有所减缓。此时投资者可逢低买入，在随后的股价拉高后再卖出。

在早盘的末尾，股价已经来到了 21.80 元价位线附近，在早间收盘时出现小幅回落。午后开盘后，股价回落到 21.60 元价位线附近受到支撑开始反弹，但反弹高点未能越过早盘末尾的高点，说明股价当日可能已经见顶，投资者在此时可果断逢高卖出做 T。

如果投资者操作得好，当日开盘回踩时在 20.80 元附近买入，在午盘以 21.80 元左右的价格卖出进行 T+0 操作，每股收益也在 1.00 元左右。

> **拓展贴士** *变形的希望之星组合*
>
> 　　在实际的走势中，有时候还会出现四根 K 线组合的变形希望之星形态，即中间两根 K 线为实体较小的十字线或小 K 线。只要其他条件符合前面提到的要求，也可以当作希望之星形态，如图 5-28 所示。
>
> 图 5-28　变形的希望之星
>
> 　　但是投资者也要特别注意这种变形组合，因为其见底的可靠度要低于三根 K 线组合的希望之星形态。

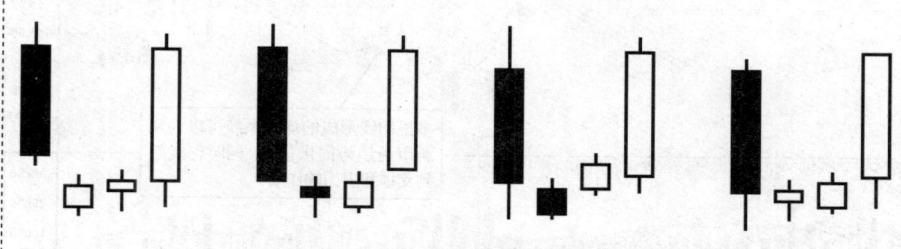

5.3　K 线与均线结合如何做 T

　　均线作为叠加在 K 线走势图中的主图指标，是投资者判断趋势走向、定位买卖点的实用工具。

　　当 K 线与均线结合起来将会形成一些可靠度较高的买卖信号，这是投资者需要了解和掌握的。

5.3.1　K 线与移动平均线的位置

　　K 线图中的移动平均线是每日收盘价的价格走势均值，是一个反映每日走势的指标，是最常用的分析指标之一，图 5-29 为炒股软件中默认显示的移动平均线效果。

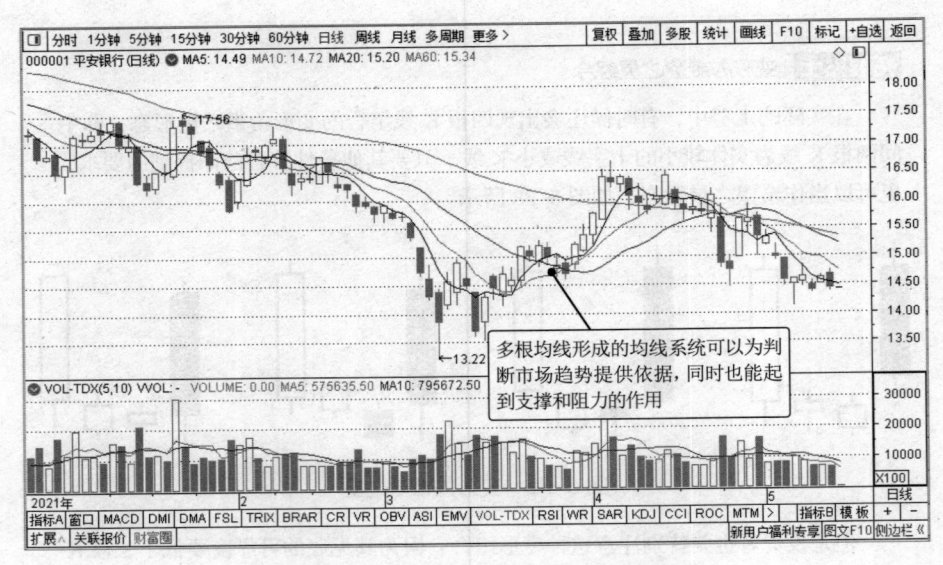

图 5-29 炒股软件中默认的移动平均线效果

移动平均线不仅仅能够表示市场上的平均交易成本,还是股价涨跌的重要支撑位和阻力位。通过研究股价 K 线与移动平均线的位置即可获得操作机会,具体如下。

- 当股价在移动平均线的上方时,如果下跌到移动平均线的位置获得支撑,就是看涨的信号。
- 当股价在移动平均线的下方时,如果上涨到移动平均线位置受到阻力,就是看跌的信号。

根据时间长短的不同,移动平均线可分为短期、中期和长期移动平均线。一般而言,短期移动平均线可设置参数为 5 日和 10 日;中期移动平均线可设置参数为 20 日、30 日和 60 日;长期移动平均线可以设置参数为 120 日、200 日和 250 日等。

默认情况下,在 K 线图上显示四条移动平均线,投资者可以根据需要对移动平均线的显示周期和显示数量进行修改,具体操作如下。

选择任意移动平均线,随后右击,在弹出的快捷菜单中选择"调整指标参数"命令,如图 5-30 所示。

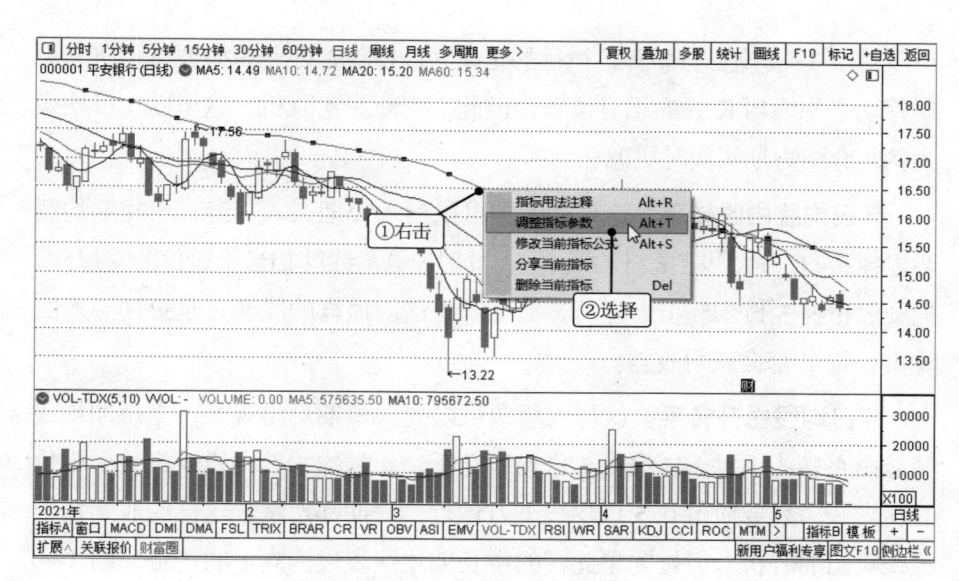

图 5-30　选择"调整指标参数"命令

在打开的对话框中即可修改移动平均线的周期，在前几条数值框中可以修改移动平均线显示的数量，这里将第三条移动平均线的周期修改为 30，完成后单击"关闭"按钮即可，如图 5-31 所示。

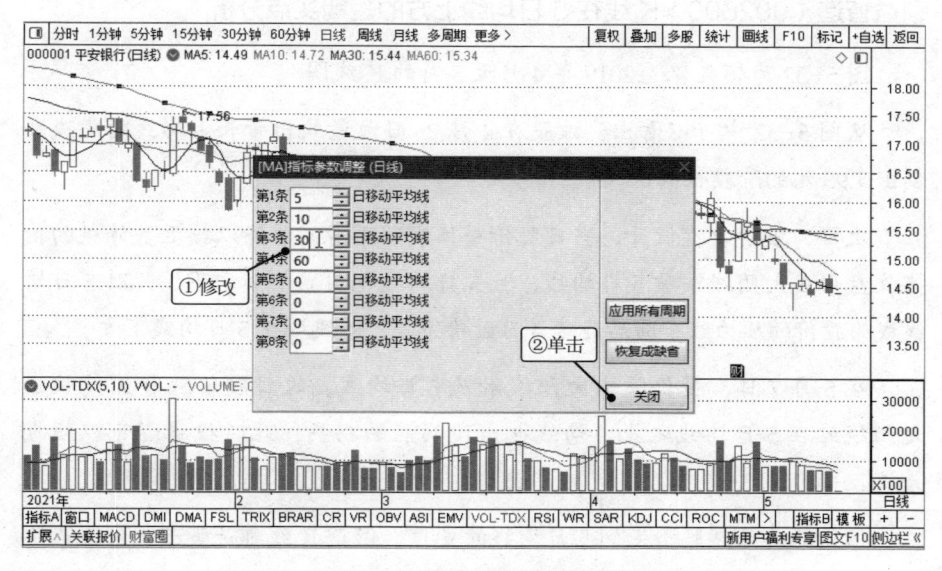

图 5-31　修改移动平均线的周期

对于 T+0 投资者而言，执行的是超短线操作，因此有必要认真研究短期移动平均线与 K 线的相对位置，以此来判断买卖时机。这里以 5 日均线为例，介绍短期买卖时机怎么判断。

5 日均线由跌转平。这样的股票可以列入短期买入观察，当短期均线明显掉头向上，K 线在 5 日均线之上，此时 5 日均线就相当于股价的支撑线，只要股价在 5 日均线上方运行，后期都看涨。这样的股票正是短期买入的时机，做 T 都会获得收益。

5 日均线由升转平。这样的股票可以列入短期卖出观察，当短期均线明显由平转为下跌，K 线在 5 日均线之下，此时的 5 日均线就相当于股价的压力线。只要股价在 5 日均线下方运行，后期都看跌，这样的股票正是短线卖出的时机。但是如果此时的中长期均线表现为向上的走势，则 T+0 投资者可以在股票下跌时进行 T+0 补仓操作，降低持仓成本，然后在后市的中长期上涨行情中再择机做 T。

实例分析
领益智造（002600）K 线在 5 日均线上方的短期买点分析

图 5-32 为领益智造 2019 年 4 月至 5 月的 K 线图。

从图 5-32 中可以看出，该股在 4 月 25 日放量收出带长上影线的阴线并创出 7.98 元的阶段性高价。

次日，股价跳空低开，当日股价整体震荡下滑，最终以接近跌停板的价格收盘形成大阴线跌破 5 日均线，且 5 日均线也明显拐头向下。此时 5 日均线成为股价的压力线，随后连续 4 日股价下跌，K 线均在 5 日均线下方。

在 5 月 7 日，股价收出大阳线触及 5 日均线，次日股价放量继续收出大阳线站在 5 日均线之上，均线也出现明显的拐头，此时投资者可以短期关注。

但是随后虽然股价受到 5 日均线的支撑，但是 K 线都是带长上影线或下影线，并且成交量相对于 5 月 8 日而言出现了明显的缩小，形成量价背离的走势。上涨无量配合，而且多次冲高回落，说明市场抛压重，后市可能继续出现回落，投资者最好不要盲目介入。

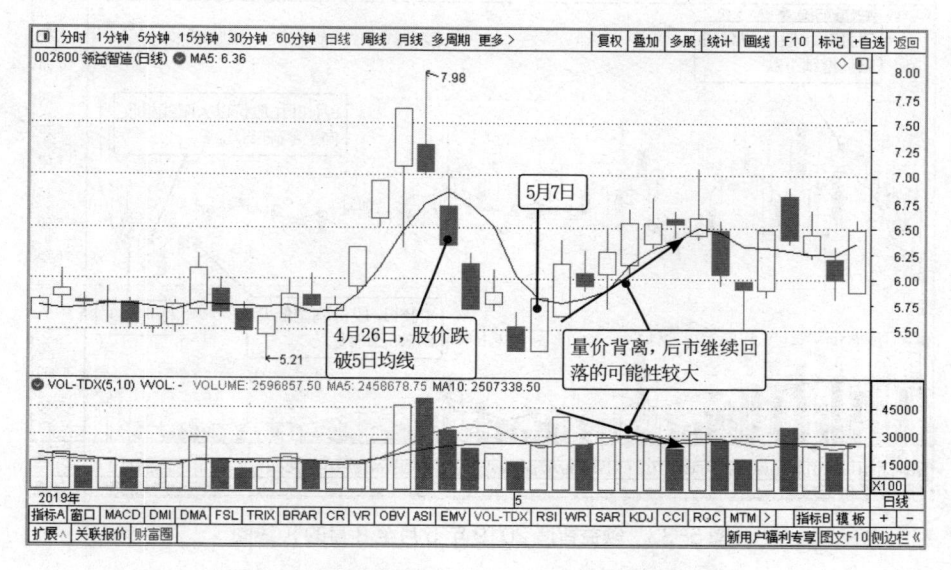

图 5-32　领益智造 2019 年 4 月至 5 月的 K 线图

下面继续观察该股后市走势。

图 5-33 为领益智造 2019 年 5 月至 8 月的 K 线图。

从图 5-33 中可以看出，由于没有量能的有效支撑，股价最终上涨到 5 月 16 日收出带长上影线的阳线后再次跌破 5 日均线。随后股价始终受到 5 日均线的压制涨不上去，从而进行了 3 个月左右的横盘走势。

8 月 6 日，该股出现明显的跳空低开拉低股价，5 日均线出现明显的拐头向下，随后股价继续受到 5 日均线的压制，但是此时的成交量却出现了明显的缩量。

8 月 12 日，该股以 4.85% 的涨幅收出大阳线向上穿破 5 日均线，次日该股收出十字线站上 5 日均线，5 日均线明显拐头向上，说明行情即将变盘。因此投资者可以密切关注，一旦放量拉升，就有 T+0 操作机会。

8月14日股价放量拉升股价站在向上运行的5日均线上方，说明整理已经结束。下面通过具体观察当日的分时图来判断买入时机。

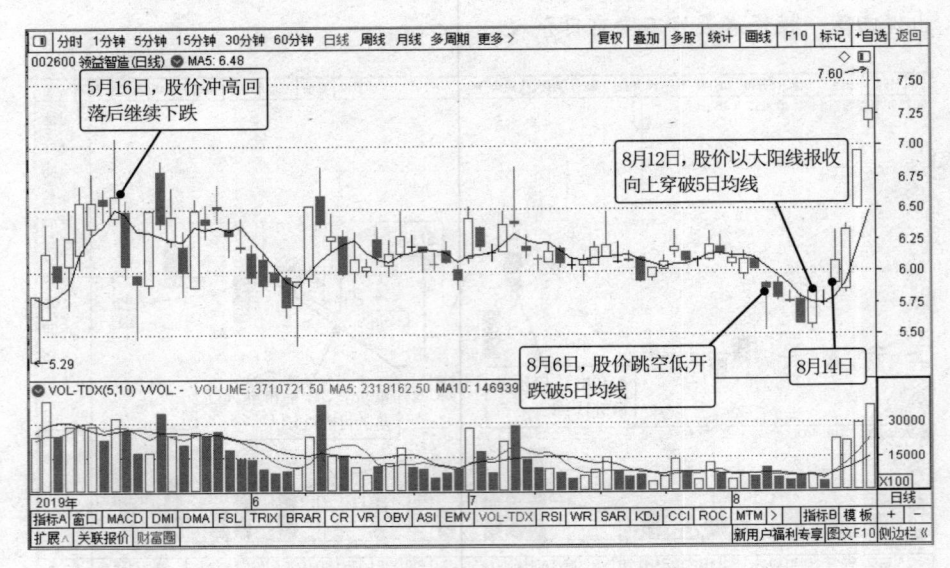

图5-33 领益智造2019年5月至8月的K线图

图5-34为领益智造2019年8月14日的分时图。

从图5-34中可以看到，该股当日跳空高开后持续了近一个小时的窄幅横盘整理，而此时对应的成交量却在明显缩小。

随后，成交量快速放量拉升股价，打到9.57%的涨幅后涨势减缓，股价始终在6.22元价位线附近横向变化，成交量再次缩量直到早盘结束。

这种走势稳定的盘面，一般在主力高度控盘的情况下才会出现。说明经过前期3个月左右的整理，大部分筹码已经集中到了主力手中，那么后市拉升也就是顺理成章的事情了。

该股当日午盘开盘后，虽然股价相对于早盘的强劲上涨势头有所回落，但是整体股价下滑幅度不大，且成交量更是缩小到极致。

因此，次日股价继续放量拉高股价的可能性很大，投资者可以在当日的尾盘逢低买入，为T+0操作做好准备。

即使次日没有放量上涨，也没有关系，因为就整体而言，5日均线已经出现明显的上行走势，该股短期看涨，因此尾盘逢低买入是一个比较好的策略。

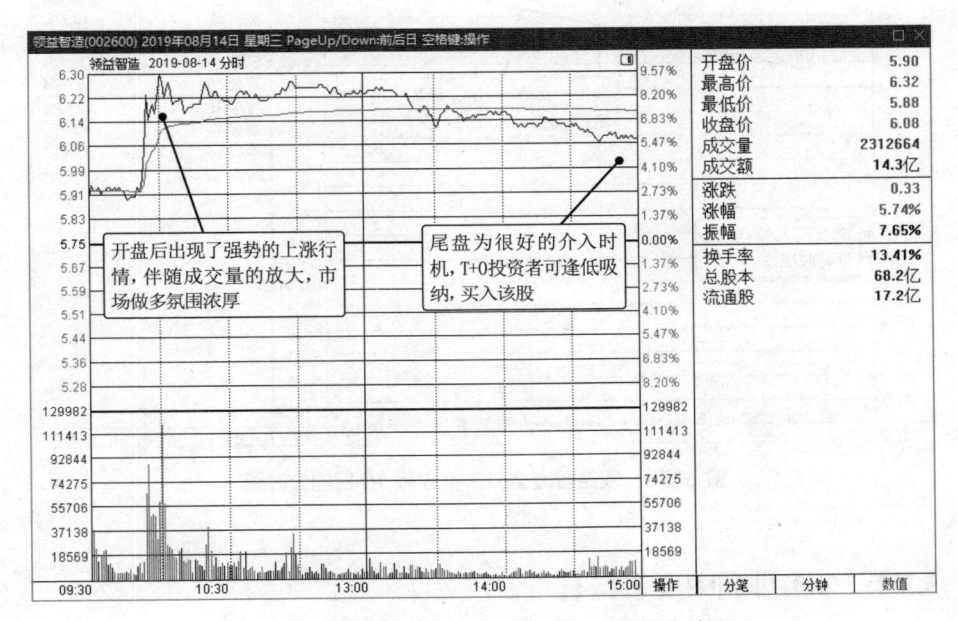

图 5-34 领益智造 2019 年 8 月 14 日的分时图

下面继续观察后市的走势。

图 5-35 为领益智造 2019 年 8 月 15 日的分时图。

从图 5-35 中可以看到，该股当日在放量低开后，出现了成交量缩量震荡拉升股价的走势，此时也是很好的买入时机，T+0 投资者可以继续逢低买入该股，从而拉低持股成本。

该股在 9:49 左右突破上个交易日的收盘价后经历了一波良好的波动上涨行情，投资者在任何位置逢高卖出做 T，都可以获得不错的收益。如果操作得好，在当日股价多次触及 6.35 元的价位线附近卖出，将获得更多的收益。

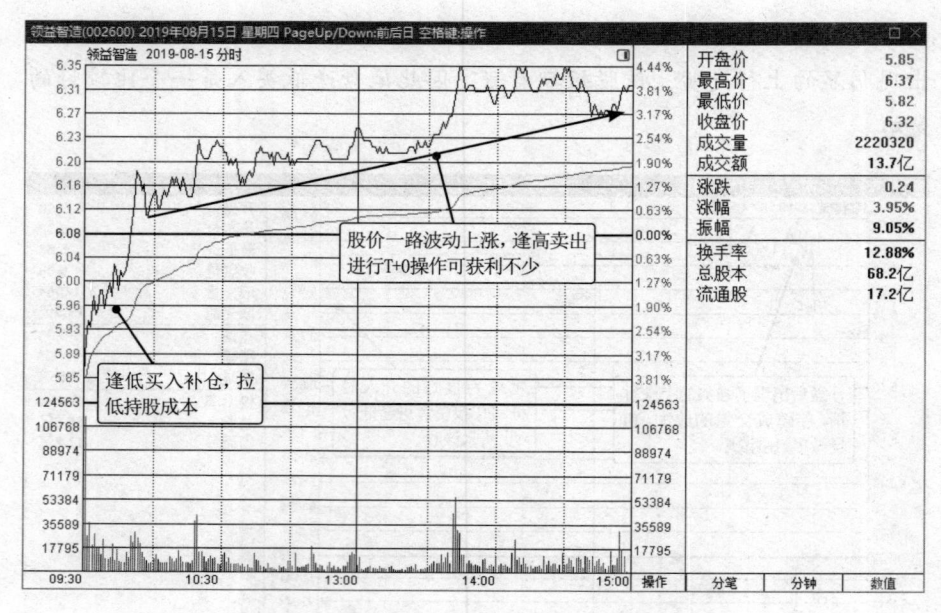

图 5-35 领益智造 2019 年 8 月 15 日的分时图

5.3.2 多头排列中要多持有

通过单独地看一条均线来进行 T+0 操作还是存在很大风险的,如果遇到下跌行情中的短暂反弹,仅依据 5 日均线进行 T+0 操作,投资者若操作不及时,很容易被套牢。

因此,投资者需要在一个稳定的上升通道中进行 T+0 短线操作。这样即使在买入该股后股价出现短暂的下跌,投资者也不用慌张,因为在这波上升通道中总会找到机会做 T,以此降低操作风险。

要了解多头排列组合,首先需要了解移动平均线有哪些组合形式。

在实际操作中,通常需要将移动平均线进行组合使用,其组合类型有三种,分别是短期移动平均线组合、中期移动平均线组合和长期移动平均线组合。

而做 T+0 的投资者主要研究短期移动平均线组合,这种均线组合主要用于分析和预测个股短期的行情变化趋势。常见的组合有 5 日均线、10 日均线、20 日均线、60 日均线和 5 日均线、10 日均线、30 日均线、60 日均线两种组合。

图 5-36 为 5 日均线、10 日均线、20 日均线和 60 日均线的多头排列。

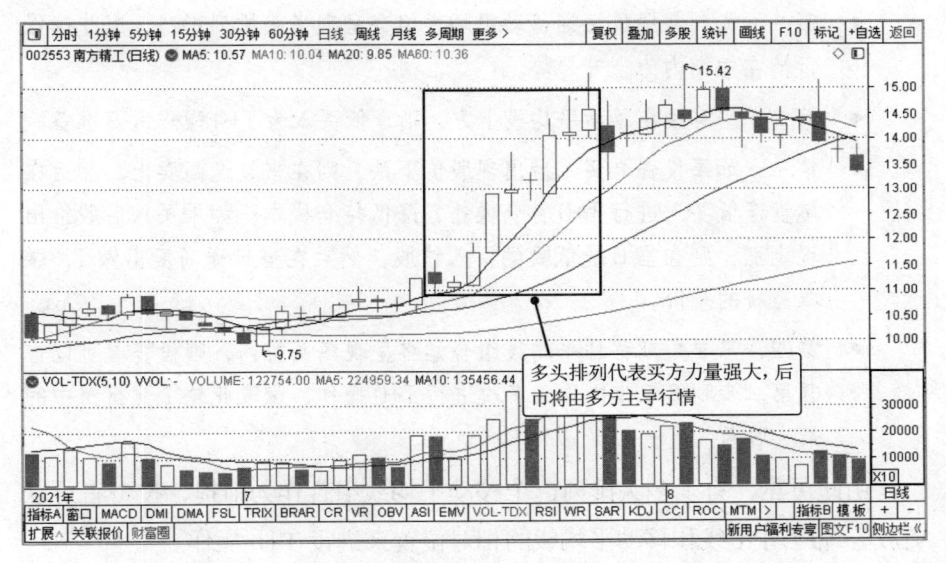

图 5-36 5 日均线、10 日均线、20 日均线和 60 日均线的多头排列

在股价运行过程中，各种组合的移动平均线会出现在某个方向上以某种规则持续运行，从而形成多头排列和空头排列形态的情况，这两种形态是最具分析意义的排列形态，其具体说明如下。

- **多头排列**：时间周期较小的移动平均线排列在时间周期较大的移动平均线的上方，并且向上发散的均线排列就是多头排列。该形态说明市场短期介入的投资者的平均成本超过长期持有投资者的平均成本，市场做多氛围浓厚。

- **空头排列**：时间周期较小的移动平均线排列在时间周期较大的移动平均线的下方，并且向下发散的均线排列就是空头排列，该形态说明市场短期介入的投资者的平均成本低于长期持有投资者的平均成本，市场做空氛围浓厚。

对于以上两种排列组合，T+0 投资者最好选择多头排列组合来进行做 T 操作，而空头排列组合，因为整体趋势为下跌，因此最好不要选择。

那么，对于 T+0 投资者而言，在多头排列的情况下应多持有，具体应该怎么操作呢？这里还是要结合 5 日均线与股价的相对位置来判断买入时机，其具体的操作顺序如下。

- ◆ 第一，先判断股价短期移动平均线组合呈现多头排列形态，以此确保行情在短期内为上升趋势。
- ◆ 第二，当 K 线在移动平均线上方，则逢低买入为 T+0 操作做好准备。
- ◆ 第三，如果投资者买入后出现股价下跌，则在当日逢高卖出，然后在尾盘逢低买入进行 T+0 补仓操作，降低持仓成本；如果买入后股价出现上涨，则在当日逢低吸纳买入该股，然后在当日逢高卖出做 T，赚取当日的差价。
- ◆ 第四，只要短期移动平均线组合始终呈现多头排列，则投资者可以重复第二步和第三步操作，多次进行 T+0 操作，赚取此轮上涨行情中的最大收益。

由此可见，有了多头排列这个移动平均线组合作为前提，投资者可以更放心地应用 K 线和移动平均线的相对位置来进行 T+0 操作。

实例分析

吉翔股份（603399）多头排列中要多持有

图 5-37 为吉翔股份 2021 年 12 月至 2022 年 3 月的 K 线图。

从图 5-37 中可以看出，吉翔股份正在经历一波良好的上涨行情。从 1 月初开始，股价连续拉出一字涨停板，并突破均线组合站在 5 日均线上方。

同时观察均线组合的分布情况，5 日均线、10 日均线、30 日均线和 60 日均线依次向下排列，呈现明显的多头排列。

这样的状态说明在短时间内股价会稳步上涨，此时投资者可以放心进行

T+0 操作。虽然随后该股多为小 K 线，但是多次 T+0 操作也可以获得不少收益。

在股价上涨到接近 14.00 元时，该股出现了阶段性的顶部。次日，股价以 3.86% 的跌幅收出中阴线回落触及 5 日均线，这是一个 T+0 补仓的机会。尤其在 1 月 25 日，股价微微低开后一路低走收出阴线，且股价跌破 5 日均线站在 10 日均线之上，此时是一个绝佳的买入机会。

即使股价在之后多以阴线报收，创出新低的同时跌破 5 日均线和 10 日均线，但是整体行情仍然处于明显的均线多头排列形态下，后市仍然看涨。所以，投资者可以果断在此期间逢低买入，进行 T+0 补仓操作，继续平摊持仓成本。

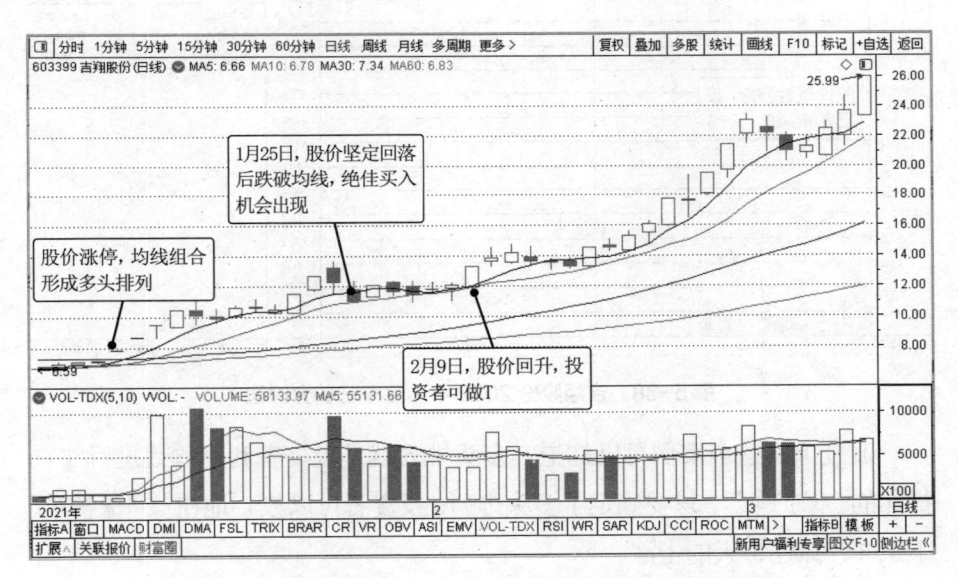

图 5-37　吉翔股份 2021 年 12 月至 2022 年 3 月的 K 线图

下面来看一下股价阶段见底回升后的走势。

图 5-38 为吉翔股份 2022 年 2 月 9 日的分时图。

从图 5-38 中可以看到，该股当日以 11.94 元的价格微低于上个交易日的收盘价开盘后，快速经历了一波短暂的冲高回落企稳的走势。此时价格在前日收盘价附近徘徊，并有回升的迹象，是 T+0 操作的绝佳买入时机。如果操作得好，投资者可以在回落的最低点 11.82 元的价格附近成功买入该股。

随后该股一路攀升，在 12.95 元价位线附近暂时回调整理后，开始了向涨停的冲击。投资者如果要完成一个完整的 T+0 交易，就需要在股价还未冲上涨停板时，以尽量高的价格卖出，这样就可以获得不错的收益。

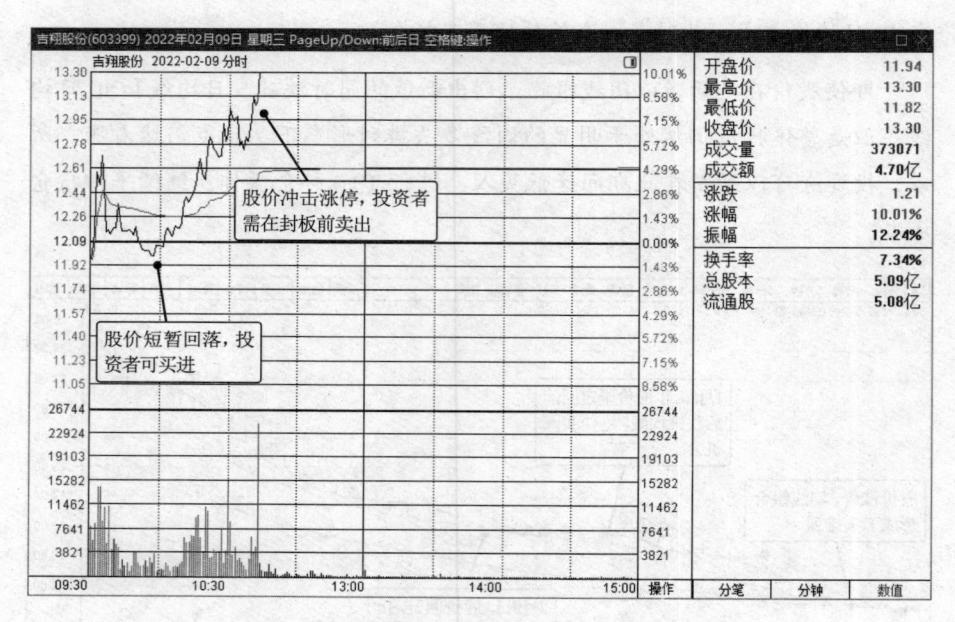

图 5-38　吉翔股份 2022 年 2 月 9 日的分时图

通过上面这个案例可以知道，多头排列就是投资者利用均线进行 T+0 操作的"保护伞"，只要确定了多头排列，投资者可以放心地在该"保护伞"下做 T，抓住每天的上涨。

第6章

分时图中T+0的买卖信号

分时图属于看盘窗口的一种,也是超短线投资者最常接触的走势图之一。其中包含的股价线形态、均价线的压制与支撑作用、股价线与均价线之间的位置关系等,都能作为投资者的研判依据。

6.1 单独股价线的买入信号

分时图中的股价线是由每分钟最后一笔成交价格形成的点连接而成的一条曲线，代表该股的即时成交价格。与K线类似，分时图中的股价线也会形成一些具有分析价值的形态，向投资者传递不同的买卖信号。

6.1.1 囤积式上涨适宜买入

囤积式上涨是一种重要的上涨形态，指的是股价全天大多数时间在一个位置区域附近进行横盘震荡，在某一时刻突然放量上冲，很多时候都会冲击到涨停板，如图6-1所示。

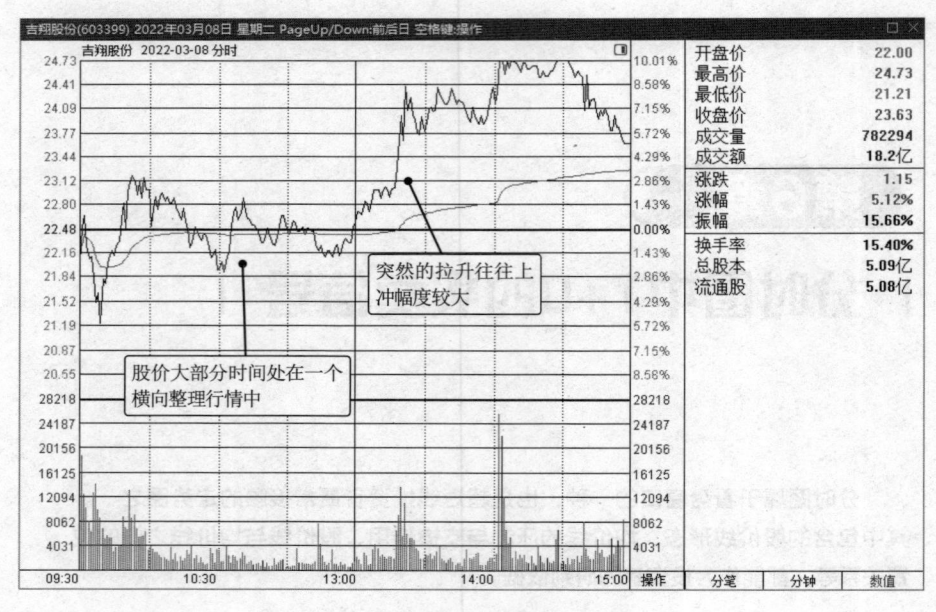

图6-1 囤积式上涨的买入机会

囤积式上涨的最大特征是股价全天大多数时候都处在一个相对较平稳的区间横向整理，并且成交量相对低迷。一旦量能打开，开始冲高，往往爆发力比较强，冲击的位置比较高。

囤积式上涨也是很多主力拉升股价时经常采用的一种方式，其特点是在不经意间突然发力，因此消耗的资金量相对较少。同时，由于前期准备时间较长，积蓄的能量较多，向上突破也较为容易。

当遇到这种囤积式上涨的行情时，大部分投资者不能赶上行情启动的低点，但这种强势行情即使追高买入也有很大的获利可能（当然，还需要结合个股当时所处的位置进行判断）。

实例分析

藏格矿业（000408）囤积式上涨的买入机会

图 6-2 为藏格矿业 2021 年 5 月 18 日的分时图。

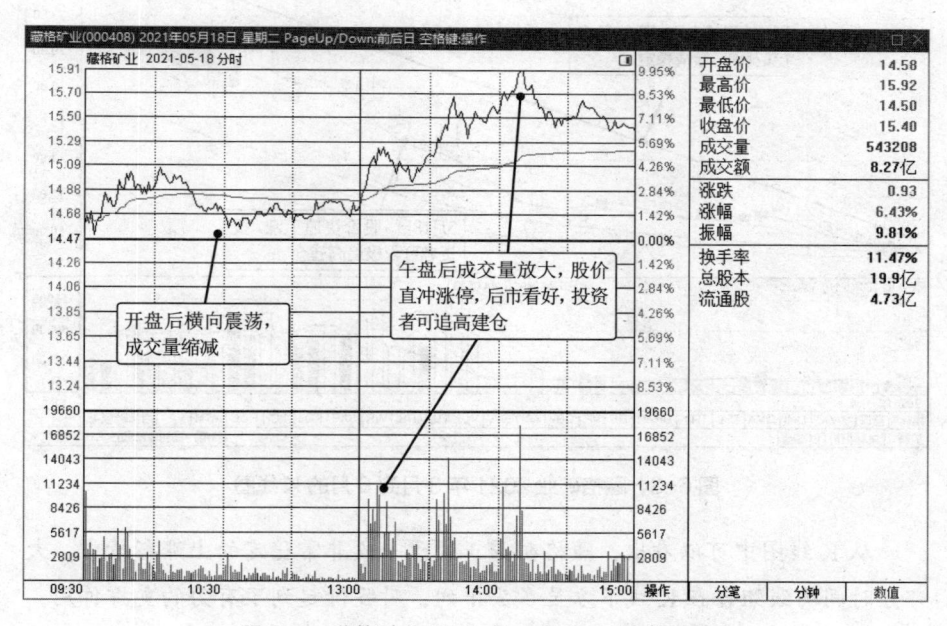

图 6-2　藏格矿业 2021 年 5 月 18 日的分时图

从图 6-2 中可以看出，藏格矿业当日高开后出现横盘走势，股价始终在前日收盘价至 15.09 元的价格区间内波动。整个横盘走势期间，成交量逐渐缩减，一直持续到早盘结束。如此长时间的积累，使得该股在后市突破时具有强大的动力。

午盘开盘后，藏格矿业的成交量呈现急速放大的状态。同时，股价也呈锯齿状上涨，在14:09左右上冲到9.95%的涨幅，直逼涨停板。虽然并未封住，但股价后续回落的幅度也不大，最终以6.43%的涨幅收盘。

对于投资者而言，遇到这种情况，即使没能在股价横盘整理的时候买入，也可以在股价回落以后及时追高。但在实际操作中，如果股价拉升行情开始后上涨幅度已经过高，投资者追高步伐就需要暂停一下，观察一下整体行情再决定。

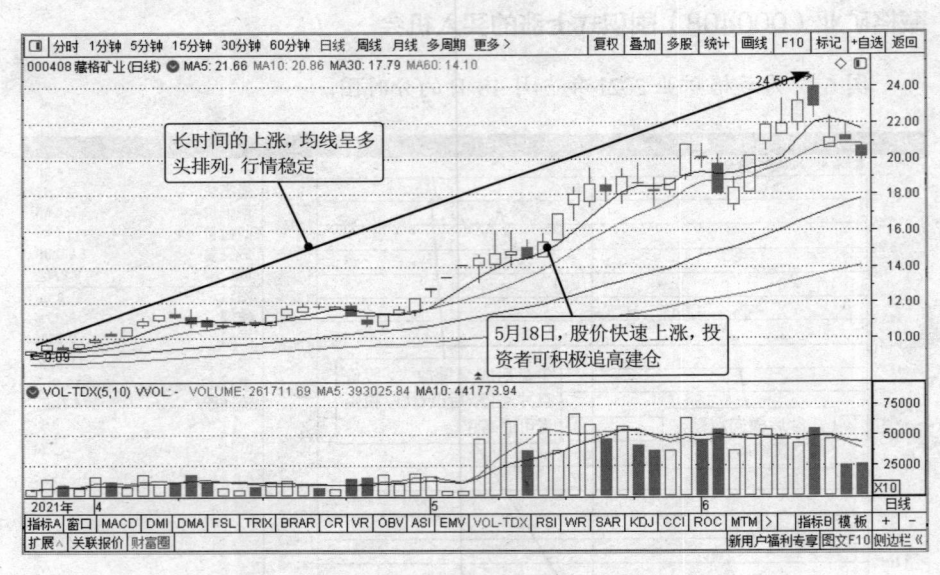

图6-3为藏格矿业2021年3月至6月的K线图。

图6-3 藏格矿业2021年3月到6月的K线图

从K线图中可以看出，藏格矿业正处于一段非常稳定的上涨行情中，大部分时间均线组合在K线下方呈多头排列，对股价起到了有力的支撑作用，投资者在此期间做T比较安全。

5月18日正是股价在快速上涨后回踩站稳并再次向上攀升的一个交易日。在此处追高建仓，完全可以赶上后续的涨幅，投资者选取后续的任意一个交易日做T，都能够获得不错的收益。

6.1.2 云山漫步形态积极建仓

云山漫步形态指的是开盘后股价快速上冲，中途经历几个快速度、小幅度的回调后继续向上，很快达到涨停板，此时每次的小幅度回调都是投资者介入的最佳时机，如图 6-4 所示。

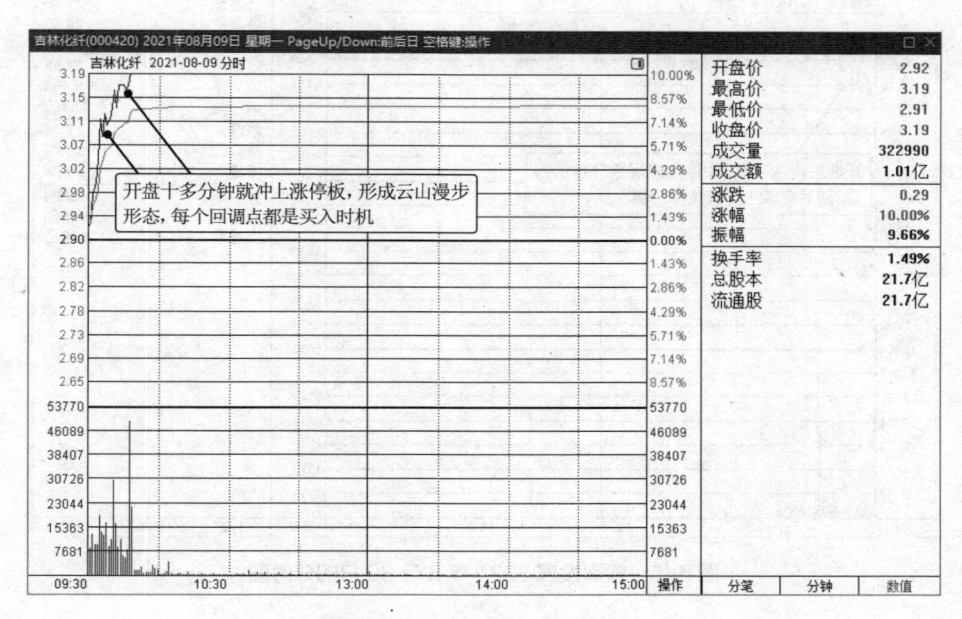

图 6-4 云山漫步形态抓紧建仓

云山漫步是分时图中较为常见的一种强劲上涨走势，其最大的特点就是开盘后快速冲高到涨停，并维持涨停板到收盘。

股价在开盘后几分钟内快速上冲，中途出现几次小幅度的回调，但回调的力度和持续的时间都非常短，然后又继续上涨，直到冲上涨停板并保持住。这种走势看起来就像一座高耸入云的大山的一侧，因此得名云山漫步。

在云山漫步形态中，每一次的短暂回调都是买入的机会，不求买在回调的最低点，在回调的过程买入，都会有盈利空间。因为这种强势的走势通常不会只有当天出现，股价还有继续上涨的可能。

实例分析

索通发展（603612）云山漫步形态积极建仓

图 6-5 为索通发展 2021 年 8 月 30 日的分时图。

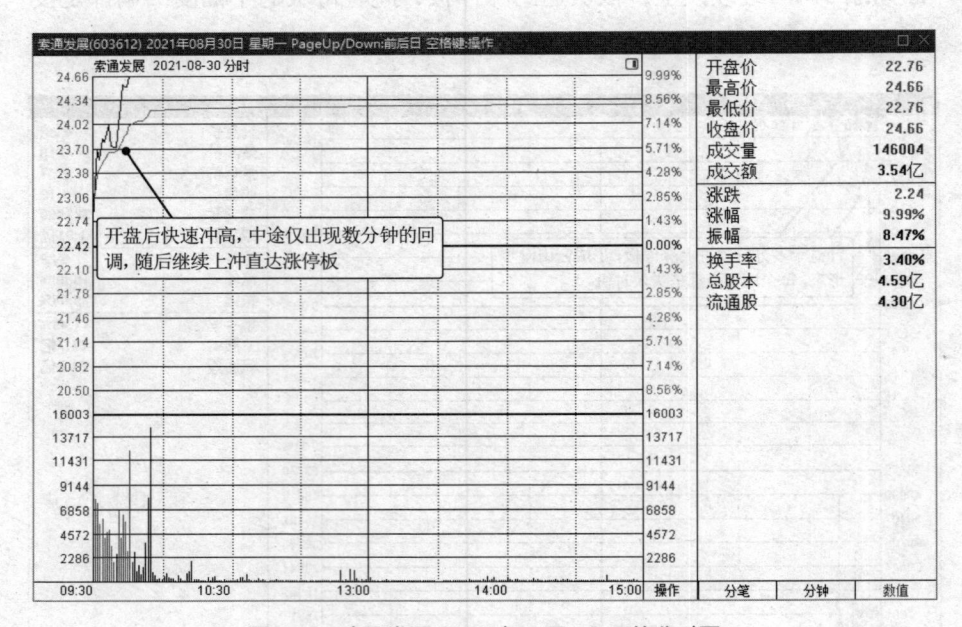

图 6-5　索通发展 2021 年 8 月 30 日的分时图

从图 6-5 中可以看出，索通发展在 8 月 30 日这一天开盘后就出现了快速的放量拉升，在 9:36 左右直接拉高到 24.02 元价位线附近，拉高幅度超过 7%。

随后股价经历了数分钟的回调，回调幅度仅为 0.32 元左右，然后再次上冲，直接打到涨停板后封板。

这就形成了一个典型的云山漫步形态，不过此形态的上涨势头更加猛烈，只经历了一次比较明显的回调。如果投资者需要买入的话，只有把握好回调的数分钟以及回调后反弹的时机。

对于这样的强势个股，即使投资者买入时的涨幅已经超过了 5%，同样也还是有可能获利的。

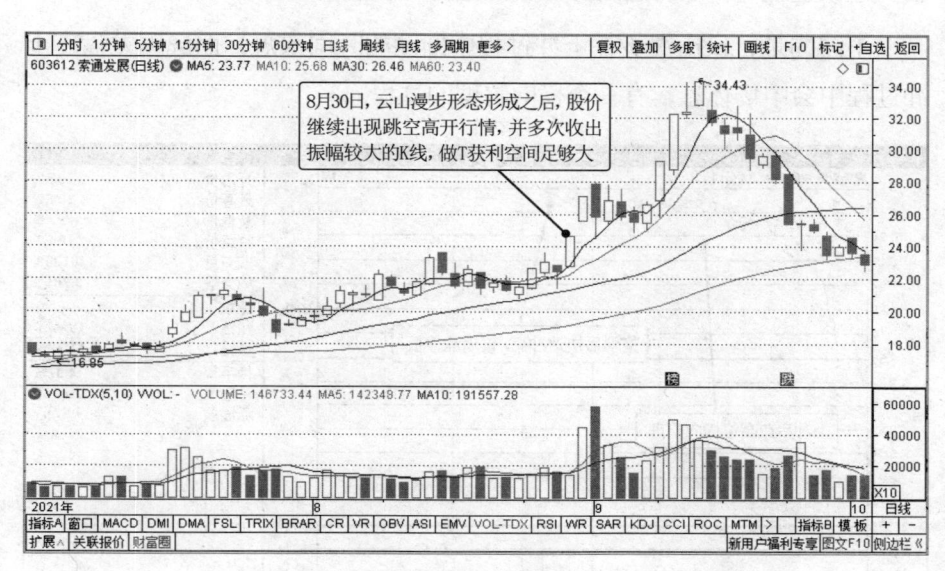

图 6-6 为索通发展 2021 年 7 月至 10 月的 K 线图。

[图表:索通发展日K线图,标注"8月30日,云山漫步形态形成之后,股价继续出现跳空高开行情,并多次收出振幅较大的K线,做T获利空间足够大"]

图 6-6 索通发展 2021 年 7 月到 10 月的 K 线图

从 K 线图中可以看出,索通发展在较长一段时间内都处于稳定的上涨行情中。

在经历了 8 月 30 日的云山漫步形态后,次日,该股的股价继续高开高走,并且同样以强势的涨停收盘。随后的走势虽然并没有那么强烈,但总体还是处在上涨行情中,直到 9 月中上旬,上涨行情才步入尾声,而且 K 线的振幅都比较大。因此,投资者在 8 月 30 日完成建仓后,后续做 T 的获利机会是非常多的,并且只要把握好时机,风险也不会太大。

6.1.3 虎踞龙盘形态快速买进

虎踞龙盘形态指的是股价快速上冲到一定高度,在此高度维持小幅横向发展一段时间,再次快速放量上冲,直封涨停板。当投资者看到这种形态时,需要果断买入,如图 6-7 所示。

虎踞龙盘形态与云山漫步形态有部分相似的地方,主要体现在它们都会快速放量上冲，最终达到涨停板并维持到收盘。

不同的是，云山漫步在上冲过程中回调的时间很短，而虎踞龙盘在上冲过程中会中场休息，有一个横向整理的过程。

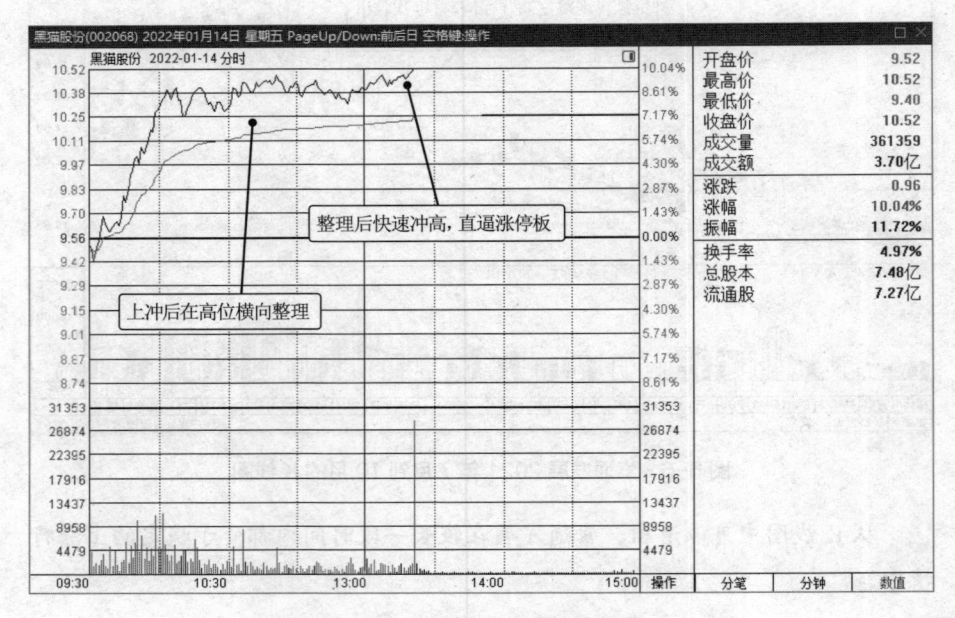

图 6-7　虎踞龙盘形态快速买进

虎踞龙盘形态的最佳买入机会是在股价高位横向整理后，放量上攻开始的那一刻，如果投资者未能把握住时机，即使追涨也可以买入。因此，这种形态买的是其后几天的大幅上涨行情。

对于想要抓住后续涨幅，进行T+0短线操作的投资者而言，这就是建立底仓的时候。

实例分析
返利科技（600228）虎踞龙盘形态快速买进

图 6-8 为返利科技 2022 年 2 月 8 日的分时图。

从图 6-8 中可以看出，返利科技在开盘后就开始了缓慢地上升，虽然速度不快，但涨势比较稳定。在 10:00 左右，股价越过 7.04 元价位线后，进入小幅的横盘整理阶段。

接近 11:00 时，股价再次放量上冲，期间小幅回调了一次，在 7.24 元价位线附近受到支撑后快速上冲，直达涨停板并维持到收盘，形成典型的虎踞龙盘形态，发出强烈的买入信号。

当投资者看到这种形态后，结合 K 线图中该股当前所处的位置，只要不是在阶段性的高点，就可以果断买入。

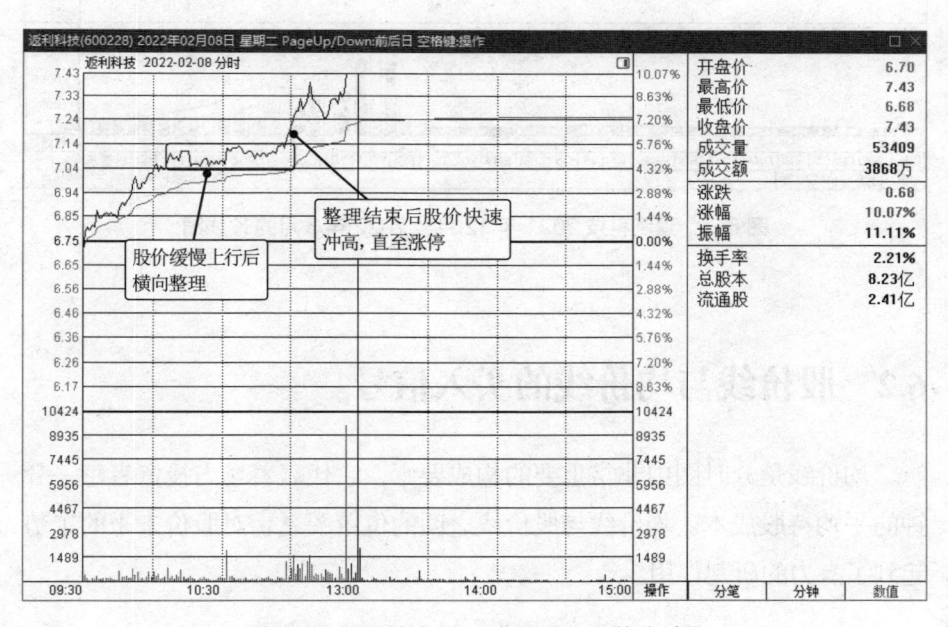

图 6-8　返利科技 2022 年 2 月 8 日的分时图

图 6-9 为返利科技 2021 年 12 月至 2022 年 3 月的 K 线图。

从 K 线图中可以看出，2 月 8 日正处于股价回调下跌后开始拉升的初始位置，当这种位置出现虎踞龙盘形态时，投资者就可以果断买入。

其后数天连续上涨，并伴随有数个涨停板出现，投资者有足够的利润空间做 T。

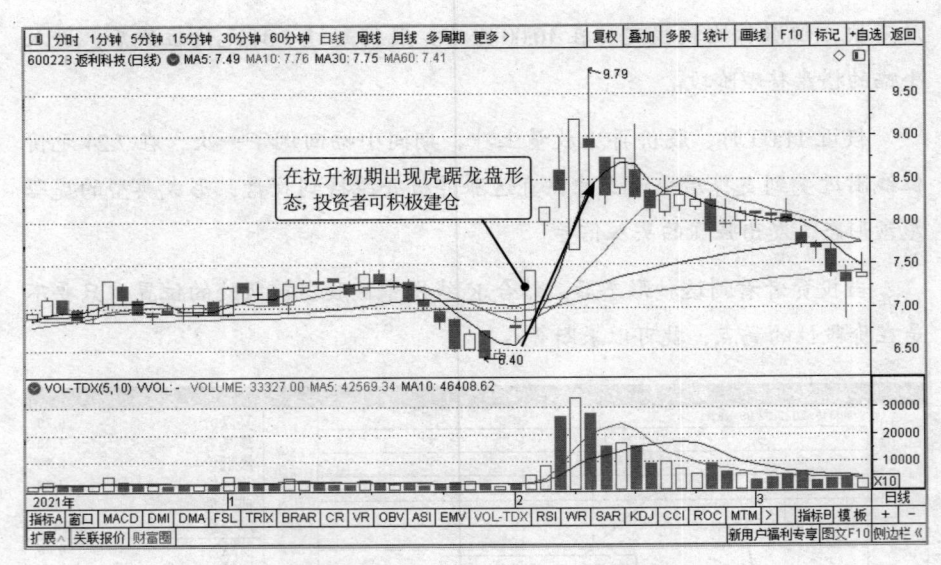

图 6-9　返利科技 2021 年 12 月至 2022 年 3 月的 K 线图

6.2　股价线与均价线的买入信号

均价线是分时图中非常重要的构成要素，它代表着场内投资者每一分钟的平均持股成本。均价线与股价线之间的位置关系，对股价未来的走势起到了有力的研判作用。

6.2.1　股价线在均价线上受到支撑的形态

当股价从高位下落到均价线附近时，未能成功下穿均价线，或者少量下穿均线价后就反弹上涨，均线价就成为一条支撑线，在均线价位置就可以视为买入信号。

分时图中的均价线可以看作是 K 线图中的移动平均线，对股价的发展有部分支撑和压力作用。

第 6 章　分时图中 T+0 的买卖信号

◆ **支撑线作用**：当股价运行在均价线上方时，股价向下跌至均价线附近时，会受到一定的支撑，致使股价由下跌转为上涨。

◆ **压力线作用**：当股价运行在均价线下方时，股价向上升至均价线附近时，会受到一定的压制，致使股价由上涨转为下跌。

图 6-10 为股价线在均价线上受到支撑的形态。

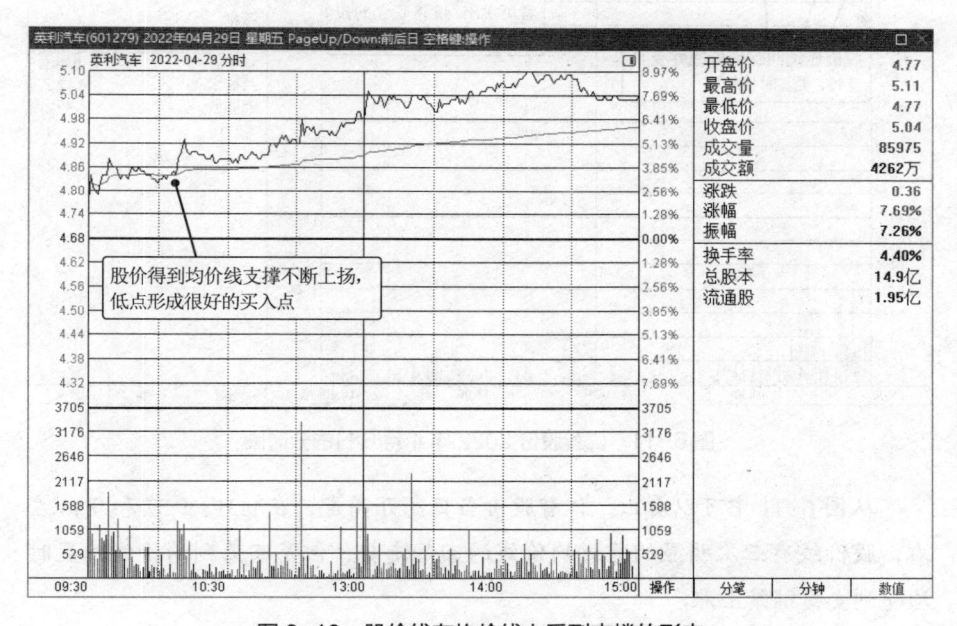

图 6-10　股价线在均价线上受到支撑的形态

在分时图中，如果股价两次以上向均价线靠拢，都未能穿破均价线的支撑，那么均价线的支撑作用就得到了肯定，当股价再次达到均价线并向上反弹时，就是最好的买入时机。

有时候股价也可能跌破均线价，但在很短的时间内又再次向上突破均价线，或者股价长时间与均价线交替前行，最后强势偏离均价线向上，也是很好的买入时机。

实例分析
仁智股份（002629）股价线受均价线支撑买入分析

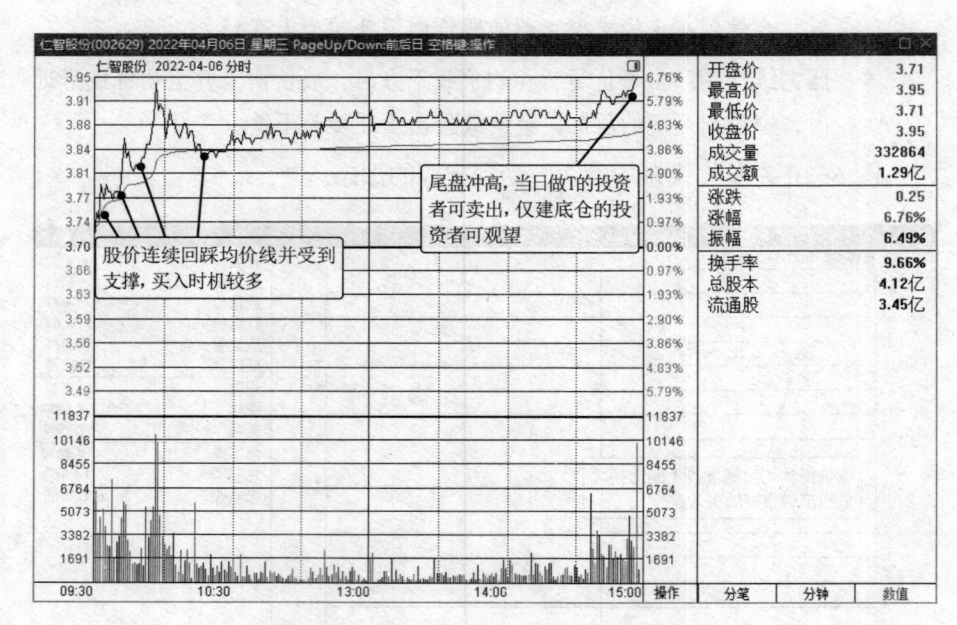

图 6-11 为仁智股份 2022 年 4 月 6 日的分时图。

图 6-11　仁智股份 2022 年 4 月 6 日的分时图

从图 6-11 中可以看出，仁智股份当日高开高走，在 9:31、9:37 和 9:46 左右，股价线有三次明显的靠近均价线的回落走势，但是回落到均价线位置时均受到支撑继续上涨。

相较于第 1 分钟股价线靠近均价线的小幅回落，其在 9:37 和 9:46 左右的回落走势更为明显，并且靠近均价线后回升速度都较快，可以将其视为两个买入时机。

股价后续的上冲在 3.95 元价位线下方受阻，随即开始回落。在 10:15 左右，股价跌破均价线，但是很快就被拉到均价线的上方，在随后的回抽到达均价线时受到明显的支撑反弹。

此时，投资者可以将其看作是经过一段时间的小幅回调蓄势后的向上突破，后市大幅上涨的可能性非常高，是买入的绝佳时机。

在后续的交易时间内，股价震荡上扬，虽然涨速不快但胜在稳定，进入尾盘时更是一路上冲达到了最高价 3.95 元。在当天做 T 的投资者可以在尾盘期间择机卖出，而只是建底仓的投资者则可以继续保持观望。

6.2.2　价格上涨突破均价线

股价在均价线下方运行，当股价向上突破均价线后继续向上运行时，就是绝佳的买入时机，如图 6-12 所示。

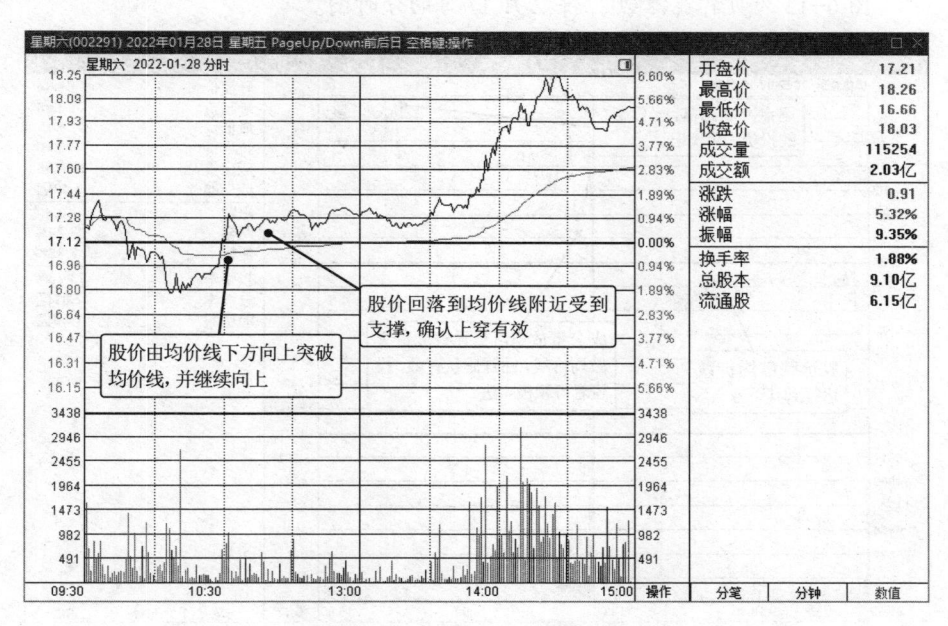

图 6-12　价格上涨突破均价线

支撑线与压力线在股价的发展过程中是可以相互转化的，当股价在均价线下方运行时，均价线为压力线；当股价向上突破均价线时，均价线就由原来的压力线转化为支撑线。

在分时走势图中，股价运行在均价线下方并成功上穿均价线的情况并不多见，一旦成功上穿并得到确认，股价上涨就成为必然。很多时候股价上穿后都有一个确认的过程。

股价上穿均价线后，短时间内再次向均价线靠拢，如果能在均价线附近获得支撑再次向上，那么股价的上穿就得到了确认，股价在均价线附近再次向上时就是最好的买入时机。如果股价强势上穿均价线，也可能不会出现这个确认过程，直接上冲。

实例分析

贝肯能源（002828）股价突破均价线买入

图 6-13 为贝肯能源 2022 年 2 月 17 日的分时图。

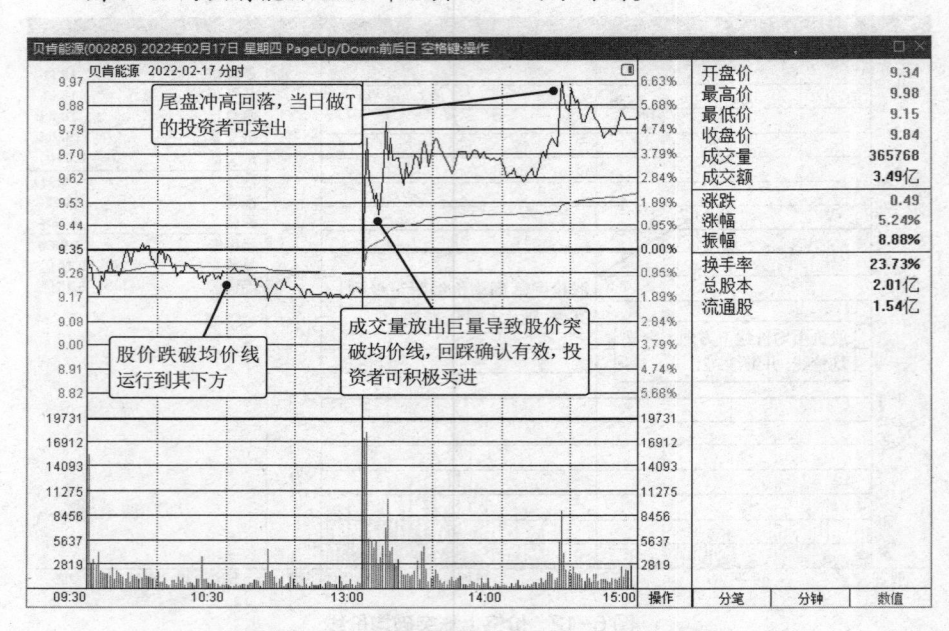

图 6-13　贝肯能源 2022 年 2 月 17 日的分时图

从图 6-13 中可以看出，贝肯能源在开盘后围绕均价线震荡了一段时间，在 10:00 之后就彻底跌破了均价线，运行到其下方，在早盘结束前都被限制在 9.17 元和均价线之间窄幅波动变化。

在下午时段开盘后，成交量突然放出巨量推涨股价，使其直线上冲突破均价线，速度非常快。在越过 9.70 元价位线后股价迅速回踩，在距离均价线还有一段空间的时候就受到支撑并开始回升，此时确定均价线的支撑作用有效，形成稳健的买入时机。

在后续的交易时间内，股价在高位持续震荡，在临近尾盘时最高达到了 9.98 元，进入尾盘后又出现了下跌，此时做 T 的投资者就可以迅速卖出，兑现利润了。

6.3 股价线与成交量的买入信号

股价线与成交量之间存在互相影响、密不可分的关系，股价的大幅变动大多数时候都伴随着成交量的波动。投资者从成交量的角度出发，也能发现不少买卖时机。

6.3.1 成交量放量拉升股价买进

当股价线运行在当日的一个相对较低的位置时，成交量明显放大，推动股价快速上升时，就是最好的买入时机，如图 6-14 所示。

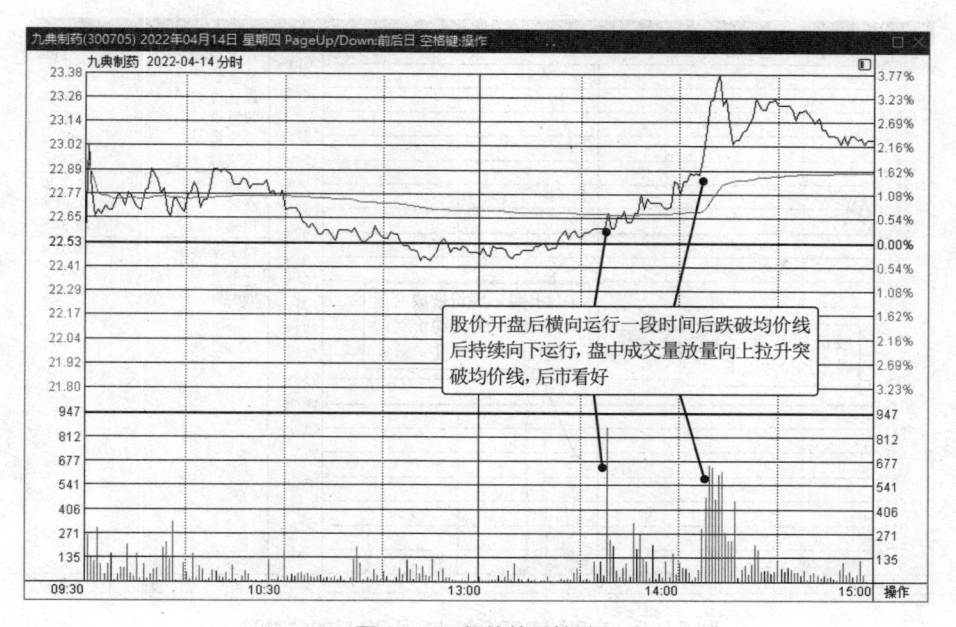

图 6-14 低位放量拉升

低位放量拉升的关键是放量。无论股价是上涨还是下跌，放量都意味着能量的变大，放量向上说明多方力量雄厚，股价上涨动力强劲；相反，放量向下则表示空方抛压很重，股价下跌能量强大。

这里所说的低位有两层含义，如果投资者是进行短时间的T+0交易，低位可以只看当前交易日的低位；如果投资者需要进行中线操作，则这个低位还需要注意是否是股价在一段时期内的相对低位。

低位放量拉升，在拉升的过程中出现的成交量最好是当天最大的成交量。如果成交价运行在均价线下方，拉升的高度应从均价线下方成功上穿均价线，当成交价突破均价线时，就是最好的买入机会。如果成交价在均价线上方，则价格突破盘整向上时为最佳买入时机。

实例分析
京泉华（002885）低位放量拉升的买入机会

图6-15为京泉华2021年11月22日的分时图。

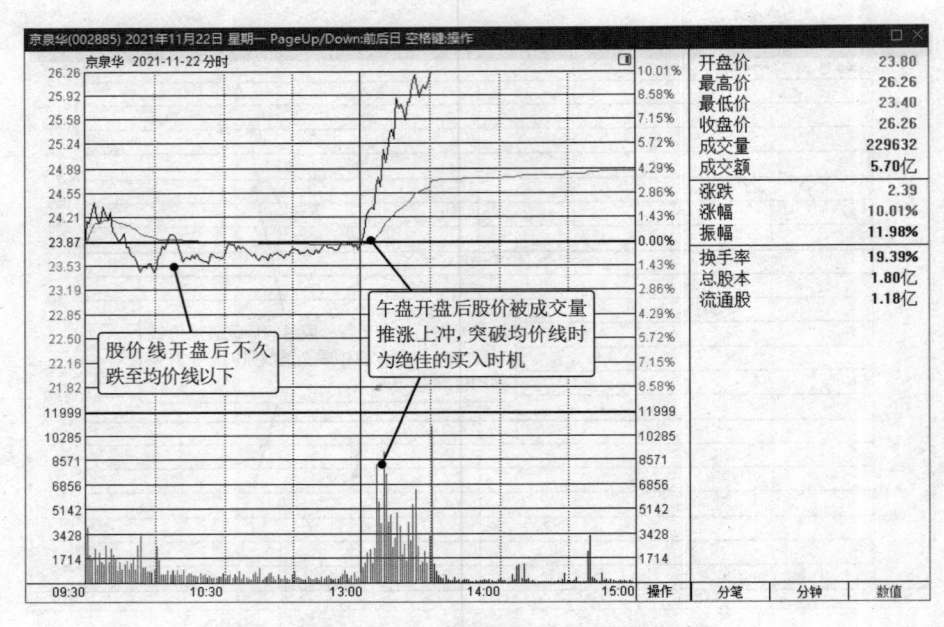

图6-15　京泉华2021年11月22日的分时图

从图 6-15 中可以看出，京泉华在这一天开盘后股价快速冲高，在越过 24.21 元价位线后横向震荡数分钟后快速回落。股价在跌破均价线后跌势减缓，被限制在 23.53 元价位线和 23.87 元之间小幅波动，一直持续到午盘。

午盘开盘后，成交量量能逐步放大，股价被持续拉升强势突破均价线，并直冲涨停板。横向整理行情结束，股价正式步入上升行情中，在股价突破均价线的时候，投资者就要积极买进了。

再来观察这一时间段该股的 K 线图。

图 6-16 为京泉华 2021 年 10 月至 12 月的 K 线图。

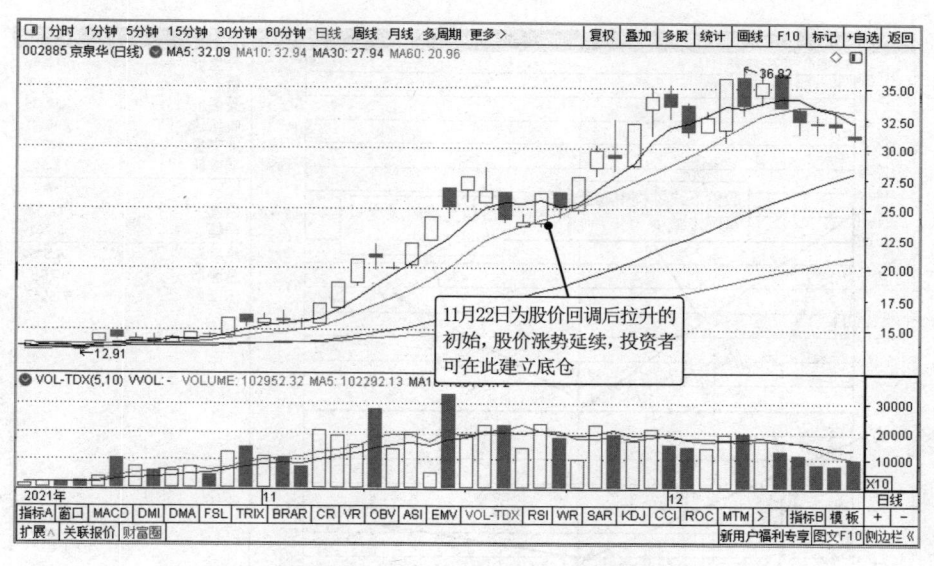

图 6-16　京泉华 2021 年 10 月至 12 月的 K 线图

从图 6-16 中可以看出，该股在 11 月中上旬都在快速上涨，直到 11 月中旬，股价到达阶段顶部后开始回落，进入暂时的回调整理之中。

11 月 22 日正是股价回调结束，再次开始拉升的一个交易日。这一天的成交量相较于前一日有明显的放大，再结合均线组合，此时整体保持良好的向上运行趋势，基本可以确定股价的涨势依旧延续，投资者可以在 11 月 22 日这一天股价突破均价线后买入，建立底仓。

11月22日以后，股价开始快速上涨，短短十几个交易日，股价就从25.00元附近上冲到最高的36.82元，涨幅超过47%。而且这段上冲期，多次出现振幅较大的K线，非常适合做T+0操作。

6.3.2 成交量配合股价缩放

成交量配合股价缩放指的是个股在一天之内经历了下跌和上涨过程，下跌过程中成交量不断减少，而上涨时成交量不断增加。这也是一种买入信号，如图6-17所示。

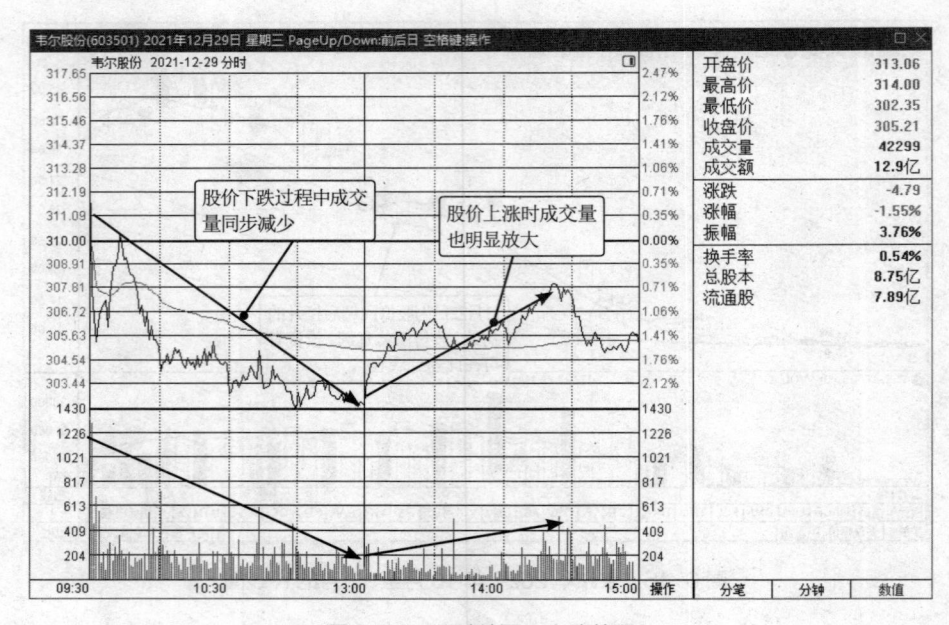

图6-17 下跌缩量，上涨放量

股价缩量下跌后再放量上涨是最好的量价配合行情，也是很可靠的买入信号。

股价在下跌过程中成交量不断减少，表示大多数持股者对该股后市仍然看好，不愿意低价抛出筹码，这为以后的上涨埋下伏笔。

股价在上涨的过程中成交量不断增加，表示多方力量强劲，也可能有更多的投资者正在加入,这是后市强势上涨的预兆。

大多数情况下,如果股价在缩量下跌后有一段横向发展的行情,且在横向整理过程中成交量没有明显的变化,那么之后的放量上涨,其发出的买入信号更可靠。当股价放量向上突破均价线时,为最后的买入时机(如果整体行情并不向好,则会出现上穿均价线后的回调确认)。

实例分析
隆华科技(300263)缩量下跌后放量上涨的买入机会

图6-18为隆华科技2020年2月10的分时图。

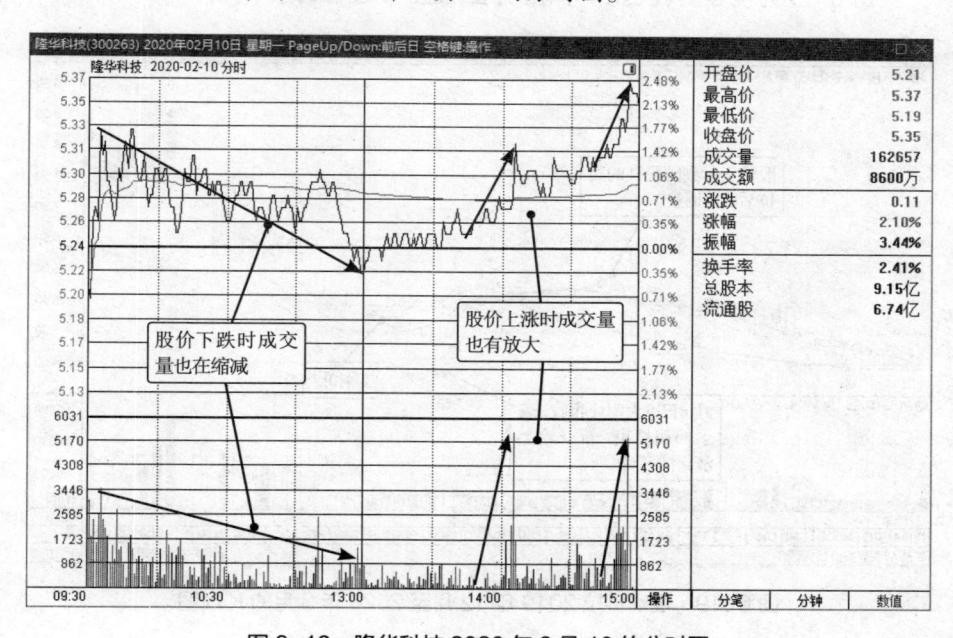

图6-18 隆华科技2020年2月10的分时图

从图6-18中可以看出,隆华科技股价在开盘后快速向上拉升,而在9:35左右达到阶段性的高位后开始回落。在11:02之前,股价宽幅震荡下跌,成交量出现明显缩量,尤其在10:50左右,成交量更是缩小至地量状态。

午盘开始,股价短暂回升后进入一个横向整理时期,期间成交量并没有明显的变化。13:32左右，股价开始缓慢回升，在拉升到均价线附近时，成交量的量能明显放大，与早盘的缩量下跌形成对比。

14:05，成交量放出天量，拉升股价强势突破均价线。当股价向上突破均价线时，就是投资者最好的买入时机。

在短时间的冲高后，股价出现回落，在14:15左右下跌触及均价线，受到支撑后再次向上，就是投资者再次买入的大好时机。随后股价逐步远离均价线向上上涨，并且在尾盘时再次放量拉升股价，创出当日的最高价，这也表明该股近期的表现将会比较不错。

图6-19为隆华科技2019年12月至2020年3月的K线图。

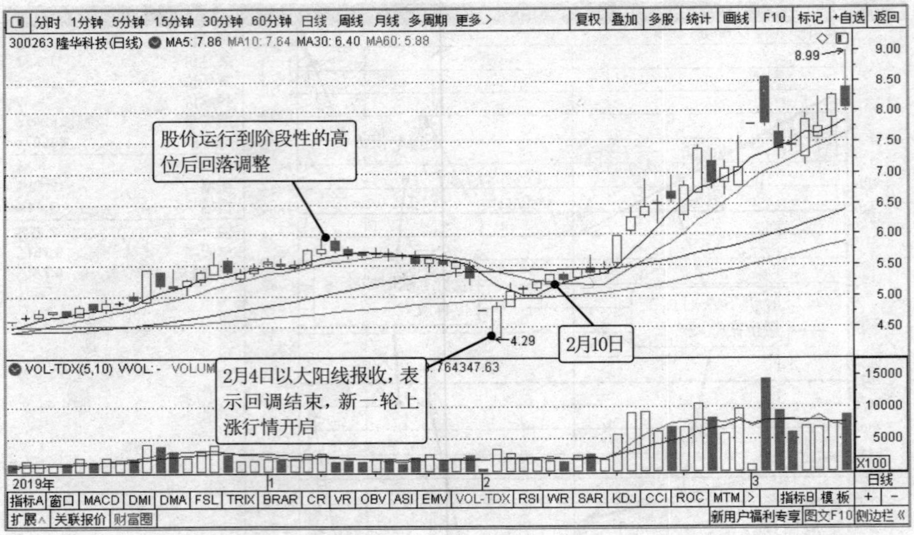

图6-19　隆华科技2019年12月至2020年3月的K线图

从图6-19中可以看出，该股在2020年1月左右上涨到6.00元的价位线后受阻出现回落调整。2月4日，股价大幅低开高走收出大阳线，表明回调结束，新一轮的上涨行情来临。

2月10日正处于新一轮上涨行情的初期，因此，在当日分时图出现缩量下跌后放量拉升，尤其在尾盘再次出现放量拉升创出当日最高价后，就是非常可靠的买入机会。

由于整个行情处于上涨之中，即使投资者买入后持股一段时间，也可以获得收益。而如果适当进行 T+0 操作，则可以扩大投资者的收益。

6.4 股价线与均价线的卖出信号

除了对买入时机的把握，投资者还需要在适宜的位置将手中筹码抛出。在寻找卖出时机时，股价线与均价线之间的交叉与位置关系，能够为投资者提供一些可靠的信号。

6.4.1 股价线受均价线压制

当股价从低位上升到均价线附近时，未能成功上穿均价线，或者少量上穿均线价后再次向下，均线价就成为一条压力线，在均价线位置就可以视为卖出信号，如图 6-20 所示。

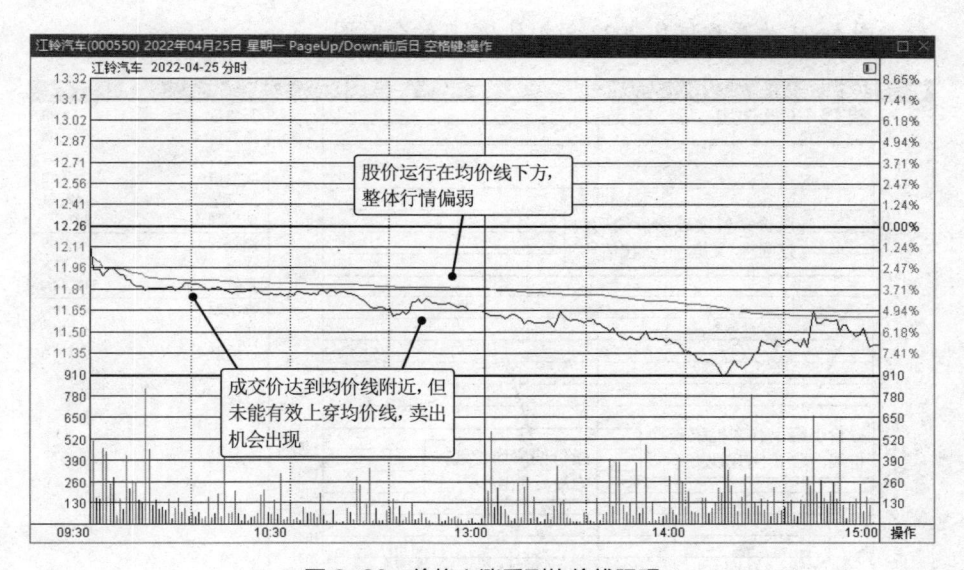

图 6-20　价格上涨受到均价线阻碍

分时图中的均价线可以看作是 K 线图中的移动平均线，前面投资者已经知道它对股价的发展有支撑或压力的作用。

在分时图中，如果股价两次向均价线靠拢，都未能突破均价线的压力，那么均价线的压力作用就得到了肯定。当股价再次达到均价线并未突破时，就是最好的卖出时机。

如果市场整体行情偏弱，股价向下偏离均价线太远的情况下，可能股价只一次向均价线靠拢就再次向下，形成下跌走势，此时股价靠近均价线的位置就可以出手了。

有时候股价也可能向上突破均线价，但在很短的时间内又再次向下跌破均价线，或者股价长时间与均价线交替前行，最后快速向下偏离均价线，此时也是很好的卖出时机。

实例分析
赛意信息（300687）受均价线压制的卖出时机

图 6-21 为赛意信息 2022 年 4 月 26 日的分时图。

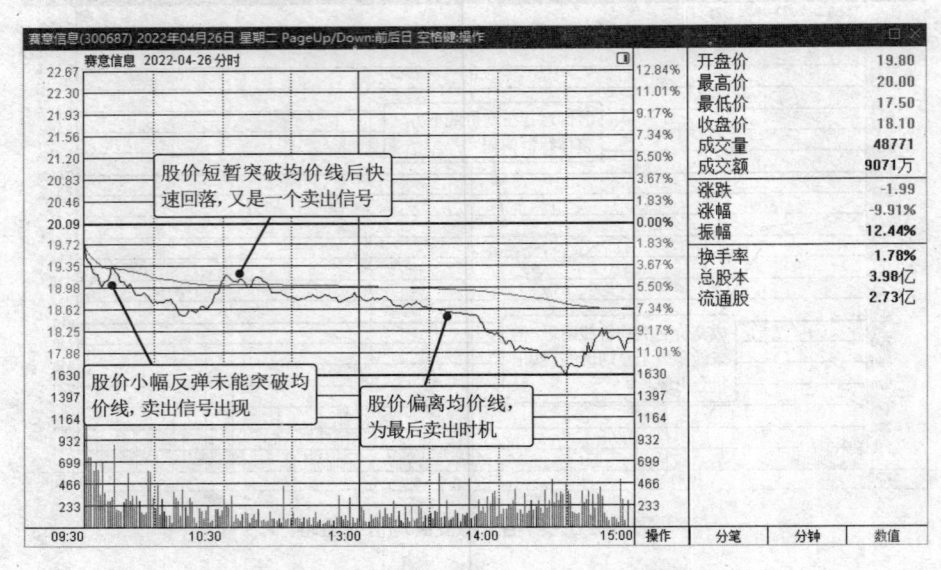

图 6-21　赛意信息 2022 年 4 月 26 日的分时图

从图 6-21 中可以看出，赛意信息当日开盘后，股价就出现了快速的下跌，直接运行到均价线以下。9:36 左右，股价在 18.98 元价位线上受到支撑开始反弹，但在接触到均价线时就被压制下跌，此时一个卖出信号出现。

在 10:12 左右，股价阶段性触底后再次出现一段时间的反弹，此次反弹幅度较大，但是整个反弹阶段中，成交量在不断缩减，说明股价上涨乏力，反弹难以延续。10:29 左右，股价向上突破均价线，但是很快就出现回落再次跌破均价线，反弹结束，股价上涨无望，投资者同样可以卖出。

在后续的交易时间内，股价在靠近均价线的下方运行了一段时间，在午盘之后股价再次向下偏离均价线，并且越走越远时，就是投资者最后的卖出时机。

6.4.2　股价线跌破均价线

股价在均价线上方运行或长时间与均价线缠绕交替，并略高于均价线运行，当股价放量向下跌破均价线后继续向下运行时，就是最好的卖出时机，如图 6-22 所示。

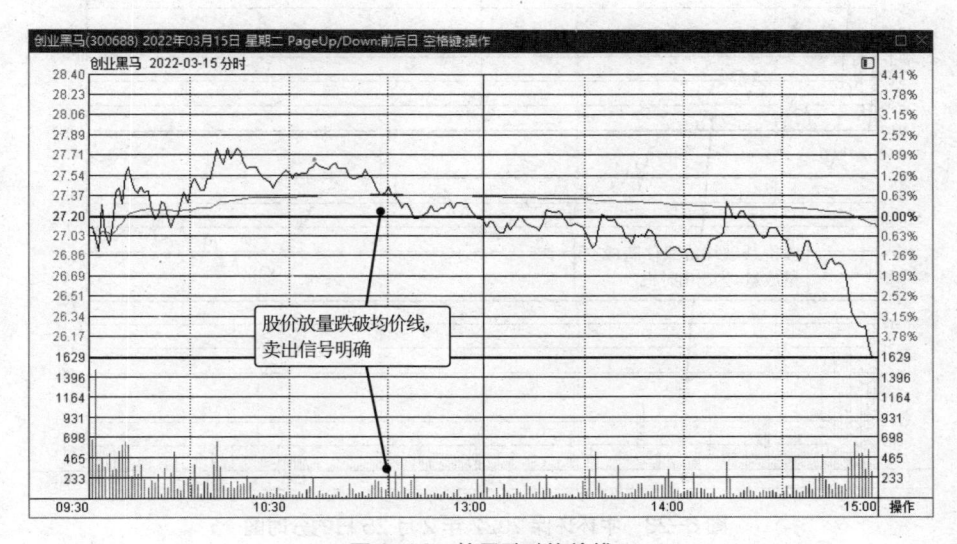

图 6-22　放量跌破均价线

股价向下跌破均价线是股价走弱的表现，通常情况下，股价上穿或下穿均价线的情况都不是很常见，一旦这种情况出现，行情转变就成为水到渠成的事了。

通过前面的学习我们知道，股价上穿均价线后，通常都会有一个确认的过程，当股价再次靠近均价线时为最佳买入时机。而股价下穿均价线通常都不需要进行确认，因为下跌趋势通常都来得比较激烈。

但股价下穿均价线成为必然的卖出信号，也需要一个条件，那就是放量下穿均价线。如果股价下穿均线时伴随有成交量的相对放大，那么下跌就成为必然趋势，下穿时就是最好的卖出时机。

实例分析
中环环保（300692）放量跌破均价线的卖出信号

图6-23为中环环保2022年2月25日的分时图。

图6-23　中环环保2022年2月25日的分时图

从图 6-23 中可以看出，中环环保在开盘后出现了较大幅度的震荡，股价与均价线相互穿插前行，成交量逐步缩减。

10:20 左右，成交量放出一根巨量带动股价跌破均价线，并快速向下偏离均价线。在随后股价有一次反弹，但还未靠近均价线便被压制向下，说明均价线的支撑力彻底转化为压制力，后市不容乐观，投资者需要抓紧时间卖出。

6.4.3 股价线在靠近均价线的下方运行

股价长时间横向运行在靠近均价线的下方，表示市场处于空头行情中，如果市场整体行情不好，则这种长时间的横向发展也可视为卖出信号，如图 6-24 所示。

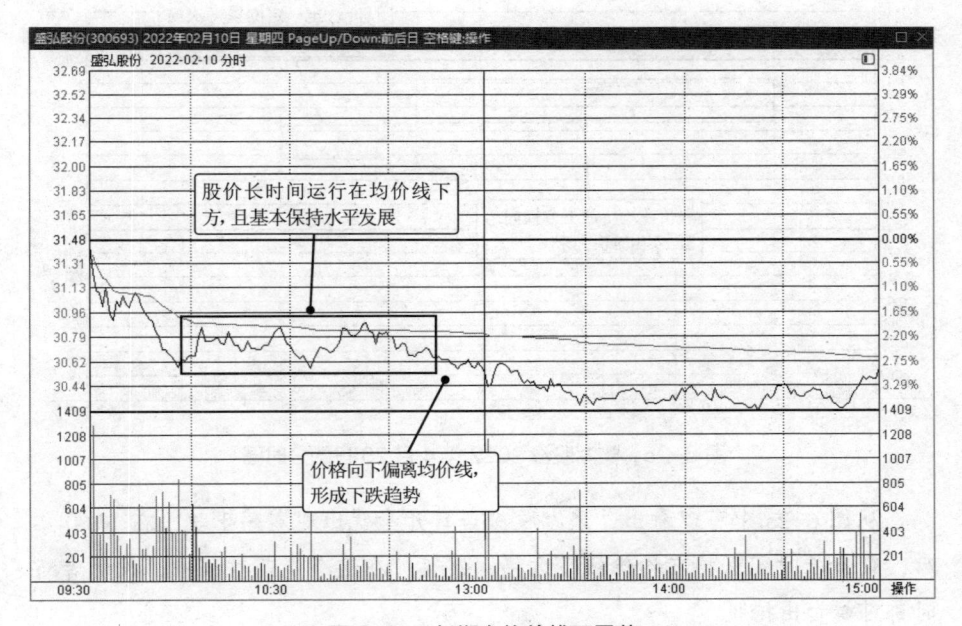

图 6-24　长期在均价线下震荡

在分时走势图中，如果股价长时间运行于均价线之下，说明市场处于弱势行情中。如果此时股价并没有明显的下跌，而是处于震荡前行的状态中，那么后市下跌的可能性很大。

震荡行情首先就是一种方向不明的行情，这种行情通常都是力量的积蓄行情，投资者可以在每次股价最接近均价线的时候卖出，一旦股价开始向下远离均价线，就是最后的卖出时机。

实例分析
蠡湖股份（300694）均价线下方震荡的卖出机会

图 6-25 为蠡湖股份 2022 年 4 月 26 日的分时图。

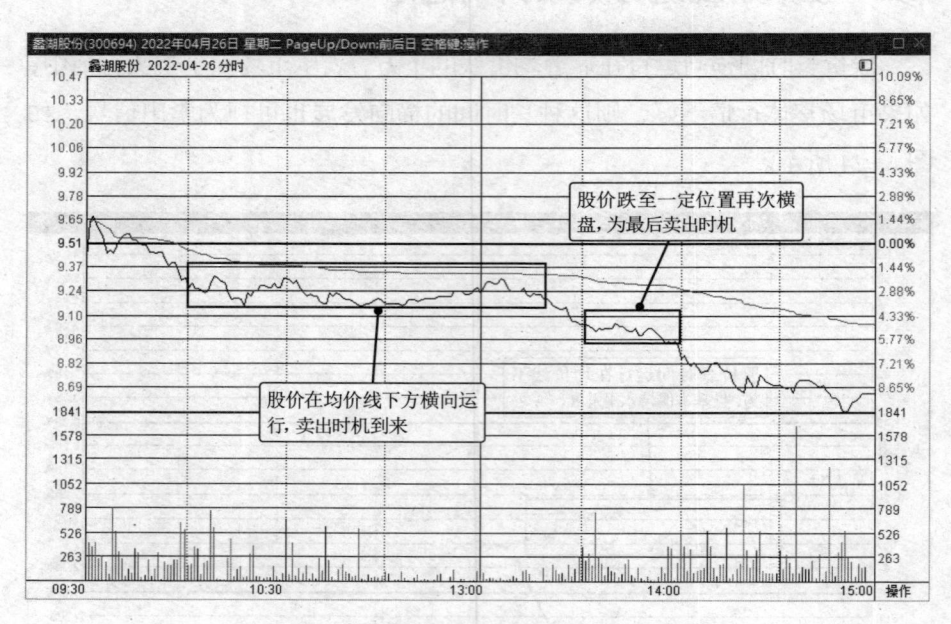

图 6-25　蠡湖股份 2022 年 4 月 26 日的分时图

从图 6-25 中可以看出，蠡湖股份当日开盘就出现震荡下跌，在 10:00 之后，股价长时间保持在均价线下方横向震荡，在这个震荡过程中，投资者随时都可以卖出持股。

如果未能把握住这个机会，可在午盘之后股价下跌到 8.96 元附近再次横向整理时卖出，这是投资者最后的卖出机会。

第7章
借助技术指标定位短线买卖点

在使用T+0操作时，投资者首先需要做的就是判断当前行情或位置适不适合做T，适合做顺向T+0还是逆向T+0。借助技术指标传递的信号，投资者就能够比较轻松地在大行情中寻找可靠的位置买卖。

7.1 结合 MACD 指标的 T+0 操作

MACD（Moving Average Convergence and Divergence）指标中文全称为平滑异同移动平均线，是一种用于研判股票买卖时机、跟踪股价运行趋势的技术分析工具。

MACD 指标因其广泛的运用范围、对趋势性行情的有效把握以及实战操作的精准度，成为众多技术指标中极为经典的一种，常被称为指标之王，因此也是投资者需要重点掌握的指标之一。

MACD 指标由快速 DIF 线、慢速 DEA 线、0 轴和 MACD 柱状线构成。在对其进行分析时，主要关注 DIF 线与 DEA 线之间的交叉形态、MACD 柱状线的方向以及 DIF 线与股价之间的背离形态。

通过指标的不同表现，投资者能够得到多种信号，准确定位合适的交易日后开始建立底仓，随后再结合 K 线和分时走势，实现较为精准的 T+0 操作。

7.1.1 MACD 指标出现金叉时买入

MACD 指标的金叉与均线金叉类似，是指 DIF 线从下往上突破 DEA 线形成的交叉，是一种买入信号。

投资者在分析 MACD 指标的金叉时，最需要关注的就是金叉出现的位置。根据金叉出现的位置与 0 轴的关系，判断买入信号的强弱。

金叉包括高位金叉、低位金叉等。这里的高位和低位，通常是指 0 轴的上方和 0 轴的下方，金叉距离 0 轴越远，信号就越准确。

图 7-1 为 MACD 指标的金叉买入信号。

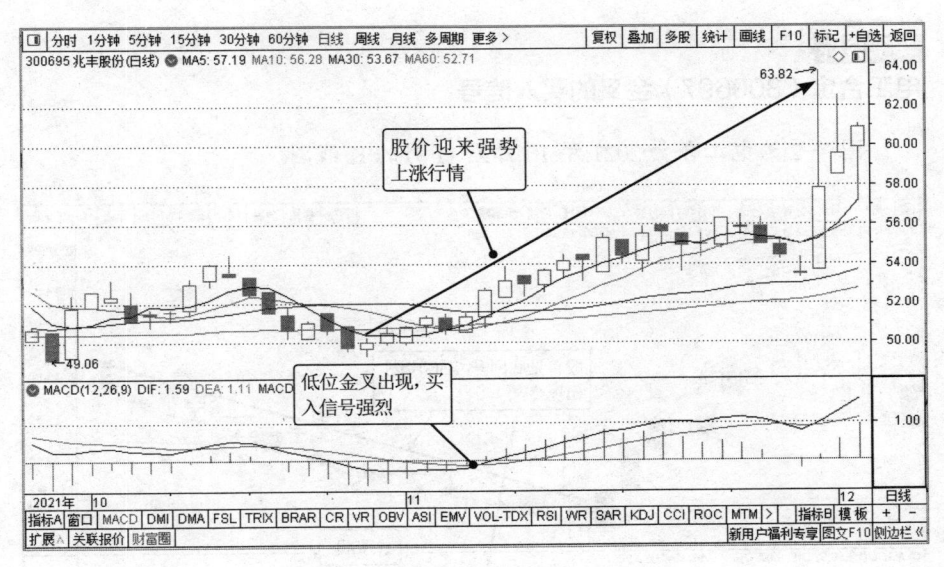

图 7-1　MACD 指标的金叉买入信号

　　MACD 的金叉出现在 0 轴下方时，金叉的位置越远离 0 轴，其买入信号越可靠。因为 DIF 线和 DEA 线运行在 0 轴下方，本身就表示市场处于空头行情中，如果偏离 0 轴越远，说明股价下跌越深，此时的金叉往往就是行情转好的兆头。

　　当然，如果金叉后两曲线并没有快速向上，则可能会出现低位二次金叉，即在第一次金叉后，短时间内再次出现一个金叉。那么当第二个金叉形成时，其买入信号就更加可信了。

　　如果金叉出现在 0 轴上方，说明短期内股价也会有一段上涨行情。但相对于 0 轴下方的金叉而言，其上涨空间有限，对于想做 T+0 交易的人来说，这种金叉也是比较可靠的。

　　金叉在 0 轴上方越远，形成的买入信号越不可靠，因为这时候股价可能已经出现了短期的高点，此时的金叉成为陷阱的可能性更大。

　　在做 T+0 交易中，投资者可以使用 1 分钟或 5 分钟周期的 K 线图，这样就可以很好地利用 MACD 指标来对其进行分析和判断。此外，也可以直接把指标叠加到分时图上进行分析。

实例分析

电工合金（300697）金叉的买入信号

图 7-2 为电工合金 2021 年 10 月至 11 月的 K 线图。

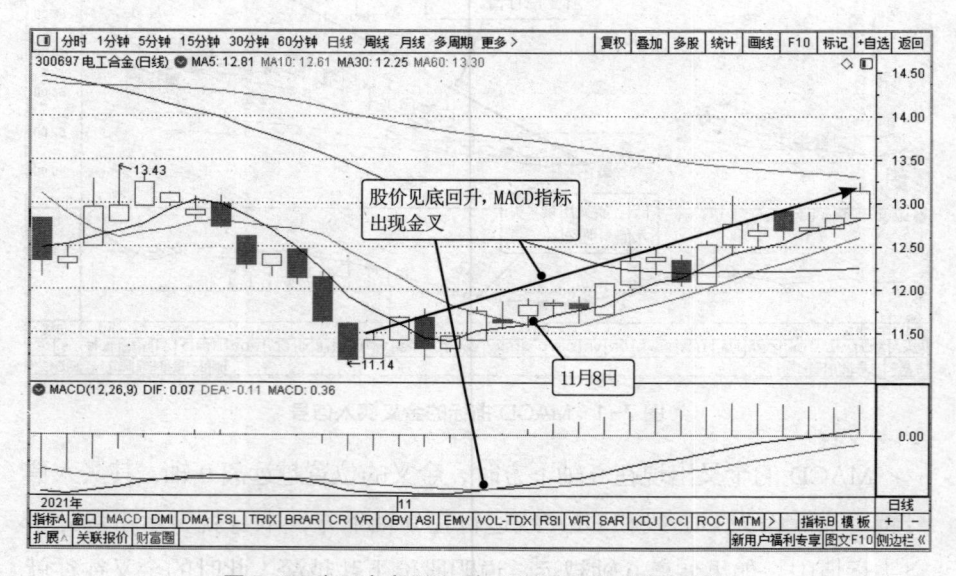

图 7-2 电工合金 2021 年 10 月至 11 月的 K 线图

从 K 线图中可以看出，在 10 月中下旬，电工合金出现了多根阴线拉低股价的走势，MACD 指标在 0 轴下方运行。

在 10 月底，股价创出 11.14 元的阶段新低后便开始了回升，MACD 指标的两条线也被带动缓慢向上转向。最终 DIF 上穿 DEA，在 11 月 8 日形成了一个低位金叉。

这个低位金叉的出现，意味着股价即将进入一段上涨行情，T+0 交易的投资者可积极参与，下面来看看该股当日的分时图。

图 7-3 为电工合金 2021 年 11 月 8 日的分时图。

从图 7-3 中可以看出，电工合金在 11 月 8 日当天开盘后，股价就围绕均价线出现了一定幅度的震荡。9:47 左右，股价上穿均价线，并在随后一路上扬。观察同期的 MACD 指标发现，随着股价止跌后，DIF 和 DEA 快速拐头向上在 0 轴上方形成高位金叉，一个买入信号出现。

在后续的交易时间内，股价不断上扬，期间出现了一次幅度较大的回调，在回调结束后股价依旧上行，MACD 指标此时再次形成了更高位置的金叉，又一个买入信号出现。

10:30 之后，股价最高达到了 11.91 元，小幅回落后在高位震荡。打算在当日做 T 的投资者就可以卖出了，建立底仓的投资者还需要继续观望，等待更大幅度的上涨。

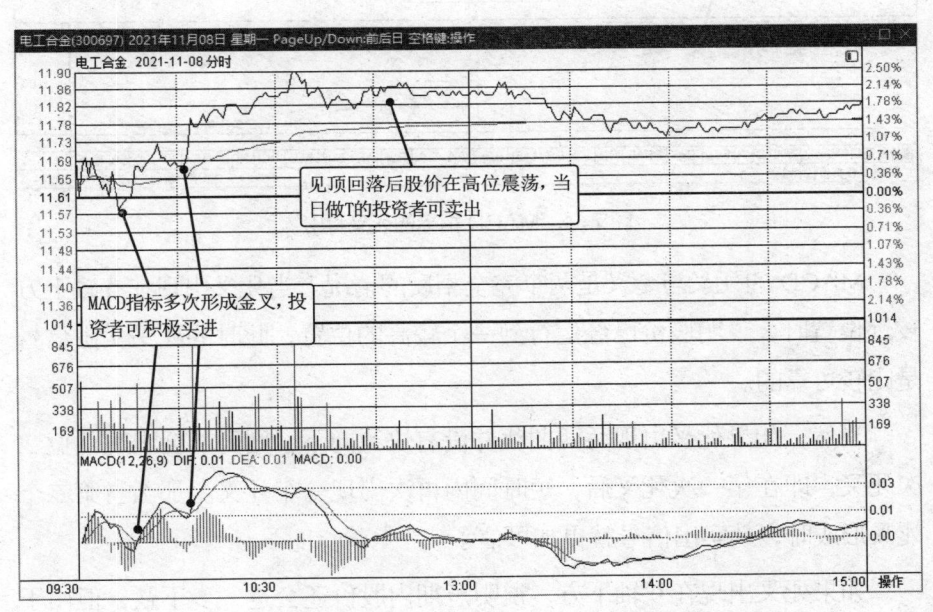

图 7-3　电工合金 2021 年 11 月 8 日的分时图

7.1.2　MACD 指标出现死叉时卖出

指标既然有金叉就会有死叉，MACD 的金叉给投资者带来的是买入信号，而死叉则给投资者带来的是卖出信号，如图 7-4 所示。

这样即使投资者只使用 MACD 指标，也可以在当日完成完整的 T+0 的买入和卖出操作。

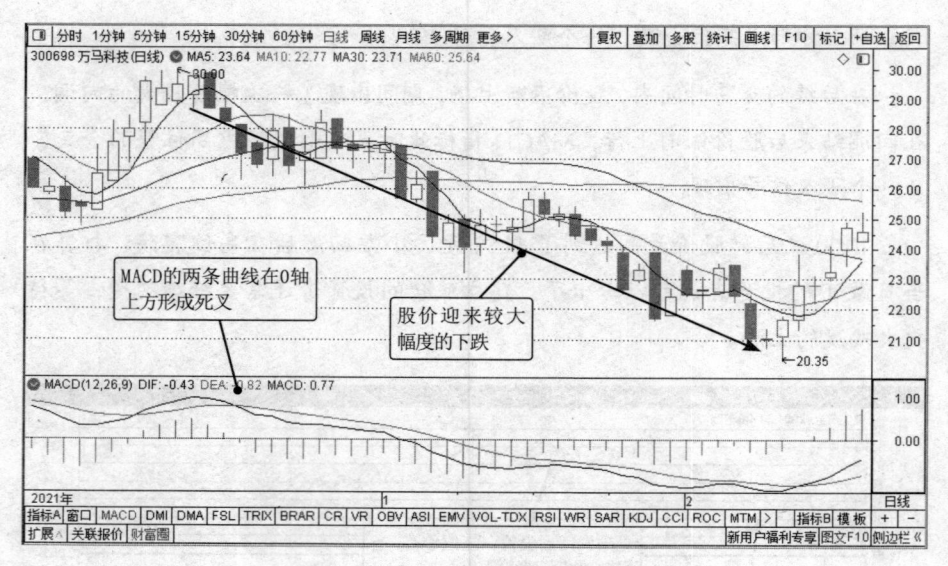

图 7-4　MACD 指标的死叉卖出

MACD 的死叉与金叉是两个完全相反的情况。当死叉出现在 0 轴上方较远位置时，说明股价已经运行到一个较高的位置，此时的死叉卖出信号是比较可靠的。

当然，如果死叉出现后两曲线并没有快速向下，则可能会出现低位二次死叉，即在第一次死叉后，短时间内再次出现一个死叉。那么当第二个死叉形成时，其卖出信号就更加可信了。

如果死叉出现在 0 轴下方，说明短期内股价还会进一步下跌，但由于价格已经运行到低位，下跌幅度不会很大。如果是做 T+0 交易，此时的死叉也可以视作卖出信号。

实例分析
光威复材（300699）死叉的卖出信号

图 7-5 为光威复材 2021 年 11 月至 2022 年 2 月的 K 线图。

图7-5　光威复材2021年11月至2022年2月的K线图

从K线图中可以看出,光威复材在2021年11月期间还在上涨,MACD指标也跟随运行到0轴以上。

但在11月底,股价创出88.28元的新高后,便出现了下跌的迹象,MACD指标走平。数日后的12月2日,股价收出一根大阴线,MACD指标在0轴高位形成一个死叉,卖出信号明确。

前期已经建仓,但判断失误导致损失的投资者,需要在死叉形成时及时止损,或是利用逆向T+0解套。下面就来看看该股形成MACD指标死叉当日的分时图。

图7-6为光威复材2021年12月2日的分时图。

在12月2日这一天,光威复材低开后快速下跌,回落到81.32元价位线上方后止跌反弹,随后形成震荡走势。股价多次冲击均价线,并围绕其上下震动,但是最终还是快速回落到均价线下方。

在此期间,MACD指标多次形成高位和低位死叉,每一个死叉出现的位置都对应着股价的相对高位,投资者需要在这些位置及时卖出。想要利用逆

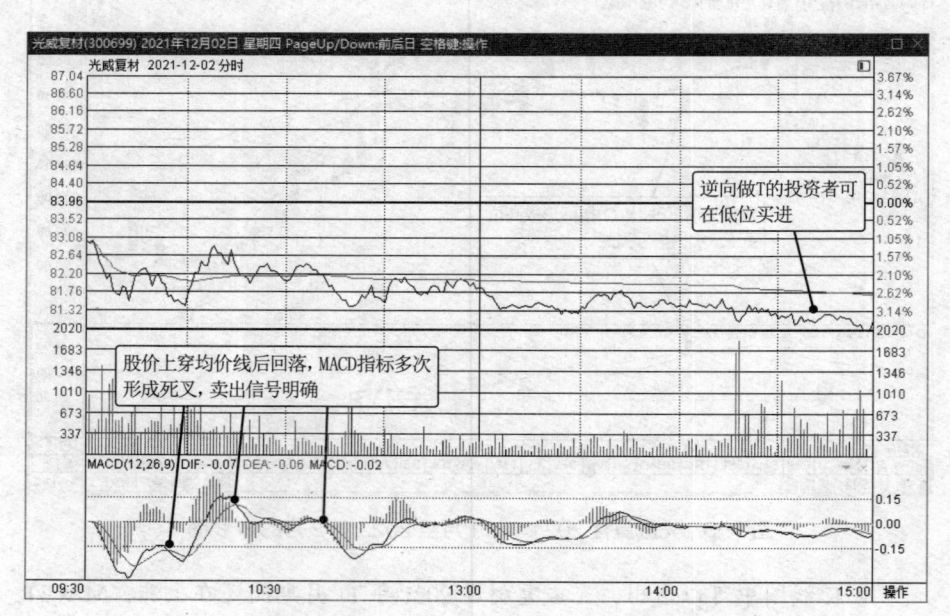

向 T+0 解套的投资者，还需要在股价跌至更低位置时买进相等数量的筹码。

图 7-6　光威复材 2021 年 12 月 2 日的分时图

7.1.3　MACD 指标的底背离买入

当股价运行的低点一个比一个低，而此时 MACD 指标的 DIF 线低点一个比一个高，这就是 MACD 指标的底背离。底背离通常出现在股价的低位，属于 T+0 交易的买入信号之一。

MACD 指标中包含的两条曲线，走势都可能与股价的发展出现背离情况，这是一种趋势反转的信号。

投资者在做 T+0 交易时，一旦发现分时走势形成典型的底背离行情，就应该果断地建仓或加仓，但在建仓或加仓的时候仍然要注意，仓位必须控制得当。

下面来看一个具体的案例。

实例分析
岱勒新材（300700）MACD 指标的底背离买入

图 7-7 为岱勒新材 2022 年 2 月 15 日的分时图。

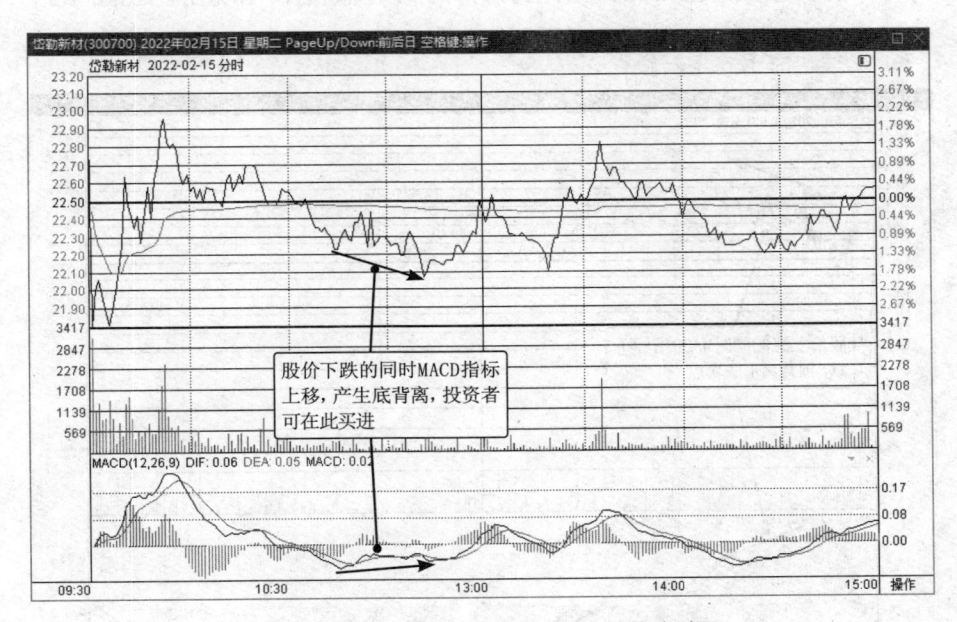

股价下跌的同时 MACD 指标上移，产生底背离，投资者可在此买进

图 7-7　岱勒新材 2022 年 2 月 15 日的分时图

从分时图中可以看出，岱勒新材在 2 月 15 日这一天是以高价开盘的，但在开盘后股价就出现了快速的下滑，直到跌至 21.80 元后反弹回 22.00 元价位线以上，随后再次下跌至 21.80 元附近才开始快速回升。

9:52 左右，股价已经上涨至最高的 23.04 元，并冲高回落，一路下滑至均价线以下，MACD 指标也在跟随下行。

10:45 到 11:13 这段时间内，股价在震荡中下跌，低点不断下移，而 MACD 指标的 DIF 线低点却在缓慢上移，与股价形成明显的底背离行情。

此时，已经在前期高点卖出的投资者就可以在此买进；而还未卖出的投资者也可以在此加仓，待到后续股价再次回升到高位时卖出即可。

7.1.4　MACD 指标的顶背离卖出

当股价运行的高点一个比一个高，而 MACD 指标的 DIF 线高点一个比一个低，此时就是 MACD 指标的顶背离。顶背离通常出现在上涨的高位，属于 T+0 交易的卖出信号之一，如图 7-8 所示。

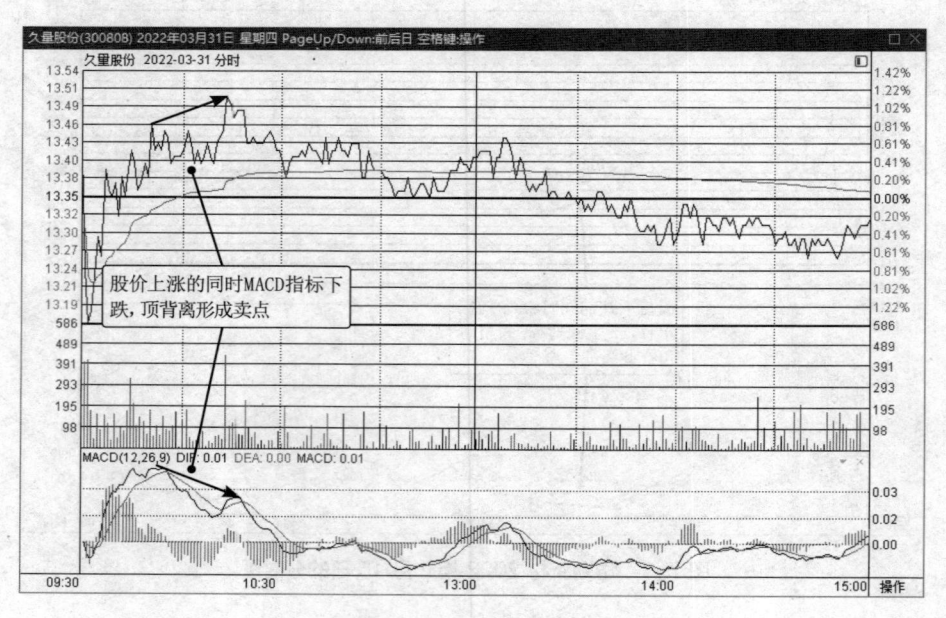

图 7-8　MACD 指标的顶背离

MACD 指标的顶背离与底背离行情刚好相反，是由涨转跌的卖出信号，投资者可以适当减仓。但在整体行情并不明显的情况下，尽量不要空仓，否则就违背了 T+0 交易的本质了。

顶背离行情看的是趋势，因此至少需要两个参考点。投资者在做 T+0 交易时，一旦发现典型的顶背离行情，就应该快速减仓；如果整个市场已步入熊市，甚至可以直接借此退出 T+0 交易。

下面来看一个具体的案例。

实例分析

亚康股份（301085）MACD 指标的顶背离卖出

图 7-9 为亚康股份 2022 年 3 月 8 日的分时图。

图中标注：股价创出新高，DIF 线高点下移，形成顶背离，投资者可适当减仓

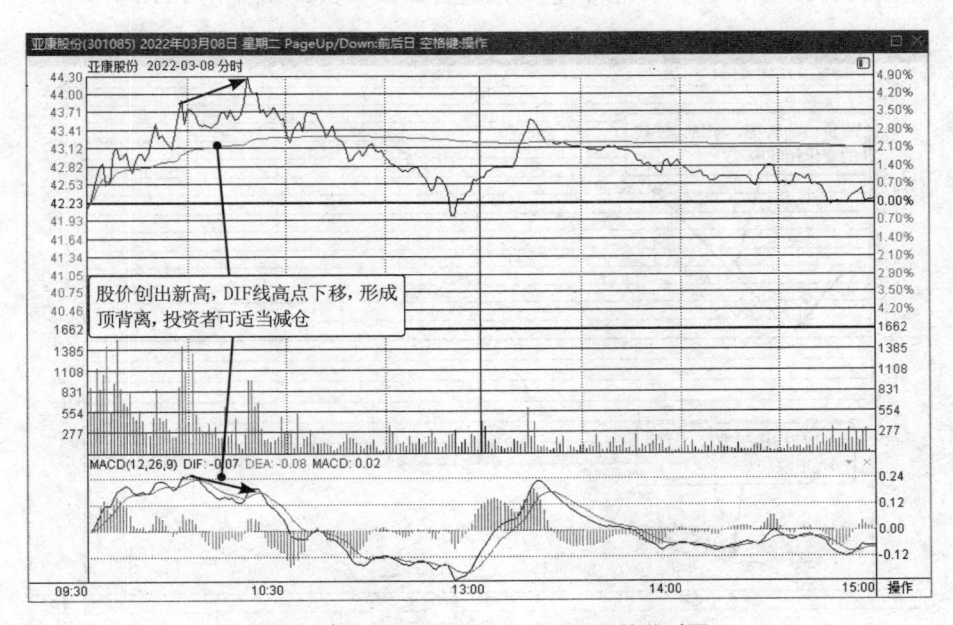

图 7-9　亚康股份 2022 年 3 月 8 日的分时图

从分时图中可以看出，亚康股份在这一天以低价开盘后就出现了锯齿状的上涨，MACD 指标也随之向上运行。

9:58 左右，股价在越过 43.71 元价位线后受阻回落，此次的下跌持续时间较长，但股价最终还是向上攀升，直到 10:18 左右创出当日最高价。但观察 MACD 指标可以发现，在股价创出新高的同时，DIF 的高点位置下移了不少，与股价形成顶背离。

此时，投资者需要在高位迅速卖出部分持股，然后视自身情况和 K 线所处位置决定是否在后续的下跌低点补入。

该股目前正处于下跌行情中的反弹初始位置，后续还有一定的上涨空间留给投资者做 T。因此，在 3 月 8 日这一天投资者可以适当减仓。

7.1.5 MACD 柱线变化判断买卖

MACD 指标中除了两条曲线以外,还有一些红绿相间的柱线,通过这些柱线的长短和颜色的转换,也可以进行短线买卖,如图 7-10 所示。

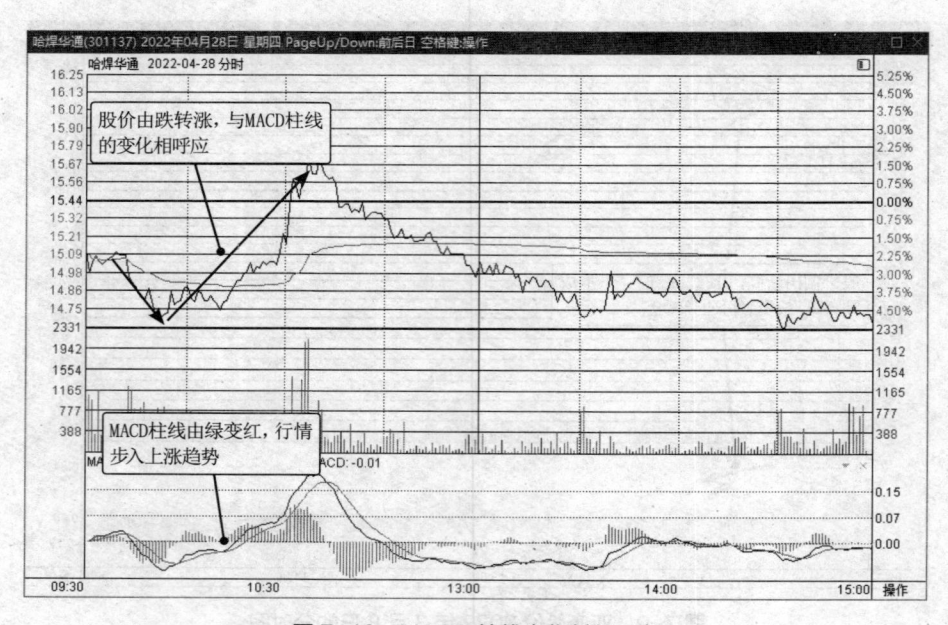

图 7-10 MACD 柱线变化判断买卖

拓展贴士 *MACD 指标柱线的意义*

MACD 指标中的柱线通常表示为 BAR,它是 DIF 线与 DEA 线的差值,通常用红色表示差值为正,绿色表示差值为负,而柱线的长短代表差值的大小。

MACD 的柱线有两种颜色,当其位于 0 轴上方时显示为红色,表示此时 DIF 的值大于 DEA 值。相反,当其位于 0 轴下方时则显示为绿色,表示此时 DIF 的值小于 DEA 值。

当柱线呈红色时,表示市场正处于多头行情中。如果红色柱线呈现逐步变长的趋势时,表示股价正在不断上涨;反之,当红色柱线不断缩短时,表示股价正在走向下跌。

当柱线呈绿色时，表示市场正处于空头行情中。如果绿色柱线呈现逐步变长的趋势时，表示股价正在加速下跌；反之，当绿色柱线不断缩短时，表示股价正在反弹回升。

根据 MACD 指标中柱线的形成原理可以知道，当柱线由红转绿或由绿转红的时候，都是 DIF 线与 DEA 线交叉的时候。

投资者由此可以推算出，当柱线由红转绿的时候，DIF 与 DEA 会形成死叉，此时可视为 T+0 交易的一个卖出信号；当柱线由绿转红的时候，DIF 与 DEA 会形成金叉，此时可视为 T+0 交易的一个买入信号。

实例分析

九号公司-WD（689009）MACD 柱线变化判断买卖时机

图 7-11 为九号公司-WD 2022 年 5 月 11 日的分时图。

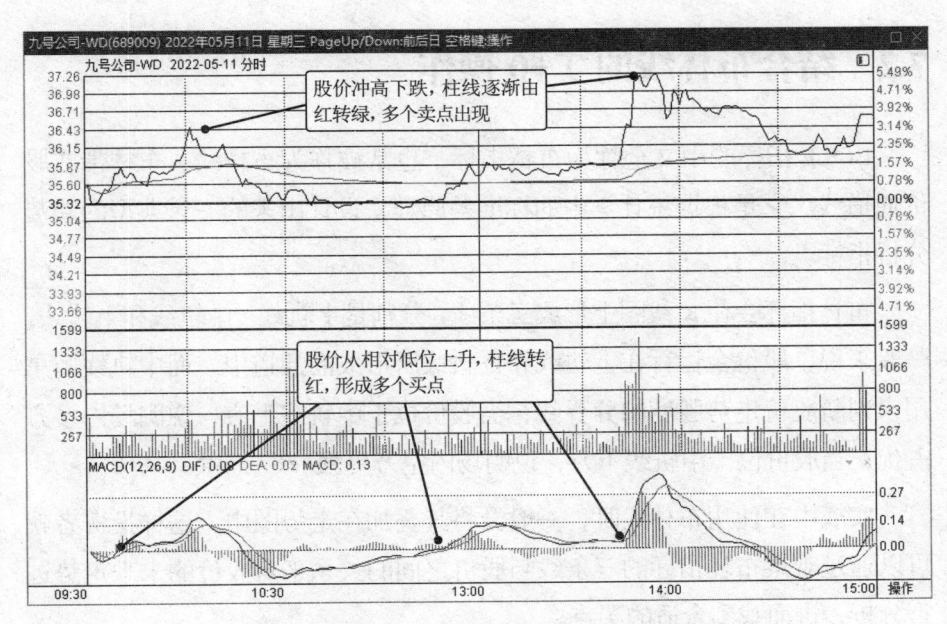

图 7-11　九号公司-WD 2022 年 5 月 11 日的分时图

从分时图中可以看出，该股在开盘后经历了数分钟的下跌，但很快回到上涨，MACD 指标的柱线也由绿转红。10:00 之后，股价在越过 36.43 元价位线后开始下跌，MACD 指标的柱线很快由红转绿，一个卖点出现。

在跌至前日收盘价附近后，股价受到支撑开始横盘，此时的 MACD 指标柱线回到了 0 轴上方，但整体偏短。直到临近早间收盘时，股价开始上涨，柱线也大幅拉长，买点出现。

下午时段开盘后，股价在均价线上方横盘，13:40 左右，股价出现了快速的上涨，MACD 指标柱线迅速拉高，又一个买点出现。就在数十分钟后，股价达到了 37.26 元价位线附近，随后横盘一段时间，转头下跌，MACD 指标形成死叉后柱线快速由红转绿，为明确的卖出信号。

如果投资者操作得好，能够在前日收盘价附近买进，在股价冲高到 37.26 元价位线附近时卖出，那么当日的收益就能够超过 5%。

7.2 结合布林线的 T+0 操作

BOLL 指标的中文全称为布林指标，也常被称为布林线、布林带或股价通道线。它是根据统计学中的标准差原理，设计出来的一种典型的趋势分析指标。

布林指标会在 K 线图上形成三条线，分别是上轨线、中轨线和下轨线。一般来说，股价会运行在上轨线和下轨线所形成的通道中。而中轨线则是用来判断股价走势强度的分界线，当股价位于中轨线上方，说明场内多方占优；当股价位于中轨线下方，说明场内空方更强。

实战中在使用布林线时，一般会将其叠加在走势图中，这样投资者就可以通过观察布林指标的三条线与股价之间的关系来对股价的未来走势进行分析，进而找到合适的买点。

7.2.1 布林中轨线对股价线起支撑作用

在股价稳定上涨的过程中，通常不会彻底跌破布林线的中轨线。那么，当价格回调接近中轨线时，就是最好的买入时机，如图7-12所示。

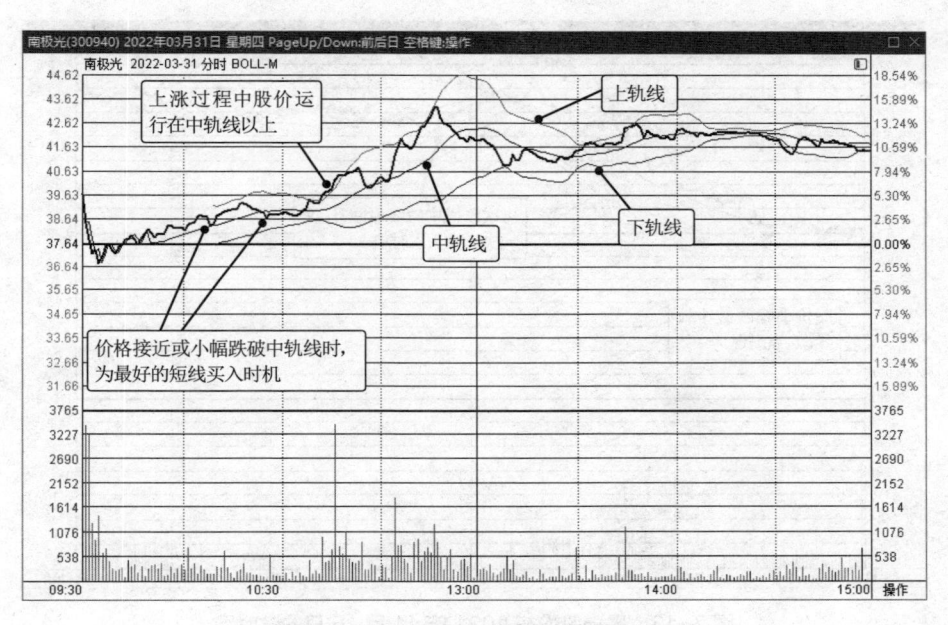

图7-12 布林中轨线对股价线起支撑作用

在绝大多数时间里，股价都是运行在布林线的上轨线和下轨线之间的，这两条轨道线就仿佛为股价的运行规划出一条通道。当股价向上突破上轨线或向下跌破下轨线之后，都会很快再次回到轨道内。

在股价上涨走势确认以后，布林线的上轨线、中轨线和下轨线都是向上运行的。而强势上涨的个股都是趋向于突破布林线的上轨线，或靠近上轨线运行，而不是回落至中轨线或下轨线位置。

对于采取T+0操作的投资者而言，要想在股价上涨的过程中获利，把握好买卖时机非常重要。而布林线的中轨线就是股价上涨过程中"天然"的支撑线，也是一个重要的买入信号。当股价回落至中轨线附近时，就是T+0操作的最好买入时机。

实例分析

黑猫股份（002068）股价靠近布林中轨线的买入时机

图 7-13 为黑猫股份在 2021 年 11 月 15 日的分时图。

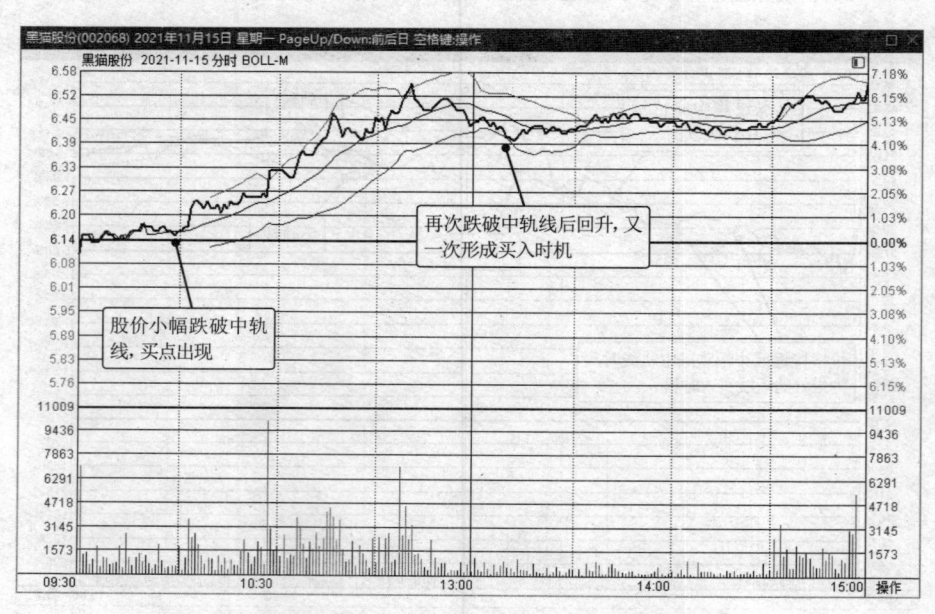

图 7-13　黑猫股份在 2021 年 11 月 15 日的分时图

从分时图中可以看出，黑猫股份在 11 月 15 日这一天开盘后就在震荡中缓慢上涨。9:58 左右，股价小幅回调跌破了布林中轨线，但几分钟后就再次回到上涨轨道，一个买点出现。

在后续的交易时间内，股价以稳定的速度上涨，期间多次回踩布林中轨线，但都受到了强力的支撑，每一个低点都可以作为补仓点。

临近早间收盘时，股价出现较大幅度的回调，直接跌破了中轨线，并在午间开盘后持续下滑到下轨线附近，随后回升。又一个明确的买点出现，投资者可积极补仓。

在此之后，股价围绕中轨线横向震荡一段时间，临近尾盘时突破中轨线再次上扬，后市大概率看好，投资者可继续持仓。

7.2.2 股价下跌受到布林下轨线支撑

对于采用 T+0 操作的投资者言，无论股价是上涨还是下跌，只要有波动就有操作机会。而股价下跌的过程中，布林线下轨线的支撑就是一个很好的短线买入机会，如图 7-14 所示。

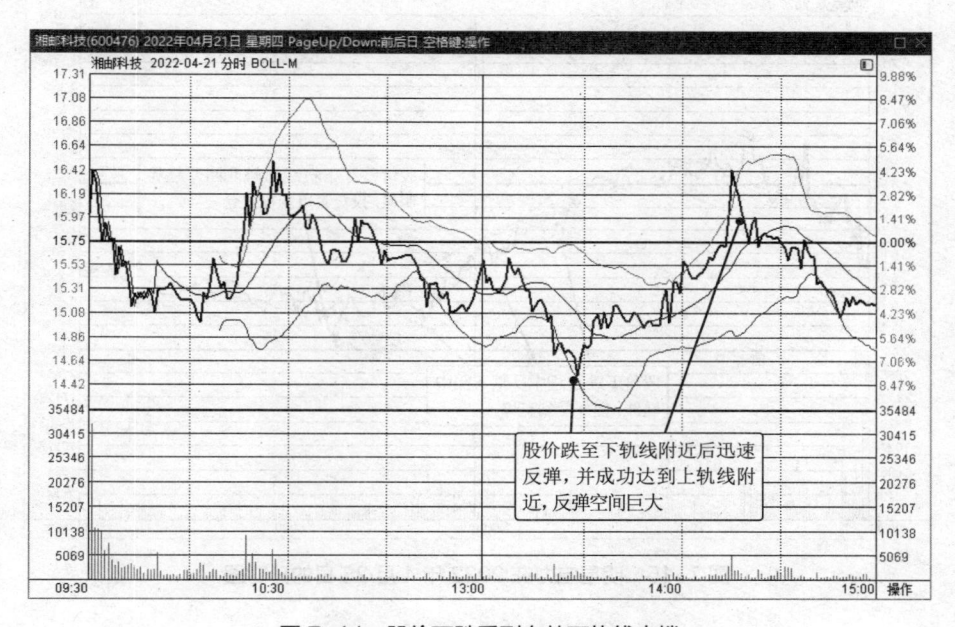

图 7-14 股价下跌受到布林下轨线支撑

在布林线的三条轨道中，除了中轨线的支撑外，下轨线更是一条强有力的支撑线。当股价下跌到下轨线附近时，总会受到支撑反弹，而此时也为 T+0 交易提供了一个很好的买入机会。

通常情况下，当股价连续下跌时，布林线下轨线的支撑作用并不是特别明显，股价会长时间在下轨线附近运行，此时并没有很好的操作机会。但如果股价在布林线下轨线附近出现明显的反弹信号，这就是 T+0 的最好买入时机。

股价下跌速度越快，幅度越深，下轨线与中轨线以及上轨线之间的距离就会越大，而一旦股价在下轨线处受到有效支撑并开始反弹，其反弹的空间也会更大。

实例分析

明星电力（600101）股价受到下轨线支撑的买入时机

图 7-15 为明星电力在 2022 年 4 月 28 日的分时图。

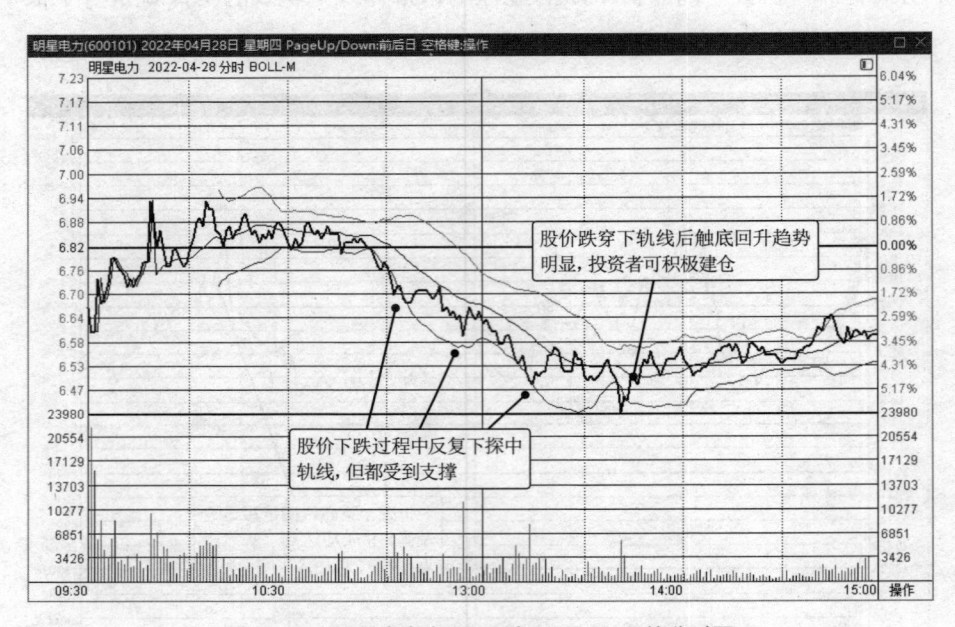

图 7-15　明星电力在 2022 年 4 月 28 日的分时图

从分时图中可以看出，明星电力在 4 月 28 日这一天开盘后出现了快速的震荡上涨走势，但在 6.94 元价位线下方受到阻碍，滞涨一段时间后最终还是跌破了中轨线，向下滑落。

在下跌过程中，股价多次跌至下轨线附近甚至小幅跌破，但下轨线都支撑住了，这些位置还不是特别好的买入时机，因为股价的跌势还未能得到有效缓解。

直到 13:41 左右，股价再次跌穿下轨线后快速回升，直接突破中轨线，并出现上涨的趋势。此时股价触底回升的走势已经比较明显了，投资者可以积极买进建仓，待到后市上涨一定幅度后再做 T。

7.2.3 股价受到布林上轨线压制

股价在上涨的过程中，上轨线会形成一个显明的压力位，如果个股有离开上轨线并向中轨运行的迹象，那么就为 T+0 交易提供了一个很好的卖出时机，如图 7-16 所示。

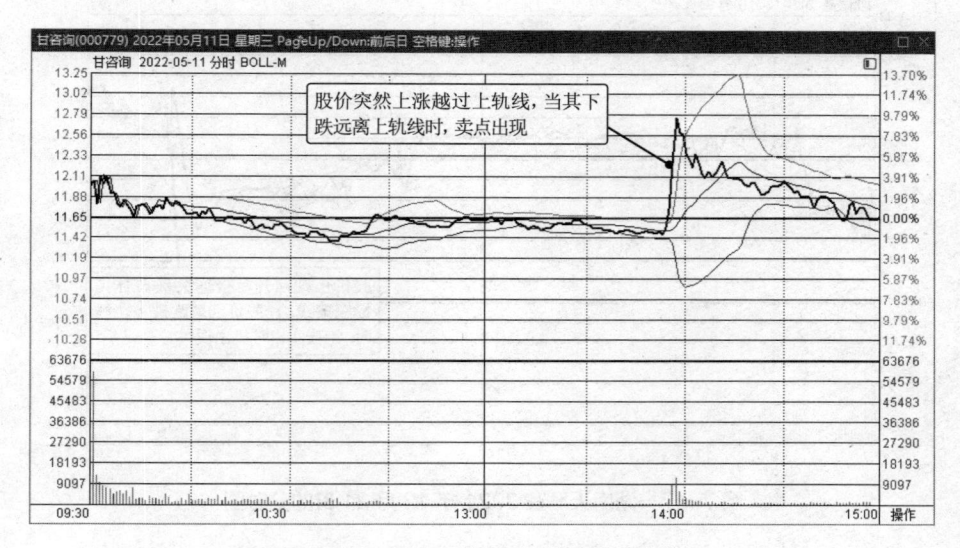

图 7-16　股价下跌受到布林下轨线支撑

布林线的上轨线是一条天然的压力线，正常上涨的个股大多数时间都运行在上轨线附近，很难突破上轨线的压力。

如果是强势上涨的个股，那么股价可能会放量突破上轨线并保持在上轨线上方运行，这样的个股短期内上轨线的压力作用可能失效。而股价运行在上轨线上方时，其回调的空间也就很大了。

如果股价运行在上轨线上方，受到的回调压力将非常大，总会在一段时间后再次回落到上轨线下方。当股价从上轨线上方向下跌破上轨线并有继续向下远离上轨线的趋势时，就是做 T+0 交易的投资者最佳的卖出时机。

实例分析
湖南天雁（600698）股价受到上轨线压制的卖出时机

图 7-17 为湖南天雁在 2021 年 12 月 21 日的分时图。

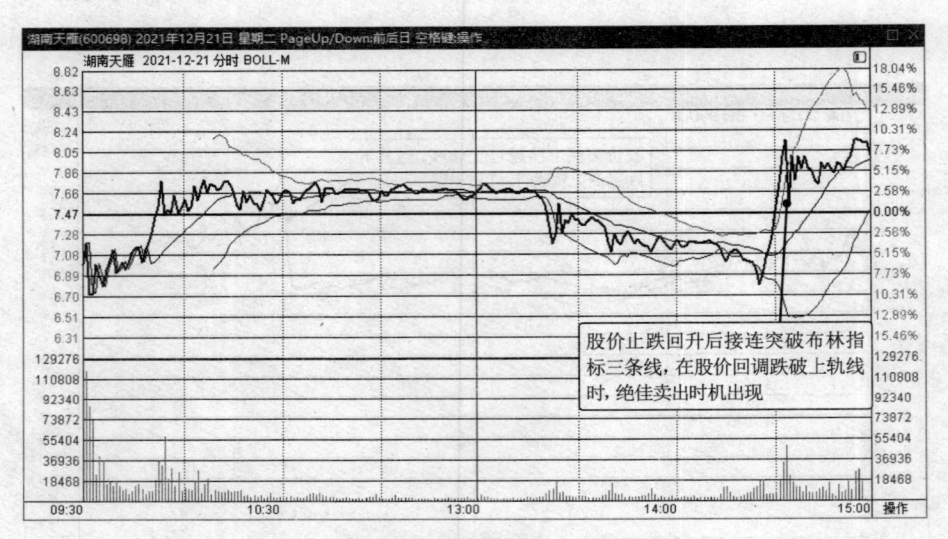

图 7-17　湖南天雁在 2021 年 12 月 21 日的分时图

从分时图中可以看出，湖南天雁在当日开盘后经历了一系列的震荡，来到了 7.66 元价位线附近。

之后该股进入长时间的横盘整理。在 13:19 左右，股价出现下跌运行到中轨线下方，临近尾盘时还小幅跌破了下轨线，但很快便受到支撑快速上涨，并接连向上突破下轨线、中轨线和上轨线。14:33 左右，股价冲高回落，在几分钟内就跌破了上轨线，一个绝佳的卖点出现了。

在后续的交易时间内，股价受中轨线支撑横盘，并最终以超过 7% 的涨幅收盘。未能及时在股价跌破上轨线时卖出的投资者，在尾盘时间内卖出也能获得不错的收益。